SINFONIA DO ZODÍACO

TORKOM SARAYDARIAN

SINFONIA DO ZODÍACO

Tradução
ANGELA DO NASCIMENTO MACHADO

EDITORA PENSAMENTO
São Paulo

Título do original:
Symphony of the Zodiac

Edição	Ano
2-3-4-5-6-7-8-9	97-98-99-00

Direitos de tradução para a língua portuguesa
adquiridos com exclusividade pela
EDITORA PENSAMENTO LTDA.
Rua Dr. Mário Vicente, 374 – 04270-000 – São Paulo, SP – Fone: 272-1399
E-MAIL: pensamento@snet.com.br
http://www.pensamento-cultrix.com.br
que se reserva a propriedade literária desta tradução.

Impresso em nossas oficinas gráficas.

Dedicado a
Anania Shiragatzy

SUMÁRIO

SOBRE O AUTOR

Torkom Saraydarian nasceu na Ásia Menor. Desde pequeno vem procurando entender o mistério chamado homem.

Visitou mosteiros, templos antigos e escolas de mistério em busca de respostas para esta questão apaixonante.

Viveu entre sufis, dervixes, místicos cristãos e mestres de música e de dança do templo. Dedicou anos de disciplina e sacrifício para absorver a Sabedoria Atemporal através das Suas fontes verdadeiras. A meditação tornou-se parte da sua vida diária e servir aos outros uma expressão natural da sua alma.

Torkom Saraydarian é autor de trinta livros lidos no mundo todo. Foram traduzidos para o alemão, o holandês, o dinamarquês, o português, o francês, o espanho, o italiano e o grego. Fez conferências em muitas cidades e escreveu numerosos artigos para várias publicações filosóficas e religiosas.

É violinista, pianista, compositor, professor, conferencista, engenheiro mecânico, meteorologista, escritor e filósofo.

ALGUMAS PALAVRAS

Este não é um livro sobre Astrologia, mas sobre energias, virtudes e visões, um livro que pode ajudá-lo a ter um contato maior com o Universo vivo. Nunca esquecerei a noite em que meu pai e eu andávamos no deserto. Estava escuro e havia paz. Olhando para o céu, ele disse:

– Vamos nos deitar e descansar por um momento.

Deitamos de costas e respiramos profundamente algumas vezes. Após um momento de silêncio, meu pai falou:

– As estrelas parecem tão reais nesta noite escura no deserto.

– É verdade; dá até para pensar que podemos tocá-las.

– Não é maravilhoso ter estrelas como companheiras de viagem? Vê aquele grupo?

– São chamadas de A Grande Ursa. E aquele outro, de Escorpião. Aquela ali é Sirius. Aquela outra é a Estrela Polar.

– O que são elas, pai?

– São caminhos através dos quais o homem viajará para o seu destino supremo. Imagine um raio de luz projetado da sua testa até uma das estrelas mais brilhantes e ande em direção a ela.

Depois de um longo silêncio, ele perguntou:

– Chegou à estrela?

– Cheguei.

– Como se sentiu?

– Senti como se eu fosse um cidadão, de toda a criação.

– Guarde isso na memória. Agora vamos.

Enquanto caminhávamos na areia mergulhados no silêncio profundo do deserto, imaginei estar caminhando sobre uma das estrelas.

– Você percebe a existência das estrelas. . . milhões e milhões delas?

– Percebo.

– Elas sabem que duas sombras na Terra estão falando a respeito delas.

– Sabem?

Meu pai não respondeu. Segurando-lhe a mão, repeti:

– Sabem?

Ele se virou para mim, com os olhos cheios de lágrimas nos olhos que, rolando-lhe pela face, caíam na areia. . .

Caminhávamos no deserto escuro com as estrelas faiscando.

T.S.

O ZODÍACO

1.	Áries	20/21 março – 20 abril
2.	Touro	21 abril – 21 maio
3.	Gêmeos	22 maio – 21/22 junho
4.	Câncer	22/23 junho – 22/23 julho
5.	Leão	23/24 julho – 23/24 agosto
6.	Virgem	24/25 agosto – 23 setembro
7.	Libra	24 setembro – 23/24 outubro
8.	Escorpião	24/25 outubro – 22/23 novembro
9.	Sagitário	23/24 novembro – 21/22 dezembro
10.	Capricórnio	22/23 dezembro – 20/21 janeiro
11.	Aquário	21/22 janeiro – 18/19 fevereiro
12.	Peixes	19/20 fevereiro – 19/20 março

PREFÁCIO

No período entre a lua cheia e a lua nova, a Lua, "com sua influência nefasta, invisível e venenosa que emana do lado oculto da sua natureza", afeta a Terra. "As partículas do seu corpo degenerado estão repletas de vida ativa e destrutiva, embora o corpo do qual foram parte não tenha alma nem vida."[1]

A situação se modifica na medida em que os raios do Sol alimentam a Lua e repelem as mencionadas "influências venenosas". À medida que a Lua cresce, ou que aumenta a sua luminosidade, os discípulos dos grandes Iniciados aproveitam a oportunidade para espalhar sua luz, amor e poder por todo o mundo através da meditação e invocação em grupo. A fase da lua cheia é a época mais propícia para as Forças da Luz porque sua influência está no período mais baixo, e nesses momentos as forças benéficas extraplanetárias podem ser contactadas com segurança e com grande benefício para a humanidade.

"E como todos os vampiros, a Lua é a amiga dos feiticeiros e a inimiga dos diligentes."[2]

Durante a fase da lua cheia, nossos corpos inferiores (físico, emocional e mental inferior), chamados de corpos lunares, não recebem a impressão direta da Lua. Temos então a oportunidade de irradiar nossa luz interior através desses corpos inferiores, que ainda se encontram até certo ponto poluídos pela influência anterior da Lua. Quando esses corpos se encontram quase sem essa influência, as energias superiores ficam liberadas, penetrando abundantemente na atmosfera humana. Os que não possuem equilíbrio mental suficiente mostram sinais de desequilíbrio durante a lua cheia; as energias espirituais circundantes criam tensão excessiva no seu mecanismo mental, inflamando suas aspirações.

Na Nova Era, quando a Nova Religião do Mundo for elaborada sob a influência das novas energias e de uma maior compreensão humana, haverá um festival durante cada plenilúnio.

No decorrer do ano há três grandes luas novas. Elas acontecem em Áries, Touro e Gêmeos.

Nessas épocas, a humanidade tenta estabelecer três aspectos divinos, invocando luz, amor e poder. Nas nove luas cheias restantes, procura trazer para a sua consciência os atributos divinos.

1. Blavatsky, H.P., *The Secret Doctrine*, vol. 1, p. 211.
2. *Ibid.*

Às vezes, quando os céus estão cheios de nuvens escuras, uma janela de céu azul se abre repentinamente, e os raios do Sol descem até a Terra. O mesmo acontece na fase da lua cheia – uma janela espiritual se abre entre a humanidade, a Hierarquia e Shambala, descendo por ela um rio de luz, amor e poder carregado de impressões divinas.

A Nova Religião do Mundo utilizará essas oportunidades para conceder à humanidade as bênçãos dos Reinos Superiores e para criar uma relação mais consciente entre a Grande Vida e os filhos dos homens por toda parte. Em cada lua cheia o cálice dos nossos corações deve abrir-se ao espírito da invocação para que as energias vindouras se derramem sobre o nosso ser com seu efeito transmutante, transformador e transfigurador.

A literatura esotérica sugere que façamos uma adaptação apropriada em nosso dia comum de atividades para que tenhamos de quinze a vinte minutos de meditação durante a lua cheia de cada mês. Cada fase de lua cheia divide-se em sete dias: três dias antes da lua cheia, o dia propriamente dito e três dias depois.[3]

Os primeiros três dias juntos são chamados *dias de preparação*. O primeiro dia é chamado **dia da confiança**, o segundo, **dia da aspiração espiritual**, e o terceiro, **dia da dedicação e decisão.**

Esses três dias devem ser observados com espírito de renúncia e desprendimento. Renúncia e desprendimento são meios de guardar e acumular energia, clarear a visão e corrigir nosso direcionamento e relacionamentos.

No **primeiro dia** devemos preencher nosso coração com a **confiança** de que Cristo existe e de que a Hierarquia existe e de que em cada homem existe a centelha de Vida, a realidade sempre florescendo e desabrochando. Durante todo o dia, nossos pensamentos devem se concentrar nessas idéias sem interferir nas atividades e no trabalho diário. Esse empenho colocará nosso cérebro na condição correta para o trabalho futuro.

No **segundo dia**, o **dia da aspiração**, nosso veículo astral é elevado a um nível muito alto de sensibilidade, beleza, adoração, trabalho e admiração. Neste dia elevamos nossos corações à grandiosidade atingida pelos Filhos de Deus e à vida espiritual que nos leva ao Infinito.

No **terceiro dia**, o **dia da dedicação**, o corpo mental ficará carregado com a energia da vontade e expandido para valores transcendentais. Devemos tomar a decisão solene de que as novas energias serão utilizadas para a realização do Plano e para a elevação da humanidade como um todo.

Este é o dia da tensão. Levantamos nosso cálice como um lótus aberto em direção aos Raios do Infinito para ser preenchido com as energias da Nova Era.

3. As fases de lua cheia podem ser observadas durante três a cinco dias. A idéia principal desta observação baseia-se em:

1) Dedicação
2) Contato – Silêncio
3) Distribuição – Serviço

Estes três pontos podem ser estendidos a períodos ainda maiores com as três divisões. Por exemplo: a dedicação pode começar seis meses antes da hora da lua cheia e o serviço pode continuar durante toda a outra metade do ano. Mas, para começar, é mais apropriado orientar-se pelos ciclos de sete dias a cada lua cheia.

O **quarto dia**, o da lua cheia, é o **dia do contato**. Estende-se por um período de doze horas,[4] sendo o ponto mais elevado de contato o momento exato da lua cheia. O contato é feito com o fogo mais alto que existe em nós, o fogo da Hierarquia, e com o centro "onde a Vontade de Deus é conhecida". É então que os discípulos têm oportunidade para expandir sua consciência e penetrar num novo nível de conhecimento divino. É o dia em que se dá o contato com o nosso Anjo Solar, com o nosso Mestre, o dia no qual poderemos nos servir de fontes ainda mais elevadas.

O dia da lua cheia também é chamado de **dia da proteção**. Nosso cálice fica repleto de energias preciosas da Nova Era, e através delas entramos em contato com as suas fontes, permanecendo em sua luz, amor e poder. Este tesouro deve ser protegido e salvaguardado. Nem uma única gota das energias acumuladas deve ser gasta por qualquer ação, emoção ou pensamento negativo, pois o uso indevido dessas energias pode causar grande mal aos nossos veículos de manifestação e ao nosso ambiente, criando dificuldades, destruição e doenças psicossomáticas. Esse é o dia do silêncio e do contato mais puro, durante o qual somos absorvidos pela nossa Divindade Interior.

Os três últimos dias são chamados *dias da distribuição e partilha*. Através de nossos atributos e expressões partilhamos luz, amor e poder para tornar este mundo um lugar melhor para viver, servir e nos desdobrarmos rumo ao Infinito.

O **quinto dia** é chamado o **dia do registro**. As energias contactadas penetram lentamente no nosso equipamento mental, na nossa personalidade, onde são reconhecidas. Neste momento, tomamos novas decisões e traçamos novos planos de trabalho para a liberação e a libertação da humanidade.

O **sexto dia** é conhecido como o **dia da assimilação**, quando as energias ígneas contactadas penetram em nossos veículos inferiores provocando transmutação, transformação e transfiguração.

O **sétimo dia** é chamado o **dia da irradiação**. Através de todos os nossos relacionamentos, as energias mais elevadas que recebemos se irradiam para o nosso ambiente, para a nação e para a humanidade como um todo.

Durante cada um desses sete dias, nossa meditação deve ser adequada para a tônica do dia da lua cheia, bem como devemos escolher um pensamento-semente e uma invocação para esse dia especial.

Se uma pessoa medita sozinha, deve observar as regras para a meditação individual.[5] Se a meditação for realizada em grupo, será preciso observar as regras para o grupo, levando-o a reconhecer as oportunidades de servir a grandes Vidas e a uma humanidade. *Deve haver grande cuidado para não estimular nossa mente inferior com leituras prolongadas, conversas ou discussões*. O grupo reunir-se-á o mais próximo possível da hora da lua cheia. O líder explicará o procedimento, fornecerá o pensamento-semente e iniciará a meditação. Depois disso, o grupo se dispersará sem trocar idéias nem entabular discussões. As impressões recebidas devem permanecer intactas e puras, e as bênçãos contactadas devem ser salvaguardadas.

4. O período de doze horas compreende seis horas antes e seis horas depois do momento exato da lua cheia.

5. Ver *The Science of Meditation*, T. Saraydarian.

Como orientação para uma meditação da lua cheia, o grupo poderá seguir este exemplo:

1. Alinhamento
   a. Alinhamento da personalidade tríplice com a Alma.
   b. Identificação com todos os portadores da luz e servidores da raça.
   c. Alinhamento com os Mestres da Sabedoria.
2. Visualização de uma estrela de cinco pontas laranja ou azul.
3. OM
4. Dizer em uníssono esta saudação:
   Saudações aos Mestres da Sabedoria
   os Irmãos mais Velhos da humanidade.
   OM
   Saudações a Mestre Maitréia, o
   Cristo, o Cabeça da Hierarquia, e
   o Caminho entre a humanidade, a
   Hierarquia e a Fortaleza ígnea.
   OM
5. Repita a afirmação:
   Os filhos dos homens são um e eu sou um com eles.
   Procuro amar, não odiar;
   Procuro servir, não exatamente executar um serviço;
   Procuro curar, não ferir.
   Deixai que a dor traga a recompensa devida de luz e amor.
   Deixai que a Alma controle a forma exterior,
   a vida e todos os acontecimentos,
   e revele o Amor
   que sustenta os acontecimentos do tempo.
   Deixai que a visão venha e esclareça.
   Deixai que o futuro seja revelado.
   Deixai que a união se revele
   e que as rupturas externas desapareçam.
   Deixai prevalecer o amor.
   Deixai que todos os homens amem.
6. Meditação sobre o pensamento-semente por quinze minutos, ou por um pouco mais, se o grupo estiver acostumado à meditação da lua cheia.
7. Repetir a Grande Invocação.
8. Abençoar o mundo.
9. OM OM OM
10. Dispersar em paz.

A lua cheia de Áries é o Festival da Páscoa, da Ressurreição e do Cristo vivo. A de Touro é o Festival de Wesak, do Buda; e a de Gêmeos, o Festival da Boa Vontade, da Humanidade.

Durante essas três luas cheias, Cristo reúne todos os seus discípulos, os grandes Mestres da Hierarquia, e promove meditações hierárquicas. Nessas meditações, o Ashram de Sanat Kumara tenta penetrar, como um grupo, na esfera de influência de Shambala e produzir uma melhor comunicação e integração entre os centros da cabeça e do coração da nossa Vida Planetária, canalizando as energias espirituais dinâmicas para a Hierarquia e, depois, para a humanidade através dos sete ramos do esforço humano.

Essas energias são canalizadas para diferentes campos de atividade através de determinados indivíduos ou Mestres, que as comandam no mundo subjetivo. Assim, novas energias descem à Terra para elevar a humanidade a estados mais elevados de conhecimento e liberdade. Por isso é tão importante que grandes grupos se reúnam, especialmente nestas três grandes luas cheias, para meditar como um grupo, facilitando a precipitação de energias espirituais sobre a Terra e formando canais mais fortes entre a Hierarquia e a humanidade.

Nessas ocasiões, os especialistas em meditação oculta ajudarão muito na assimilação correta das energias pelo grupo. Recebemos as energias e as assimilamos de acordo com o nosso preparo, evolução e sensibilidade. Esta é condicionada pela pureza do nosso mecanismo triplo e pelo desdobramento da nossa natureza mais elevada.

O tema global destas três meditações da lua cheia é a comunicação. A comunicação é a chave da evolução consciente. A meditação nos ensina como nos comunicar com nossa Alma, com a Alma dos outros, com o nosso Mestre, com a Hierarquia, com Shambala, e como estender nossa comunicação com os centros cósmicos e extraplanetários. O processo de iniciação torna-se um meio de recepção, assimilação e expressão das comunicações.

Para melhorar e tornar a comunicação mais eficiente, precisamos:

1) purificar nossos veículos de expressão para que não criem obstáculos nem deturpem as energias e expressões;
2) sintetizar e assimilar as múltiplas impressões e torná-las parte do nosso equipamento;
3) cultivar melhores meios de comunicação e escolher colaboradores melhores para levar a mensagem até as massas com o menor atrito e perda de energia.

É muito importante saber que a comunicação desigual, desequilibrada e imprecisa com as energias superiores provoca desastres no mecanismo da comunicação, e esses desastres se espalham pelo ambiente tornando-se causa de degeneração.

Às vezes é mais fácil comunicar-se quando a porta está aberta. Mas se não formos capazes de levar esta grande carga energética em nossos veículos, provavelmente nosso mecanismo de comunicação se quebrará.

Uma pessoa "quebrada" é aquela cuja mente recebe uma alta voltagem de energia sem a devida preparação e presteza. A energia atinge os pontos fracos do seu caráter e aprofunda as lesões, ou aumenta o escoamento da energia. Assim, energias distorcidas ou maldirecionadas tornam-se causas de destruição e degeneração.

Os dias de preparação são muito importantes, e devemos fazer um esforço extra durante os sete dias para permanecer na luz e no amor, irradiando alegria, tornando-nos canais puros das energias divinas.

Os períodos de lua cheia constituem oportunidades para discípulos e Iniciados, mas são dias de crise para os homens comuns. A pessoa despreparada pode ficar superestimulada e usar em demasia seus vários centros para satisfazer desejos inferiores e necessidades descontroladas.

Durante cada período de lua cheia, os discípulos devem contactar, absorver e direcionar essas energias a fim de minimizar o perigo do abuso e da distorção. Paralelamente, devem ajudar a humanidade a elevar-se a níveis mais altos de percepção.

INTRODUÇÃO

A Sabedoria Atemporal ensina que planetas, sóis e galáxias são corpos de Entidades vivas, cada uma com sua tônica, cor, leis e princípios. Nosso Sol transmite as energias do Zodíaco para a Terra, proporcionando a todos os reinos da Natureza uma oportunidade de desenvolvimento harmonioso.

Na época da lua cheia, uma ponte de contato e comunicação se estabelece entre a humanidade e os centros mais elevados. Diz-se que esta linha de comunicação estende-se dos centros planetários até o Senhor Solar, construindo um canal único entre a humanidade e a Fonte da Vida.

Na época da lua cheia, a Lua é bloqueada pela luz do Sol de tal forma que a transmissão da luz solar é direta, sem ser perturbada por ela. A cada mês nosso Sol penetra no campo eletromagnético de um dos signos do Zodíaco, transmitindo sua energia para a Terra, tanto diretamente como através do planeta regente desse signo.

Esta é a razão pela qual os dias de lua cheia são chamados *dias de oportunidade*, especialmente o momento exato da lua cheia, quando o alinhamento de todos os centros planetários e solar se encontra no seu estado mais elevado de sensibilidade e de contacto.

Esta oportunidade de contacto é um momento de regeneração, um momento em que podemos novamente contactar a visão perdida ou uma visão nova e maior, recarregar nosso ser e andar no caminho da evolução e do serviço.

O período da lua cheia é o momento certo para um desbravamento espiritual, para uma maior cooperação com a Hierarquia do planeta e com a luz do Guia Interior. Este período é uma excelente oportunidade para remover vários obstáculos e impedimentos da nossa natureza.

Esse contacto, que acontece no mundo todo nos grandes centros espirituais, libera uma tremenda energia por todo o planeta. Essa energia torna o corpo etérico do planeta mais sensível ao Plano e à Vontade Divina, estimulando todos os aspirantes a atingir uma visão maior.

No período de um ano, temos doze ou treze luas cheias. Três delas são maiores: a primeira é a lua cheia de Áries, a segunda, a de Touro e a terceira, a de Gêmeos.

Na época da lua cheia de Áries, nosso Sol se encontra no signo zodiacal de Áries; na de Touro, encontra-se no signo de Touro; e na de Gêmeos está no campo energético dessa constelação.

Essas são as luas cheias principais porque os Senhores desses signos são seres cósmicos mais avançados do que os outros. Eles representam as energias do Primeiro, do Segundo e do Quarto Raio. Mestre Djwhal Khul diz que "Áries é o signo do zodíaco através do qual o Primeiro Raio da Vontade ou Poder atinge nossa vida planetária".[1] Através de Gêmeos, a energia do Segundo Raio atinge o nosso planeta, enquanto a energia do Quarto Raio se derrama sobre a Terra através de Touro.

Mais uma vez é interessante notar que Áries representa a Cruz Cardinal e o próximo sistema solar. Touro representa a Cruz Fixa e este sistema solar. Gêmeos representa a Cruz Mutável e o sistema solar passado. Aprendemos que Áries abre a porta para Shambala, Touro para a Hierarquia e "Gêmeos forma um ponto de entrada para a energia cósmica de Sírius".[2]

Gêmeos "... produz as alterações necessárias para a evolução da consciência crística em qualquer ponto particular no tempo e no espaço".[3]

"Neste ciclo do mundo, Gêmeos, Touro e Áries são três energias subjetivas, ou os três signos condicionadores que estão por trás da manifestação."[4]

Gêmeos também está relacionado com o corpo etérico. Este é o motivo pelo qual a lua cheia de Gêmeos é um dia de intensa atividade para o trabalho do triângulo – alterar os padrões quadrados das formações etéricas para padrões triangulares, que permitirão um fluxo maior de energia para o nosso planeta. Também é designado como um dia de Invocação Mundial.[5]

No futuro, os discípulos mais adiantados oficiarão nessas três luas cheias para transmitir energia às multidões. Diz-se que um discípulo do Primeiro Raio oficiará na lua cheia de Áries; um discípulo do Segundo Raio, na lua cheia de Gêmeos; e um do Quarto Raio, na lua cheia de Touro.

Vamos examinar cada lua cheia. Cada uma possui sua tônica e palavra-chave. Para uma pessoa comum, a tônica é um lembrete; para os discípulos, um desafio e um estímulo.

Começando com **Áries**, o primeiro signo principal, a palavra-chave para as pessoas comuns é: "E a Palavra disse: Que se busque novamente a forma."

Durante o mês de Áries e especialmente no período da lua cheia, a pessoa comum receberá uma forte carga deste signo. Em conseqüência do seu estado médio de evolução, responderá a essa carga através dos seus centros inferiores, tendências materialistas, etc. Tudo o que faz é um envolvimento maior com o aspecto formal da vida, e pelo poder disponível neste signo ela se dedicará profundamente a seus objetivos materialistas.

Por exemplo, uma pessoa dessas desejará mudar suas posses pessoais. Estará mais envolvida com a forma do que com o Espírito, e tentará concretizar suas ambições e desejos secretos.

A palavra-chave para os discípulos é: **"Eu saio e venho do plano da mente que Eu governo."**

1. Bailey, Alice A., *Esoteric Astrology*, p. 91.
2. *Ibid.*, p. 349.
3. *Ibid.*, p. 345.
4. *Ibid.*, p. 344.
5. Ver *Triangles of Fire*, de Torkom Saraydarian.

No futuro, os discípulos descobrirão uma fórmula secreta em cada tônica e a utilizarão para absorver e manipular a energia do signo, especialmente no plano mental. O plano mental mencionado é a mente, a razão, a lógica e o pensamento claro mais elevado através dos quais a vida pode ser governada livre dos encantos e ilusões. Na maior parte do tempo, estamos envolvidos na escravidão porque carecemos de raciocínio esclarecido. Se uma pessoa não consegue pensar com a mente superior, será dirigida pela sua natureza física, pelos seus impulsos e tendências, pela sua natureza emocional, pelos seus encantos e emoções negativas, e também pela sua mente inferior, que divide, separa e pensa em termos de seus próprios interesses.

É nos planos mentais superiores que é contactada e utilizada apropriadamente no processo da evolução a energia da vontade.

No período da lua cheia, os discípulos do mundo tentarão ressuscitar a humanidade e orientar a si mesmos para os valores espirituais através da religião, da filosofia, da ciência e das artes.

Nosso próximo signo é **Touro**, e a palavra-chave para as pessoas comuns é: "E a palavra disse: Que a luta seja corajosa."

As pessoas comuns podem estar em qualquer posição, em qualquer nação do mundo. Seu grau de escolaridade não as torna necessariamente adiantadas. Uma pessoa adiantada é espiritualmente evoluída, vive uma vida de virtude e serviço sacrificial. Nesta lua cheia, os que têm poder em qualquer campo de atividade sentirão uma grande carga energética, e se não se salvaguardarem, farão mau uso ou usarão diretamente esta força e poder na satisfação de objetivos ou planos pessoais. As pessoas comuns lutam por dinheiro, sexo, propriedades, posição; lutam para desenvolver os músculos ou para ter uma personalidade forte e marcante. Para evitar essas armadilhas, temos de lutar para atingir a perfeição.

É trabalho dos discípulos fornecer os caminhos e os meios para que as pessoas comuns renunciem à força da sua personalidade e penetrem no poder iluminador da vontade do Guia Interior.

A palavra-chave para os discípulos é: **"Eu vejo, e, quando abro os olhos, tudo fica iluminado."**

É muito interessante notar que não há iluminação, exceto quando os olhos estão abertos. Toda a sabedoria, o conhecimento, o Plano e o Propósito do mundo espiritual estão aqui agora, ao nosso alcance, somente se estivermos com os olhos abertos.

O olho interior é desenvolvido não através de práticas de ioga, mas pelo crescimento da própria luz. A luz é que desdobra e abre o olho.

Na época da lua cheia de Touro, os discípulos do mundo serão capazes de perceber mais o Plano e Propósito Divino, as necessidades reais da humanidade e prosseguir com soluções ou respostas melhores para os seus problemas.

Os que nascem sob o signo de Touro ou que têm Touro como signo ascendente são mais sensíveis às energias apresentadas por este signo.

Na época da lua cheia, os discípulos do mundo organizar-se-ão para proporcionar uma grande oportunidade de as pessoas comuns verem seus encantos, ilusões, vaidades e tendências, e obterem um esclarecimento mais profundo da glória do futuro espiritual. Esse será o Festival da Iluminação, um tempo de esclarecimento e de contacto com a visão. Diz-se que as iluminações mais elevadas ocorrem neste signo.

O próximo signo é **Gêmeos**. Para as pessoas comuns, a palavra-chave é: "E a Palavra disse: Que a instabilidade faça o seu trabalho."

As energias liberadas nesta lua cheia criam instabilidades nos mundos físico, emocional e mental das pessoas comuns. Elas podem eventualmente despertar uma pessoa para os valores reais da vida, se ela se esforçar para tanto. Pessoa estável é aquela que possui um padrão de valores ou vários princípios e idéias em torno dos quais constrói sua vida desfrutando de um grau maior de certeza.

Diz-se que nesta lua cheia o Coração do Sol projeta uma corrente direta para os reinos da Natureza, fazendo com que sintam a possibilidade de outro tipo de vida superior. Quando recebem essa energia, tornam-se imediatamente instáveis, porque partem da sua condição primitiva e ainda não atingiram seu destino, onde encontrarão uma estabilidade relativa.

A palavra-chave para os discípulos é: **"Reconheço minha outra personalidade e, com o declínio dessa personalidade, eu cresço e brilho."**

A energia de Gêmeos dá uma oportunidade para os discípulos verem sua outra personalidade. A personalidade com a qual eles uma vez se identificaram – os corpos físico, emocional e mental, e milhares de exigências – é agora vista como uma unidade separada; e a **Personalidade real**, o **Eu real** cresce e brilha devido ao seu desapego e compreensão. Isso está implícito no signo de Gêmeos: uma coluna decresce enquanto a outra se ilumina. É nesta lua cheia que o Espírito alcança a vitória sobre a matéria.

Gêmeos possui a luz do coração, e com esta luz o discípulo será capaz de discriminar entre o real e o irreal.

Esta lua também é chamada de lua cheia de Cristo. Nesta época, os discípulos do mundo explicarão o papel supremo do Cristo no destino da evolução e transformação espirituais humanas.

O signo seguinte é **Câncer**. Para as pessoas comuns, a tônica é: "E a Palavra disse: Que o isolamento seja a regra, embora exista a multidão."

A energia de Câncer cria o isolamento nas pessoas comuns, que passam a girar sobre si mesmas e a buscar a si mesmas, mas quer que a multidão continue a existir para que esta alimente o seu isolamento e seu interesse por si mesma.

Nesta lua cheia, essa tendência deve ser evitada através de pensamentos desinteressados e de atitudes humanitárias. Assim que o indivíduo se carrega com o espírito da unidade, da cooperação e do serviço, o isolamento é posto de lado e a síntese restaurada.

Os discípulos do mundo, através de seus sistemas educacionais, podem fornecer caminhos e meios para que as pessoas comuns reconheçam e evitem o isolacionismo, estabelecendo um mundo de cooperação e de partilha.

A palavra-chave para os discípulos é: **"Construo uma casa iluminada e nela faço a minha morada."**

A casa iluminada pode ser "o templo não construído pelas mãos", o Lótus da mente superior ou a mansão espiritual formada pela Tríade Espiritual, na qual a consciência do ser humano habita e trabalha. Quantas bênçãos cairão sobre o mundo da humanidade com esta aquisição! A pessoa que irradia luz e em quem habita somente a luz torna-se uma fonte de bênçãos para toda a humanidade. Esta pessoa possivelmente pode dizer, como o Cristo: "Eu sou a luz do mundo." Numa das suas passagens, Cristo disse: "Deixai que a sua luz brilhe."

A casa **iluminada** é uma combinação de veículos totalmente transformados na substância da luz. É nesse corpo iluminado que o iniciado verá a luz maior à frente do Caminho.

Durante a lua cheia de Câncer, há uma oportunidade para os discípulos construírem, reconstruírem ou terminarem a casa iluminada. Esta energia, por todos os caminhos e meios, ajudará a humanidade a fazer com que as pessoas deixem suas vidas separadas e sejam conduzidas para a unidade da Luz.

O signo seguinte é **Leão**. A tônica para as pessoas comuns neste signo é: "E a Palavra disse: Que existam outras formas. Eu governo." Uma pessoa neste nível quer governar, e não existe governo senão quando existem os que podem ser governados. Ela olha para as outras pessoas como se fossem propriedade sua. Tem uma grande tendência a governar, a ser patrão, a dar ordens, a fazer grandes exigências, a forçar a vontade e a violar a liberdade dos outros seres humanos.

Essa tendência pode ser estimulada no período da lua cheia de Leão, e os discípulos do mundo, sabedores disso, fornecerão através das suas várias atividades grandes oportunidades para as pessoas comuns desarraigarem essa tendência e gradualmente suplantar sua natureza. Isto é feito ajudando a levar sua consciência a um nível no qual não há mais interesse em governar a vida de outras pessoas. Pelo contrário, elas guiarão os outros através do seu próprio exemplo para um nível mais elevado de esclarecimento, onde poderão desfrutar de maior liberdade e luz, cooperando intimamente com as leis e princípios da Natureza.

Para os discípulos, a palavra-chave é: **"Eu sou Isso e Isso sou Eu."**

"Isso sou Eu" é o verdadeiro Regente, o Senhor da Personalidade e de todos os veículos mais elevados. Vive e age como um indivíduo autoconsciente, autodeterminado, auto-realizado, livre e atento. Não se permite esquecer do seu reino envolvendo-se com os problemas das pessoas. Age, participa de grandes projetos, mas sempre no nível de consciência de que é a Personalidade – não o corpo, não as emoções e não os problemas da mente. Podemos imaginar a beleza de uma pessoa assim que permanece autêntica em todas as situações? "Mais radiante do que o Sol, mais pura que a neve, mais sutil que o éter. . ."

Na época da lua cheia de Leão, as energias fornecem uma grande oportunidade para avançar na realização do Ser e ter experiências maiores com a sua própria natureza.

Virgem é o próximo signo, e a palavra-chave para as pessoas comuns é: "E a Palavra disse: Que reine a matéria."

As energias liberadas durante a lua cheia de Virgem criam na pessoa comum uma forte tendência ao materialismo, a menos que ela opte por valores mais elevados. Nessa época, existe o perigo de se submeter aos valores materiais, de dar prioridade aos interesses materiais sobre os valores morais e espirituais.

Os discípulos no mundo fornecerão aquelas etapas e técnicas capazes de ajudar as pessoas comuns, especialmente na lua cheia de Virgem, a quebrar as cadeias da matéria, os laços emocionais em relação a propriedades e a objetos, os laços mentais em relação a doutrinas, dogmas, tradições, superstições, preconceitos, libertando-se do reino da matéria. Trata-se de uma tarefa hercúlea, que não pode ser realizada num só ano. Mas se os discípulos espalhados tiverem a visão e cooperarem com as Grandes Vidas do Zodíaco, atingirão bons resultados utilizando a ciência dos ciclos e as energias.

Para os discípulos adiantados, a palavra-chave é: **"Eu sou a Mãe e o Filho, Eu sou Deus. Sou a matéria."**

Esta é a compreensão dentro do discípulo na qual nasce a consciência do Ser. Ele agora sente que através do trabalho duro e da alimentação da Centelha Interior ele finalmente tornar-se-á a Mãe, o possuidor de uma nova Autocompreensão.

A palavra-chave está relacionada com as várias partes do nosso Ser. A matéria é a personalidade – o corpo físico, veículo emocional e mecanismo mental, finalmente realizado como parte da matéria. Este é o lado material da vida, da existência.

Temos então o "Filho". Este é a alma humana escondida na matéria dos três veículos, mas agora a "Mãe", o Guia Interior, o Anjo Solar ou Ser Transpessoal, torna-se um com o Filho, assim como nossa mãe era uma coisa só conosco durante o período da gestação, e finalmente deu-nos à luz, como seres humanos independentes.

E o que é Deus? Deus é o estágio mais elevado do desenvolvimento no homem – o **Ser**. O Ser é uma alma ou uma criança humana totalmente evoluída, pois a criança de hoje será o pai amanhã.

Isso foi um mistério durante muito tempo. Cristo se referiu uma vez a ele quando certa noite um homem chamado Nicodemos foi até Ele e perguntou: "Mestre, como posso entrar no reino de Deus?" Cristo respondeu: "A menos que você nasça de novo, não poderá entrar no reino de Deus."

A lua cheia de Virgem nos dá a oportunidade de "nascer de novo" e de nos tornarmos uma Alma espiritualmente desperta.

Nosso próximo signo é **Libra** e para as pessoas comuns a palavra-chave é: "E a Palavra disse: Que a escolha seja feita."

As energias de Libra nos darão forças para escolher. Tudo o que for feito em qualquer nível é o resultado da escolha consciente ou inconsciente.

No período da lua cheia de Libra, será ensinada à humanidade comum a ciência da discriminação. As pessoas aprenderão a se perguntar antes de fazer qualquer coisa. "Por que estou fazendo isto? Por que estou comprando isto? Por que penso desta maneira ou deste modo? O que em mim escolhe a vida que agora estou levando? É o meu corpo que faz essa escolha? São as minhas emoções? Qual delas? É a minha mente, ou sugestões pós-hipnóticas e comandos cegos da mente inferior?" Observe quem faz a escolha.

Séculos atrás, os Grandes Mestres nos deram uma oração: "Conduz-nos, ó Senhor, do irreal para o real. . ." a fim de alimentar em nós as sementes da escolha certa.

A palavra-chave para os discípulos é: **"Eu escolho a maneira de passar entre as duas grandes linhas de força."** Essas duas grandes linhas podem ser o par de opostos dos planos físico, emocional e mental, como atração e repulsão, gosto e desgosto, dois pontos de vista diferentes. O discípulo de Libra está no centro da escala que não se move, enquanto os braços de cada lado se movem para cima e para baixo de acordo com as várias circunstâncias. Ele descobre o ponto de equilíbrio e o equilíbrio entre as "duas grandes linhas de força". Este é o "nobre caminho do meio" ao qual se referiu o grande Senhor Buda.

No período de lua cheia de Libra, os grandes discípulos oferecerão à humanidade os caminhos e os meios através dos quais se atinge compreensão e equilíbrio, elevando gradualmente esse equilíbrio a espirais cada vez mais altas.

Libra também representa um símbolo de justiça – e a justiça fica exatamente *entre* duas grandes linhas. Não existe justiça sem a compreensão total dos direitos daqueles que promovem a injustiça. E ninguém pode afirmar e proclamar a justiça se não estiver "no meio". Se houver inclinação por uma das duas linhas não poderá ser feita justiça.

O signo seguinte é **Escorpião**. A palavra-chave para a pessoa comum é: "E a Palavra disse: Que 'Maya' floresça e que a decepção governe."

O vocábulo "Maya" pode ser traduzido como ilusão, decepção e fenômenos. É a fantasmagoria da vida que mantém Escorpião sepultado, atrasando seu progresso no caminho da evolução.

Na época da lua cheia de Escorpião, as pessoas comuns recebem um reestímulo para correr atrás de sombras e coisas que não representam valores permanentes. Assim, elas estão sempre iludidas e logo compreendem que aquilo que descobriram não é o que estão buscando. Isso cria um conflito interno que afinal as levam ao portal do discipulado.

A palavra-chave para os discípulos é: **"Sou um guerreiro, e saio triunfante da batalha."**

Conseqüentemente, ele se torna um guerreiro à medida que aos poucos, através dos séculos, ele compreende que sempre esteve enganado. Quanto maior a decepção, maior o conflito que atravessa, se compreender a profundidade da decepção.

Durante a lua cheia de Escorpião, todas as energias que fazem de uma pessoa um verdadeiro guerreiro estão disponíveis. Ela se torna um guerreiro para liderar a humanidade da escuridão para a luz, do caos para a beleza, emergindo sempre *triunfante* ou vitorioso. Esta vitória é a vitória contra a decepção; é a vitória da iluminação ou transformação da sua natureza quando em luta contra a injustiça, a doença, o crime e a escravidão da dignidade e divindade humanas. Ela se torna uma águia.

O próximo signo é **Sagitário**, e a palavra-chave para as pessoas comuns é: "E a Palavra disse: Que haja busca pelo alimento."

O sagitariano comum, especialmente quando na lua cheia de Sagitário, mostra grande tendência para ver a vida e todas as formas de vida como alimento. Ele trabalha duro para usar e abusar dos fenômenos da vida a fim de obter alimentos e, se perguntado, responderá com honestidade: "Há alguma outra coisa na vida além do alimento?" Essa tendência é encontrada no mundo inteiro, pois as pessoas são exploradas, envolvidas em guerras, crimes e injustiças com fins materiais. Alguém disse em algum momento que a alma dessas pessoas está no estômago. Elas existem para consumir.

Podemos até dizer que essas pessoas tentam procurar alimento emocional, sexual e mental apenas para satisfazer suas exigências e necessidades. São como gafanhotos atacando uma planta: em vinte minutos, não há mais uma folha ou flor sequer.

Essa atitude perante a vida mudaria se pudéssemos entender as palavras de Cristo quando disse: "O homem não vive somente de pão, mas das palavras de

Deus." Teríamos de escrever livros inteiros para explicar toda a sabedoria contida nestas poucas palavras. A mudança começa quando o sagitariano pensa: "O que posso dar aos outros que é mais importante do que aquilo que posso tirar deles?"

A palavra-chave para os discípulos é: **"Vejo o objetivo. Atinjo esse objetivo e já vejo o próximo."**

Nesse estágio, ele não é meio-animal e meio-homem, mas um verdadeiro ser humano que caminha na direção da seta do seu espírito.

Neste período de lua cheia, o sagitariano tem todas as energias disponíveis para atingir seu objetivo, não para se acomodar, mas para buscar outro, e mais outro objetivo. Sua meta deve ser tão ampla que abrace o sistema solar e a galáxia.

Em **Capricórnio**, a palavra-chave para a pessoa comum é: "E a Palavra disse: Que governe a ambição e que a porta seja larga."

A energia de Capricórnio pode estimular os centros inferiores das pessoas comuns, levando-as a uma armadilha de ambição e para a larga porta aberta do vício e do crime humanos. A tônica é um aviso porque as energias capricornianas liberadas, se respondidas pelos centros inferiores e com o espírito da ambição, podem criar complicações adicionais e confusões em sua vida.

Para os discípulos, a palavra-chave de Capricórnio é: **"Que eu me perca na luz sobrenatural, embora nessa luz eu vire as costas."**

Trata-se de um desafio para os discípulos entrar na luz maior na época da lua cheia de Capricórnio e então virar as costas para essa luz e refleti-la para a humanidade. É um chamado para o serviço sacrificial, e os discípulos do mundo farão o possível para ficar na luz e fundir-se com ela.

A próxima lua cheia é **Aquário**. A palavra-chave para a pessoa comum é: "E a Palavra disse: Que o desejo material seja o regente."

A energia aquariana estimulará nas pessoas comuns o desejo pelo material, pelo lado objetivo da vida, pela propriedade, pelo dinheiro e por objetos. O aquariano sentirá uma forte urgência de identificação com esses desejos, a menos que na Lua cheia ela focalize sua consciência para os planos mais elevados e responda às energias aquarianas com seus centros superiores e formas elevadas de pensamento. Mais uma vez, trata-se de um aviso para as pessoas comuns de que poderão afogar-se mais nos objetos dos seus desejos quando o Sol entra em Aquário. Será de muita ajuda focalizar seus interesses em idéias, visões e planos para o todo maior, para que seus desejos se transformem em aspirações e, posteriormente, em disciplina.

Para os discípulos, a palavra-chave é: **"Que eu seja a água da vida, derramada para os homens sedentos."**

No futuro, o Festival de Aquário será celebrado no mundo todo com grande alegria e entusiasmo, porque Aquário é o signo da Nova Era para a humanidade.

A "Água da Vida" é a energia espiritual que se derramará de cada discípulo para elevar e alimentar outros seres humanos, levando-os a níveis mais altos de conscientização, onde terão uma vida mais profícua. Com esses discípulos, os sete campos do esforço humano sofrerão uma grande purificação.

Esses festivais serão celebrados no mundo todo, não só por grupos, mas por todas as pessoas, através do cinema, do rádio, da televisão e da imprensa falada e escrita. Serão festivais simbólicos, nos quais serão feitas apresentações do espírito de Aquário, ensinando-nos como partilhar da Água da vida.

Nos templos de mistérios, os membros mais adiantados da humanidade farão cerimônias de iniciação dos mistérios, contactando a Vida mais abundante.

O último signo é **Peixes**. Para as pessoas comuns, a palavra-chave é: "E a Palavra disse: Entre na matéria."

Os que estiverem sob este signo devem ser cuidadosos, para não perder o controle de suas tendências materialistas, devendo de alguma maneira redirecionar-se para valores espirituais. Isso é possível se as pessoas comuns receberem um pensamento-semente apropriado para a meditação. Certa vez, Cristo forneceu um desses pensamentos muito forte em relação à inclinação materialista do homem. Disse: "O que ganharás se conquistares o mundo e perderes a Alma?"

Na lua cheia de Peixes, os discípulos do mundo podem apresentar valores espirituais em suas artes, na palavra falada e na escrita, inflamando as aspirações da humanidade quanto aos valores transcendentais da vida.

A palavra-chave para os discípulos é: **"Eu deixo a Casa do Pai e, voltando as costas, Eu salvo."**

Trata-se de um convite e de uma oportunidade para os discípulos descerem ao nível da humanidade e elevá-la passo a passo para um destino glorioso. As energias liberadas neste signo habilitarão os discípulos para virarem as costas ao conforto e à segurança de suas vidas atuais e dirigirem suas energias para a solução dos problemas da humanidade, proporcionando-lhe ajuda ativa e prática. "Salvar" significa retirar a humanidade da escravidão da matéria e de tudo o que envolve escravidão.

Se organizarmos nossa vida para utilizarmos as energias disponíveis a cada mês, seguindo as instruções referentes a cada signo, faremos grandes progressos no caminho da nossa evolução e prestaremos um grande serviço a nossos semelhantes.

Certa vez, eu estava visualizando uma universidade espiritual circular com doze átrios e uma câmara no centro, na forma de uma estrela de cinco pontas construída no topo de uma montanha. Visualizei um dos signos do Zodíaco com os símbolos, palavras-chave, cores e notas nas paredes de cada sala onde um discípulo ficaria em retiro durante o período dos seus signos solar e ascendente, mergulhando na Auto-realização através da disciplina oculta e da meditação. A câmara do centro seria a Câmara dos Sete Raios.

Interrompo o texto aqui para dar asas à sua imaginação criativa.

1

COMO LIDAR COM A CHEGADA DAS ENERGIAS

Com a aproximação das três maiores luas cheias, as pessoas tornam-se mais sensíveis à entrada das energias de várias fontes. Elas vêm de inúmeras constelações, planetas, centros planetários, Ashrams, grupos poderosos, de nossos próprios centros interiores e de outros. O maior teste de um discípulo é saber como receber essas energias e utilizá-las de maneira científica para que a humanidade como um todo seja assistida no caminho da perfeição.

Com a aproximação das luas cheias mais importantes, nosso sistema recebe uma quantidade maior de energia; isso é mecânico. Mas pode tornar-se consciente se observarmos através de quais centros essas energias são atraídas para nós. Elas podem ser canalizadas através do sexo, do plexo solar, do coração, da garganta, da cabeça ou de qualquer outro centro, com resultados diferentes. Os centros inferiores recebem essas energias mecanicamente; os superiores, através do esforço consciente.

Precisamos descobrir o que estamos fazendo com elas. Estão se tornando poderes criativos dentro do nosso sistema, oferecendo ajuda para a humanidade, para o Plano da Hierarquia, ou estão criando problemas em nosso próprio sistema, na sociedade e na humanidade?

O próximo passo é considerar que nem todas as energias e forças provêm de fontes benéficas, pois existem as que vêm de centros deturpados, carregadas de motivos errôneos.

Ambos os tipos de energia, não importa a fonte, são atraídos magneticamente para o nosso sistema, tanto através dos centros superiores e inferiores como pelos encantos, ilusões, formas de pensamento, emoções e impressões deturpadas. Podemos dizer que nosso desenvolvimento e desdobramento têm muito a ver com a recepção dessas energias.

Há um estágio no qual recebemos tanto energias benéficas como destrutivas através dos centros superiores e inferiores, e nossa vida se torna um campo de batalha de forças de vários tipos.

À medida que crescemos e evoluímos, conseguimos discriminar entre as energias e suas fontes, enquanto ao mesmo tempo vemos seus efeitos nas naturezas superior e inferior. Se persistirmos em nosso caminho e lutarmos, eventualmente impediremos a recepção das indesejáveis e acionaremos nossos centros superiores para as forças criativas da Natureza.

Quando evoluímos, nossa sensibilidade se aguça. O campo de batalha da vida torna-se também mais crítico, porque não envolve somente a nossa vida pessoal, mas também a vida da nossa família, do nosso grupo, da sociedade e da humanidade.

Um discípulo é um membro vivo e consciente no corpo da humanidade. Ele é afetado não só pela condição dela, mas também a afeta através dos seus pensamentos e atividades. Cada situação no mundo é o resultado de uma combinação de determinadas energias. Cada situação projeta ou evoca determinadas forças ou energias.

O discípulo é muito sensível à configuração de forças e energias que agem sobre ele a cada momento. Um grande sábio disse que mesmo um caminho de nuvens pesa sobre os ombros do discípulo. Na verdade, todos os problemas dos discípulos e Iniciados estão relacionados com o método de manipulação das energias e das forças e com a capacidade de recebê-las, assimilá-las, usá-las ou rejeitá-las.

As energias espirituais são aquelas que criam uma urgência profunda em nosso ser para progredirmos com vistas ao desenvolvimento, ao desdobramento e ao aprimoramento sem fim – uma urgência em nos adaptarmos ao grande trabalho da manifestação do Plano Divino e cooperação com o Plano Divino. O trabalho espiritual é um desdobramento sempre progressivo em sincronização com o Plano e Propósito Divinos. Eis uma constatação muito importante.

À medida que progredimos e evoluímos dias após dia, ano após ano, vida após vida, sintonizamos com a grande tarefa de trabalhar no Plano Divino sob a inspiração do Propósito Divino.

As pessoas têm várias opiniões sobre o significado de sucesso e de serviço. Acreditamos que sucesso seja um passo à frente em direção à própria essência; serviço é um passo à frente na tarefa de cooperação com o Plano Divino. Portanto, a espiritualidade é desdobramento, desenvolvimento e criatividade sob a luz e a direção do Plano e do Propósito Divino.

Quando não nos afinamos consciente ou instintivamente com o Plano Divino, tudo o que fazemos é desfeito; tudo o que temos como sucesso é um fracasso. Isto se aplica a qualquer trabalho de construção. Qualquer coisa que não seja construída de acordo com o esquema será eliminada ou tornar-se-á uma fonte de futuros problemas, com desgaste adicional de tempo, de energia e de material.

O progresso espiritual é uma sensibilidade crescente em relação aos cursos e forças energéticas do universo. À medida que nos tornamos mais Espírito e menos matéria, a sensibilidade aumenta. Registra-se um maior número de energias; desenvolve-se lentamente a capacidade de reconhecer as fontes e as qualidades dessas energias e a utilizá-las num trabalho criativo.

Todas as situações do mundo são o resultado do contato com essas energias. As condições melhoram se essas energias são contactadas por intermédio da nossa vida sempre em progresso, por intermédio de nossos centros superiores, de nossa beleza, bondade e verdade. As condições degeneram quando respondemos a elas por meio de interesses egoístas, de nossos encantos, ilusões, gula, ódio e medo. Ambas as condições irradiam ou descarregam energia. Uma irradia música, a outra, barulho.

À medida que nossa sensibilidade aumenta, nos tornamos mais vulneráveis a perigos maiores, especialmente se perdemos o controle do nosso mecanismo. Quando este é fraco e o fluxo de energias forte, fazemos coisas que nunca faríamos em condições normais.

Temos um corpo físico e uma energia física, um corpo emocional e uma energia emocional, um corpo mental e uma energia mental. Também possuímos energias mais sutis. Todas podem ser utilizadas em cooperação com o Plano.

Quando temos um objetivo, temos um plano. Um objetivo é o resultado da realização do plano. É muito interessante notar que um objetivo não é uma intenção. Ninguém tem um objetivo **real** se não estiver em contato subjetivamente com o seu Guia Interior ou com o Plano Divino. Um objetivo não pode existir se não estiver em harmonia com o Plano, com o melhor bem da vida como um todo.

As intenções podem ser egoístas ou não, destrutivas ou construtivas, mas os objetivos estão sempre de acordo com o Plano.

Uma vida voltada para um objetivo é uma vida que funciona para atingir o objetivo. Havendo objetivo, nosso tempo, energia, matéria, espaço e talento são utilizados conscientemente para realizá-lo.

Quando uma pessoa não tem um objetivo, ela desperdiça energia, tempo, matéria, espaço, e suas faculdades inatas não podem avançar no caminho da evolução. **Um objetivo é um foco de energias.** É um ponto dinâmico de ação, fonte de grande inspiração e também ponto de sensibilidade que registra as energias liberadas das fontes mais elevadas.

Sendo parte do Plano, o objetivo está relacionado com o centro do coração. O coração compreende o objetivo; a mente o serve. E por ocasião do aumento das energias, é o coração que atrai as mais benevolentes para seus propósitos criativos.

O centro do coração possui uma grande qualidade magnética. Este magnetismo atrai energias harmoniosas, visões e inspirações projetadas das fontes mais elevadas, e as utiliza em seu trabalho criativo. Atrai essas formas subjetivas, esses protótipos e projetos que estão em formação dentro dos Reinos Elevados e que são absorvidos pelo centro do coração e refletidos na cabeça, iniciando então um processo criativo.

A pureza de coração, que significa pureza de motivos, é o pré-requisito para aumentar o poder magnético do coração. Um grande sábio disse: "... cada consumação, cada união, cada grande unificação cósmica é atingida através da chama do coração."[1] E o mestre tibetano diz: "O tipo de mecanismo e a qualidade da conscientização determinam a recepção e a resposta".[2]

Espiritualidade significa ter um objetivo, e sempre progressivamente melhorar a vida física, emocional e mental de alguém para atingir esse objetivo, utilizando as energias disponíveis no momento.

As energias estão chegando ao nosso sistema solar de várias constelações no Espaço. Elas provêm do Grande Zodíaco, da Grande Ursa, de Órion, das Plêiades e de Sírius.

As energias provêm dos doze signos do Zodíaco. Vêm do Sol, dos planetas e dos centros de energia descobertos nos sete subplanos do Plano Físico Cós-

1. Sociedade Ioga Agni, *Heart*, par. 1.
2. Bailey, Alice A., *Esoteric Astrology*, p. 412.

mico. Todas elas possuem seus ciclos de fluxo e refluxo e ciclos de contacto. Alguns deles se estendem por duzentos e cinqüenta mil anos, outros por vinte e cinco mil anos, dois mil e quinhentos anos, setecentos e setenta e sete anos, setenta e sete anos, sete anos ou sete dias, e assim por diante.

As energias mais poderosas são liberadas quando alguns "centros" se mostram sincronizados numa configuração que age como condutora das energias envolvidas. Por exemplo, quando alguns botões são ligados o computador começa a trabalhar, a alinhar e sincronizar seus componentes para responder a questões, e assim as respostas são recebidas. Algo semelhante acontece no grande universo. Em determinados ciclos, o Grande Um coloca ciclicamente em ação centros universais em diferentes configurações para responder às grandes necessidades de formas maiores e menores. Esses momentos são chamados de momentos de oportunidade, de possibilidades, ou momentos de crise nos quais o ser como um todo é submetido a grandes testes.

Em nossos dias, nosso planeta como um todo passa por uma crise cíclica. Como membros evoluídos e desenvolvidos da humanidade, os homens se tornam mais sensíveis às energias, às oportunidades e possibilidades que se manifestam – e especialmente às crises. Se essas energias forem manipuladas de maneira correta, desenvolver-se-á uma cultura maior e uma civilização melhor. Por outro lado, se não o forem, a degeneração aumentará.

As energias produzem resultados construtivos e criatividade se o mecanismo e as condições humanas forem saudáveis, se o mundo desejado pela humanidade for puro e se o coração da humanidade corresponder. De outra forma, elas serão utilizadas para a degeneração da humanidade.

A cura dos nossos crimes sociais nunca será encontrada; o uso abusivo das drogas, o ódio, o separatismo e outras atividades perniciosas nunca serão sanados, a menos que as pessoas sejam capazes de manipular o fluxo das energias que afluem em suas naturezas física, emocional e mental através da expressão criativa, que evitará o atrito e o superestímulo em suas naturezas. **O primeiro passo para a utilização dessas energias de maneira benéfica é descobrir as fontes de onde elas provêm.**

Por exemplo, as energias que contribuem para o bem-estar da humanidade, para expandir sua conscientização e estabelecer a liberdade e as relações humanas corretas, e as outras que liberam o poder para criar, para servir e para o sacrifício estão vindo diretamente do centro do coração do planeta que chamamos de Hierarquia, ou Cristo e Seus discípulos.

Essas energias trazem grandes idéias, grandes visões, que dentro dos nossos corações se tornam objetivos reconhecidos. Assim, a energia Hierárquica nos inspira a entrar no caminho do aprimoramento e da perfeição.

Diz-se que a Hierarquia visualiza a perfeição futura da humanidade e formula os passos para essa conquista através do Plano. O Plano é uma tremenda fonte de poder e inspiração que impulsiona a humanidade para a frente em direção a grandes conquistas.

Outra energia que está vindo para a humanidade é de uma Cidade de Paz, Shambala, ou a Casa do Pai. É chamada a sede central do planeta, sendo deste centro emitidas energias poderosas de direcionamentos planetários. É a energia do poder da vontade, que é superior à força física, emocional e mental, e que, uma vez ativada, pode controlar os três planos e suas atividades.

Outra energia está vindo para a humanidade proveniente dos Raios que estão manifestados. No momento, há um novo Raio fluindo sobre o mundo com a sua energia – a energia do Sétimo Raio. Suas características são:

organização;
arrumação das energias para produzir a forma necessária;
vitalização das formas;
leis e ordem;
união da energia e da substância através de atividade em grupo;
estímulo das formas etéricas; e
relação com o centro do sexo.

O Sétimo Raio está condicionando amplamente a vida da humanidade devido a respostas positivas e negativas a Ele. As pessoas comuns estão utilizando as características deste Raio ao contrário, e a humanidade adiantada está usando essa energia de forma positiva. Por exemplo, o sexo é o maior problema atual da humanidade. Por outro lado, viver criativamente e as artes criativas estão despontando numa nova dimensão.

A cada lua cheia vários Raios se tornam ativos, criando uma ampla resposta de todos os reinos, especialmente o da humanidade. Por exemplo, durante a primeira grande lua cheia, a energia do Primeiro Raio fica ativa por cinco dias: as pessoas podem reagir tanto com os centros abaixo do diafragma (base da espinha, centro sacro e o plexo solar ou centro esplênico), como entrando conscientemente em contacto com ela, se forem discípulos transfigurados da Hierarquia.

No primeiro caso, o Primeiro Raio estimula os centros inferiores, especialmente o da base da espinha, durante a lua cheia de Áries, conduzindo o indivíduo a atividades exacerbadas ao longo das linhas desse centro.

No segundo caso, a energia é recebida, assimilada e usada para a purificação, a unidade, a síntese e o preenchimento do grande Propósito do Senhor. Esta é a razão pela qual é tão importante, na época da lua cheia, abstrairmos nossa consciência dos centros inferiores e nos concentrarmos nas esferas de atividade dos centros superiores. Ao agirmos assim, essa excitação não nos causará problemas.

As energias que estão chegando nos ajudam a ir em frente na nossa evolução, ou continuaremos em crise, dor e sofrimento, dependendo de nossas reações a elas. Durante as crises, somos despertados para um novo nível de consciência ou caímos no caminho da degenerescência.

A próxima fonte de energia são as idéias e pensamentos, que têm um efeito poderoso sobre a humanidade. Na verdade, idéias e pensamentos condicionarão toda a vida da humanidade à medida que cresce o número de pensadores e de intuitivos. É através das idéias que a Hierarquia conduz a humanidade para a direção correta na vida.

Cada vez que uma idéia é tocada e irradiada através do pensamento de uma pessoa, as energias entram em movimento nas esferas etérica, emocional, mental e superior. Elas transportam idéias e pensamentos para o mundo todo, inspirando as pessoas sensitivas a sintonizar nessa mesma freqüência.

As idéias vêm dos planos mental superior e intuicional, mas os pensamentos podem ser inspirados tanto por altas fontes e visões como influenciados pelas necessidades urgentes da pessoa, pelos direcionamentos egoístas e interesses individualizados. Quando esses pensamentos inferiores tomam forma, transportam a freqüência dos motivos da pessoa e criam resultados destrutivos para aqueles que os absorvem por estarem em harmonia com eles.

Na época da lua cheia, quando nossa sensibilidade é mais apurada, devemos observar essas "moscas" e rejeitá-las de imediato. Se as aceitarmos, elas absorverão nossas energias mais elevadas recebidas das fontes superiores, crescerão e virarão víboras dentro da nossa aura, conduzindo-nos a ações destrutivas.

Por outro lado, idéias e pensamentos criativos produzem dois tipos de resultados. Primeiro, reúnem em seu foco magnético todos os seres receptivos às visões da Nova Era, estabelecendo fundamentos para uma nova civilização, para uma nova cultura.

Segundo, essas idéias e pensamentos superiores, quando parcialmente atraídos por pessoas com motivos confusos, com mente e emoções desequilibradas, passarão por um processo de distorção, criando grupos ou organizações que profanam as grandes idéias e ideais, atraindo pessoas crédulas e levando-as à confusão e ao desespero, utilizando seus recursos para fins egoístas.

Os que conseguem achar o seu caminho através dessa selva de idéias e de pensamentos seguirão rumo às iniciações elevadas, especialmente durante as principais luas cheias. Os que não o conseguirem, criarão gradualmente para si situações que os levarão à degenerescência.

A energia seguinte é chamada de energia astral. É a soma das expressões emocionais da humanidade: medo, ira, ódio, avareza, ciúme, sexo, depressão, e outras. Todas estas forças emocionais, quando canalizadas em sons, palavras, pensamentos e ações, no rádio, na televisão, nos livros e em outras publicações, criam efeitos destrutivos em nossos mecanismos físico e mental e na nossa vida social.

As emoções são muito contagiantes. Penetram e se multiplicam na natureza de uma pessoa e, finalmente, a dominam. Não se trata somente de emoções, elas trazem consigo o poder de causar várias doenças mentais e físicas. A maioria dos problemas da nossa sociedade tem origem na dramatização das emoções por aqueles que conscientemente sabem como manipular as pessoas através de suas próprias emoções.

Há pouco tempo, uma mãe me trouxe a filha de nove anos e pediu:

– Pode examiná-la e ver se há alguma coisa de errado? – A menininha estava pálida e parecia um esqueleto. Depois de conversarmos por alguns instantes, pedi a ela que fosse para o jardim e disse para a mãe:

– Ela está fazendo coisas erradas.

– O quê, por exemplo?

– Não se zangue. A senhora poderá contornar o problema se mantiver a calma e usar a mente.

– O que é, afinal?

– Ainda não estou muito seguro, mas é melhor observá-la e descobrir que tipo de relacionamentos ela mantém.

– O que está querendo dizer?

– A senhor pediu um conselho, e esta é a minha resposta. Observe-a, siga-a e descubra com quem ela está andando.

Duas semanas depois, a mãe descobriu que a filha estava freqüentando a casa de uma jovem onde outras crianças da mesma idade se reuniam para assistir a filmes pornográficos de crianças e tentavam exercitar ou imitar o que viam.

Os filmes que projetam emoções intensas ou profundas controlam o coração das crianças, levando-as à destruição. Filmes sobre violência e crimes também expressam uma alta voltagem de emoções que se espalham por todo o sistema, contaminando-o. Esse tipo de filme contamina até mesmo as pessoas mais velhas, se ficarem emocionalmente envolvidas com eles. Por serem sublimes, as emoções de alta freqüência de aspiração espiritual, de admiração, de êxtase diante da beleza, da alegria e felicidade criam harmonia, relações humanas corretas, boa vontade, beleza, ternura, gentileza e paz.

Na época da lua cheia, quando a sensibilidade aumenta, devemos tentar nos polarizar para as aspirações sublimes e preencher nossa natureza com a beleza. Assim nos escudaremos das emoções negativas, ficando expostos às ondas superiores de emoções criativas.

Dois aspectos importantes a serem exercitados durante a lua cheia são a inocência e o desapego: inocência no pensamento, nas emoções, nas ações e nas palavras, e desapego em todos os relacionamentos.

A inocência é uma maneira de viver em que não se impede, não se interrompe nem se diminui a evolução de qualquer ser ou criatura vivente. Viver em desapego é viver isolado interiormente de todas as forças, influências e impressões antievolucionárias. Desapego e inocência caminham juntos.

A inocência é muito importante no caminho do discípulo, porque a cada momento que ele causa dano a alguém cria impedimentos no seu caminho, resultando em sofrimento. O desapego é importante para não sermos prejudicados pelos impedimentos impostos pelos outros.

Outra fonte de energia provém dos alimentos, das bebidas e vitaminas. Na época da lua cheia, é imperativo que a quantidade de alimentos ingeridos seja minimizada e que sejamos bem discriminativos quanto aos líquidos que bebemos e às vitaminas que tomamos.

O ser inferior se sentirá melhor na lua cheia se ingerir alimentos saudáveis e nutritivos uma vez por dia. Todos os tipos de alimentos pesados e de bebidas alcoólicas estimulam os centros inferiores, causando distração e distorção nas energias recebidas pelo seu sistema.

Essas energias são recebidas através:

1. dos centros etéricos;
2. dos centros astrais;
3. dos centros mentais;
4. do Lótus de doze pétalas;
5. das glândulas;

e também da meditação, da visualização e do serviço.

Os centros etéricos transmitem energia de acordo com a sua localização no corpo etérico. Os centros mais elevados, como o Lótus de doze pétalas ou Tríade Espiritual, transmitem as energias solar e planetária mais impessoais. Os centros inferiores estão mais relacionados com os interesses físico, emocional e mental inferior.

Há também os centros astrais que trazem energia do astral inferior, do astral superior e do plano da Intuição.

Os centros mentais estão mais ligados às energias planetárias. O Lótus de doze pétalas traz as energias solares e as energias dos éteres cósmicos.

As glândulas também recebem energia do sexo oposto através dos centros das glândulas correspondentes; a fragrância e a cor também estimulam as glândulas e as colocam em ação. Pensamentos e emoções as afetam; elas produzem fragrâncias e magnetismo quando recebem emoções positivas, construtivas, animadoras e alegres ou ondas de pensamento. Emanam odores e toxinas quando ativadas por emoções negativas e formas de pensamento destrutivas.

No futuro, a fragrância será utilizada de maneira consciente. Por exemplo, se uma pessoa for discutir fatos científicos sem parcialidade, deverá usar sândalo ou óleo de pinho. Se for a um debate, poderá usar almíscar ou absinto. Se estiver indo esclarecer uma situação, usará óleo de rosa. Esses óleos agem através de glândulas correspondentes e produzem resultados favoráveis.

A meditação é outra maneira de receber energias através dos centros superiores. No momento da meditação, podemos ficar em planos diferentes. Se estivermos em contacto com planos superiores, receberemos energias superiores. É preciso tentar pensar em planos cada vez mais elevados. Cada plano é diferente, com seus horizontes e abismos, e se revela em magnitudes diferentes. Precisamos experimentar a troca de nível durante nossas meditações e registrar os resultados. À medida que uma pessoa se eleva, torna-se mais criativa, melhora sua compreensão, fica mais intuitiva, mais alegre, mais forte e expansiva.

A visualização produz os mesmos efeitos, transmitindo energia de acordo com a forma, a cor e a precisão da visualização.

Recebe-se uma enorme energia através do serviço sacrificial prestado aos outros. Essa energia pode vir da própria Alma ou da Alma dos outros, possuindo uma grande qualidade curadora — a da alegria, da paz. Cristo enfatiza bastante a necessidade de servir ao próximo sem expectativas de recompensa. Esta é a prescrição Dele para a saúde, física e mental e para as relações humanas corretas.

Tive a oportunidade de visitar um hospital católico no Oriente Médio onde as enfermeiras eram voluntárias. Trabalhavam dia e noite sem receber nenhuma forma de pagamento. Perguntei a uma delas:

— Por que vocês fazem esse tipo de serviço?

— Servimos somente a Cristo e a mais ninguém.

— Mas estas pessoas nem são cristãs.

— Não importa. Cristo está em cada uma delas.

Admirei sua pureza, beleza, gentileza e o serviço sacrificial dedicado. Em lugar nenhum elas poderiam ter alegria maior do que servindo a outros seres humanos. Não eram somente saudáveis, animadas e belas, mas também magnéticas e altamente carregadas de energia. O segredo estava em que não trabalhavam por dinheiro, mas serviam a um ideal.

O servir aumenta a recepção de energias, distribuindo-as de maneira harmoniosa entre os centros e as glândulas. Cada discípulo precisa descobrir um campo apropriado de serviço altruísta e estar pronto para servir com inteligência, discernimento e sem expectativas onde sentir que há necessidade.

O que é a superestimulação e quais são os seus sintomas?

A superestimulação ocorre quando há energia em excesso e o mecanismo de resposta trabalha além da sua capacidade. Trabalhar acima da capacidade retira energia de outros centros ou lhes transmite energia excessiva. Assim, o sistema inteiro de centros etéricos e de glândulas fica sujeito ao desequilíbrio. Alguns centros ficarão hiperativos, e outros subativos, o que produz efeitos psicológicos e orgânicos indesejáveis no homem.

Existem quatorze sinais principais que permitem descobrir essa situação e nos levam a tomar providências para equilibrar o sistema, se houver hiperestimulação.

O primeiro sinal é a **insônia**. Devemos perceber se dormimos bem ou não. Se não dormimos, isso pode ser um sinal de hiperestimulação. Na época da lua cheia, ou quando se insiste em determinadas disciplinas espirituais, recebe-se mais energia do que se pode usar.

Alguns jovens me procuravam dizendo que não conseguiam dormir bem. Perguntei a eles:

– Vocês estão meditando ou vêm se dedicando a algum tipo das chamadas disciplinas espirituais?

– Por quê?

– Em caso afirmativo, talvez estejam praticando a disciplina de maneira errada ou então vêm exagerando ou forçando a natureza. É melhor descobrir se a disciplina que escolheram é saudável e adequada a vocês, e se a estão praticando da maneira correta.

A maioria resolveu o problema porque descobriu que não estava agindo da maneira correta, ou que estava exagerando e seguindo um caminho escolhido às cegas.

Por exemplo, um rapaz fazia meditação e usava drogas nos intervalos entre uma e outra. Ele ficou realmente surpreso quando eu lhe disse que drogas não combinavam com meditação, e que o uso conjugado de ambas é uma forma de suicídio.

As drogas abrem o caminho para a conscientização do plano astral, e na tentativa da meditação a mente se torna um transmissor dos encantos astrais, sendo com freqüência veículo para entidades astrais, que podem se apossar da pessoa, tornando sua vida lastimável. Quando uma pessoa torna-se presa das forças astrais, terá problemas de insônia.

A meditação excessiva também leva ao mesmo resultado. Uma mulher que estava meditando noventa e cinco minutos todos os dias veio me ver e se queixou de falta de sono. Ela não acreditou em mim quando lhe disse que noventa e cinco minutos de meditação sobrecarregam as células do cérebro, e que a fadiga conseqüente se expressa de várias formas. Quando consegui que diminuísse o tempo da meditação para dez minutos, sua insônia e os outros sintomas lentamente desapareceram. Isso não significa que não possamos meditar por um dia inteiro; apenas é preciso ter um cérebro apropriado, ambiente, condições de saúde e carma adequados.

O segundo sinal é a **indigestão**. Quando alguém não assimila as energias por causa do seu mecanismo ou por falta de disciplina ou esforço, parte de seu corpo etérico, que está relacionado com a digestão, não trabalha de modo adequado causando muitos problemas: a pessoa não digere bem o alimento, tem respiração deficiente e as glândulas digestivas perdem seu ritmo normal.

A indigestão acumula porções de veneno no corpo e afeta o sistema nervoso, os mundos emocional e mental da pessoa, e ela se sente cansada, nervosa, indisposta e doente. Quando os centros etéricos começam a assimilar essa energia, essas condições cessam milagrosamente.

O terceiro sinal é o **impulso sexual hiperativo**. As pessoas sentem grande necessidade de satisfazer seus impulsos, mesmo infringindo regras morais. Esta premência algumas vezes se transforma em inibição, causando os mais variados problemas no seu mundo psicológico. Em geral, a energia vem do corpo etérico, acumula-se no centro da base da espinha, onde provoca uma hiperestimulação, afetando assim as glândulas e os órgãos dessa área.

O próximo sintoma é a **depressão**. As pessoas pensam que a depressão é o resultado de falta de energia. Mas, se olharmos com mais cuidado, veremos que ela é semelhante a alimentarmos um carbureto com energia: o impacto leva o mecanismo a falhar e a deixar de funcionar. A energia deve circular ou queimar no lugar correto dentro do organismo, se a pessoa quiser evitar a depressão.

A energia em excesso algumas vezes abre uma tão grande visão no plano mental que a pessoa tem a sensação de incapacidade. A energia pode se acumular em qualquer nível — físico, emocional ou mental. É possível sentir a depressão num dos níveis ou em todos eles, sendo esta última uma depressão muito profunda.

Pode-se drenar energia do organismo através da massagem e do contato físico direto ou liberar o excesso dos acúmulos emocional ou mental através da atividade criativa mental e emocional.

O próximo sintoma é o **medo**. Quando as energias não são devidamente assimiladas ou se a pessoa não consegue absorvê-las, desenvolve-se o medo — medo do amanhã, dos amigos e dos inimigos. A fraqueza também gera o medo. Este leva a pessoa ao egoísmo, à autoproteção e até a agressividade. Os atos de loucura são produto do medo.

Há então o período de **autocrítica**, que começa quando, por falta de energia, a pessoa perde sua sustentação, cai do nível que havia atingido pelos seus esforços e passa a se identificar com seus fracassos. Por ter agora dois pontos de vista — o alto e o baixo — se critica e se odeia, incapaz de suportar os fracassos, e até se identificando com eles. Ela chega ao cúmulo de testemunhar e de comparar seus sucessos com o dos outros e se considerar um fracasso.

O próximo sinal é uma sensação de solidão. A pessoa sente que necessita da presença contínua de alguém que a aprecie ou que lute contra ela, evitando assim que fique a sós consigo mesma. As pessoas que sofrem de solidão detestam ficar sozinhas, porque quando isso acontece, são pegas num redemoinho de forças que se formam em áreas especiais das suas auras em conseqüência da ausência da livre circulação de energias.

A **irritação** é o próximo sinal. É um exemplo claro da hipersensibilidade que se apresenta quando, em vez de circular na natureza da pessoa, as energias se congestionam no corpo emocional ou etérico.

A hipersensibilidade inunda os veículos que receberam as impressões e estas se multiplicam e crescem, além da proporção, na forma e na cor, provocando uma reação natural no sistema nervoso. Essa reação é o atrito criado entre as energias neurais e aquelas acumuladas no veículo astral ou etérico. Esse atrito produz um sedimento que, como uma cinza, se deposita nos canais nervosos, impedindo que a eletricidade neural flua de maneira correta para os órgãos. A condição destes se deteriora à medida que aumenta essa sedimentação.

O **nervosismo** é o principal resultado da congestão mental que pressiona certos gânglios através dos centros correspondentes. A parte sob pressão torna-se extremamente sensível aos sons, às cores, aos movimentos e odores, em especial quando estão relacionados com experiências dolorosas anteriores.

A congestão do corpo mental desaparece se a pessoa repousar junto à Natureza. Algumas vezes são necessários de dois a três anos de repouso para que o mecanismo mental seja capaz de absorver a energia acumulada e dirimir a pressão nos canais nervosos. Esta pressão pode ocasionar doenças nervosas graves.

A **cólera** é outro sinal de distúrbio energético. Trata-se de um acúmulo de energias tóxicas no plano mental inferior, no astral ou em ambos. Algumas "autoridades" avisam que, para livrar-se dela, basta permitir uma expressão violenta da energia. Mas, ao fazer isso, cria-se um canal entre o acúmulo de energias e o veículo através do qual se expressou, e durante esse processo de expressão as toxinas se espalham por esse mecanismo com efeitos drásticos. Cada expressão de cólera acumula mais energias tóxicas. A cura para esta situação é a transmutação e o uso da energia através dos canais apropriados.

O próximo sinal de superestimulação é a **impaciência**. Uma pessoa pode mostrar sinais de impaciência em quase tudo. O excesso de energia leva a pessoa a fazer tudo imediatamente. Ela se torna prepotente e exigente, insistindo que tudo deve ser realizado sem demora. Fica sempre mal-humorada com quem trabalha para ou com ela, tornando-se violenta se as coisas não forem feitas da maneira como ela quer. Na vida prática, é impaciente com tudo o que faz. Não consegue ficar parada; move-se constantemente, com o espírito sempre insatisfeito.

O próximo sinal de superestimulação é a **necessidade de criticar as pessoas e de bisbilhotar** sobre sua vida e condições. Este tipo de pessoa analisa quase tudo a partir de uma abordagem emocional negativa. A crítica espalha o veneno e infringe as leis da boa vontade e das boas relações humanas. A fofoca e a crítica se espalham como uma doença contagiosa, descobrindo aos poucos novas vítimas para o seu veneno. À medida que esse superestímulo se desvanece, o espírito do criticismo e a tagarelice desaparecem.

Os centros superestimulados precisam descarregar o veneno acumulado, o que, com freqüência, é tolamente realizado através da ira, das fofocas e da crítica destrutiva. Com esse tipo de ação, o veneno se espalha e a fonte de estímulo permanece, renovando-se e iniciando um novo ataque.

O sinal seguinte é a **falta de concentração**. A superestimulação em qualquer plano perturba a capacidade de se concentrar no plano mental. A falta de concentração força a mente a pular de um ponto para outro. Isso acaba criando uma grande confusão, durante a qual a pessoa não consegue chegar a nenhuma conclusão nem tomar decisões.

Quando qualquer centro inferior no plano etérico ou astral se inunda de energias, o corpo mental fica subordinado a esse centro, tentando somente satisfazer suas necessidades e evitando, na maioria dos casos, suas outras responsabilidades. Isso não acontece quando a pessoa vive no plano da mente superior, através do qual pode controlar o centro superestimulado e dispersar o acúmulo de energias.

O próximo sinal é a **mudança contínua de planos**. A superestimulação não fica retida num centro. Atingindo um centro, ela circula entre os outros, que por sua vez ficam estimulados ou drenam as energias. Esse fluxo e refluxo provoca interesses e desejos diferentes, e a cada mudança de interesse ou de desejo, os planos se alteram. As pessoas que trabalham com indivíduos assim não podem predizer quais serão seus próximos passos.

Há muitos outros sinais de superestimulação que podem ser observados. Mas há também **sintomas favoráveis** que podem ser encontrados em indivíduos e grupos que estão assimilando energias e forças tanto quanto possível e desdobrando sua beleza interior. Esses sinais são:

1. compreensão amorosa;
2. saúde;
3. alegria;
4. contentamento;
5. bom sentido da visão;
6. concentração;
7. bom humor;
8. clareza de mente e de pensamento;
9. boa memória;
10. espírito de cooperação;
11. otimismo;
12. coragem e ousadia;
13. criatividade;
14. energia física e psíquica abundante;
15. franqueza, sinceridade e virtudes correlatas.

A assimilação das energias provoca expansão do conhecimento, auto-realização e elevação do nível de ser, aproximando-nos mais das ondas superiores da vida e dos ritmos do universo, à medida que contactamos e assimilamos as energias provenientes da Vida Cósmica.

Vamos nos deter em cada uma das quinze virtudes enumeradas acima e que indicam a assimilação correta da energia.

1. **Compreensão amorosa** é o resultado de um estado de mente sereno, com horizontes ilimitados e esclarecido pelo amor da Alma ou pela luz dos Reinos Superiores. Estas pessoas atraem magneticamente as pessoas para suas visões mais elevadas, eliminando muitos dos embaraços psicológicos, das inibições e das tensões.

2. **Saúde** é o resultado da assimilação correta das energias e da harmonia interior.

3. **Alegria**. A assimilação da energia na dosagem certa aumenta a irradiação da alegria. Trata-se de uma atitude da Alma; o fluxo da energia para os veículos melhora a saúde e aumenta a energia da pessoa. Através da observação diária da própria alegria, a pessoa passa a observar a si mesma com mais clareza. Sempre que estabelece um contacto superior, sua alegria aumenta. Quando se identifica com problemas dos seus veículos, ela diminui. A identificação é principalmente um resultado da superestimulação.

4. O **contentamento** é a flor do espírito da gratidão. Algumas pessoas não vêem as bênçãos que são derramadas sobre elas e vivem correndo atrás do objeto dos seus desejos superestimulados. Nunca ficam satisfeitas, mesmo quando conseguem o que querem.

Há contentamento quando estamos em contacto com forças e energias superiores, e em harmonia com elas. A beleza dos contactos superiores eleva a alma a tal ponto que os pequenos percalços da vida não obscurecem a percepção da beleza eterna. Uma pessoa assim pode viver sejam quais forem as circunstâncias.

O contentamento também é a capacidade de ver beleza e significado em tudo. Ele ajuda na circulação harmoniosa das energias recebidas dentro dos veículos da personalidade. Por isso, proporciona saúde e paz.

5. O **bom sentido da visão** é outro sinal da recepção correta e da circulação das energias. O conflito no corpo mental deturpa a visão. Quando o conflito cessa, a visão melhora.

A assimilação da energia causa harmonia no mecanismo da mente. É possível eliminar o uso dos óculos quando, gradualmente, se estabelece paz e harmonia na mente. Até mesmo doenças orgânicas nos olhos diminuem e a visão melhora consideravelmente.

O sentido da visão está relacionado com o centro da cabeça. Se este estiver bem e for capaz de receber e transmitir energias superiores, a visão será saudável e clara.

6. A **concentração** é conseguida através da concentração da força da vontade. Quando essa força está ativa e os veículos saudáveis, a força da vontade pode focalizar, direcionar ou conduzir os veículos para determinados objetivos. A energia da vontade não consegue determinar que a substância ou a matéria dos corpos se concentre num objetivo quando estes estão excitados por uma energia superpoderosa que não pode ser assimilada e transmitida por eles.

7. **Bom humor**. A assimilação da energia e sua distribuição correta proporciona bom humor para as pessoas. É um sinal de que ela permanece no mundo da personalidade mas vê as coisas com uma perspectiva maior. A depressão é a falta ou excesso da energia através da qual o mecanismo da pessoa é alimentado, criando uma condição na qual seus horizontes diminuem cada vez mais. A assimilação de energia aumenta a alegria e o bom humor.

8. **Clareza de mente**. A mente é como um lago. Quando recebe água de fontes superiores e a distribui entre prados e pomares, permanece puro, claro e saudável. Da mesma forma, quando a mente recebe as altas energias das fontes cósmicas e as distribui no mecanismo humano através de uma vida criativa, ela permanece pura, clara, realista e abrangente.

9. **Boa memória**. A memória é o resultado da fusão correta do cérebro físico, do cérebro etérico e da mente. Qualquer agitação, confusão ou congestão entre esses mecanismos causa a falência da memória.

A superestimulação faz o cérebro trabalhar demais e cansar-se. Cria confusão no corpo etérico e na mente, levando à perda da memória. Imediatamente, quando ocorre a assimilação, inicia-se a distribuição correta das energias, melhorando a memória – se o cérebro não tiver sofrido danos.

10. **Espírito de cooperação**. Coopera-se cada vez mais quando se está em contato com as energias superiores através da impressão de um ritmo mais ele-

vado e de uma harmonia maior. As energias superiores são como sinfonias. Nelas há uma grande harmonia e ritmo porque são como correntes de vida das Grandes Vidas. Assim como a aura dos Iniciados cura, eleva, esclarece e reforça, da mesma forma as energias superiores criam ordem e beleza num sistema, expressando-se como espírito de cooperação.

A pessoa se torna co-autora, não só com essas energias mas também com os indivíduos que as assimilam corretamente e as distribuem.

11. **Otimismo.** À medida que a pessoa assimila as energias criativas do universo fundindo-se com elas, os motivos pelos quais ela trabalha são revelados na Alma de cada pessoa. Os pequenos fracassos e dificuldades que surgem não obscurecem a visão de um futuro brilhante. Ao contrário, a pessoa desenvolve a capacidade de utilizar as condições adversas para ajudá-la a alcançar seus objetivos.

Às vezes os impedimentos, obstáculos e dificuldades no caminho são de grande ajuda para alcançar nossos objetivos, melhores até do que as condições harmoniosas.

12. **Coragem e ousadia.** A assimilação correta e o uso criativo das energias tornam a pessoa corajosa e ousada porque seus centros estão saudáveis e ativos, suas glândulas e órgãos repletos de vitalidade e as energias assimiladas a enchem de ousadia. Inspiramo-nos na coragem quando vemos diante de nós as possibilidades e nos sentimos suficientemente fortes e corajosos.

13. **Criatividade.** A assimilação das energias preenche a alma de uma pessoa com visões novas e elevadas, com idéias novas e sublimes, e ela se sente impelida a manifestá-las criativamente. Todas as energias são criativas. Sua função criativa é contínua em qualquer mecanismo que entre em sintonia com elas. Sua intenção é imprimir Vontade, Propósito e Planos superiores nos planos e formas por que passam, utilizando-os, e aos organismos vivos, como agentes para seu propósito e manifestação criativa.

A criatividade é um esforço para expressar as camadas cada vez mais profundas do Divino Propósito em níveis onde a humanidade possa estabelecer contacto com ele.

14. **Abundância de energia física e psíquica.** A energia física é o resultado da harmonia atingida na constituição de uma pessoa. A psíquica é a energia da Alma, da Tríade Espiritual e da Mônada, que flui para o mecanismo da pessoa para propósitos construtivos à medida que ela desperta e contacta as forças superiores. Pessoas assim são uma fonte constante de inspiração, coragem, amor, energia de cura e luz esclarecedora.

15. **Franqueza e sinceridade.** As pessoas que estão em contato com as energias superiores adquirem grande simplicidade, sinceridade e franqueza. As que são cortadas da corrente principal das energias preferem se esconder. Procuram caminhos sinuosos e cavernas escuras para ocultar suas ações e semblantes.

Aqueles que vivem na presença de grandes centros energéticos tornam-se francos, abertos e serenos. Não perdem seu tempo ou o tempo dos outros em relacionamentos complicados e artificiais.

Até aqui, vimos os sinais da superestimulação e os da absorção correta das energias. **A etapa seguinte nos ajudará a manter o equilíbrio no momento da recepção das energias.**

O primeiro passo é a purificação. Um processo de purificação cria todas as condições para a assimilação correta das energias.

Existem influências pesadas advindas das condições do mundo, da sociedade, das escolas e dos colegas que nos agridem – até as que vêm de várias organizações, amigos, cinemas e literatura popular. Todas impressionam a mente levando-nos a ações que não são benéficas para nós e para nossos filhos.

Lutar contra as influências degenerativas é dificílimo. Uma adolescente pergunta à sua mãe:

– Mãe, o que há com você? Todas as minhas amigas de treze ou quatorze anos têm namorados e fazem amor com eles. Por que devo ser diferente? Sempre que leio livros sobre sexo, sinto vontade de fazer tantas coisas. . .

Em algumas escolas, os alunos que evitam manter relações sexuais são considerados anormais, sendo rejeitados pelos outros. É o poder da opinião do grupo. Uma pessoa fraca aos poucos se rende às tentações e se junta à maioria.

A influência do apoio da religião e da tradição e os conselhos dos pais não resistem muito diante do estímulo dos livros, do cinema e da atitude dos colegas.

Ondas emocionais, correntes de pensamento sobre sexo, drogas e crimes enfraquecem gradualmente o espírito, e a criança passa a ser uma das que abusam e ultrapassam os limites. A pessoa necessita de um escudo de pureza baseado nos princípios fundamentais da vida e de uma visão clara do futuro para resistir às práticas degenerativas.

Há necessidade de um corpo limpo, de roupas limpas, de ambiente limpo e de um sistema digestivo, de pulmões, de rins, etc., atuantes. Um corpo limpo precisa de emoções positivas, com sensações de alegria, de amor e de entusiasmo. Precisa de uma mente esclarecida e de pensamentos puros. Mente esclarecida é aquela que age segundo o espírito da beleza, da bondade, da verdade e da alegria.

Esses três sistemas precisam ser purificados se há o desejo de contato com as energias de alto nível, se há o desejo de absorvê-las com segurança e de usá-las de maneira criativa. As energias produzem toxinas quando se deparam com alguma impureza no nosso organismo.

A purificação é um esforço contínuo para permanecermos despertos e alertas no intuito de rejeitar as impressões que chegam para enfraquecer os princípios e a visão, levando ao crime e à poluição física, emocional e mental.

Toda influência que limita a conscientização, levando à perda da independência, deve ser rejeitada de imediato. Os que tentam escravizar o espírito humano e fazer mau uso dele, em seu próprio interesse, desenvolvem cientificamente modos e meios que gradualmente, sem que se perceba, levam a pessoa a aceitar coisas com as quais nunca teriam concordado na ausência dessas técnicas sutis e ilusórias.

O viajante no caminho da purificação está alerta a cada sugestão que possa levá-lo à escravidão e a rejeitará de imediato. Há pessoas que são dotadas de um escudo natural. Apresentam grande capacidade de discriminação, sentindo intuitivamente motivos ou aspectos impuros que aos poucos tendem a confundi-las.

É muito importante saber que esse "escudo" não é dado a todos. Devemos nos esforçar para "construí-lo" e, quando o obtivermos, manter os princípios, visões e ideais elevados. E ninguém poderá nos dominar ou enganar.

Os que possuem o escudo são altamente dedicados ao bem-estar e ao serviço da humanidade. Esse espírito de dedicação reforça o escudo e torna a pessoa invencível. É possível que encontre oposição no campo de batalha do Senhor, mas seu espírito irá sempre em frente, de formas diferentes, em várias terras e posições, embora sempre a serviço da humanidade e do Plano.

O escudo nos é dado para proteger princípios, idéias, visões, verdade, beleza e bondade. O Senhor Jesus é possuidor de um belo escudo. Muitas flechas foram atiradas contra ele, mas uma das mais pesadas veio sob a forma de uma alegação: "Senhor, amaldiçoa aqueles que te crucificaram." Mesmo naquele estado de agonia, ele compreendeu a natureza da flecha e a repeliu imediatamente, dizendo: "Perdoai-os, porque não sabem o que fazem."

É bom perguntar a nós mesmos algumas vezes: "Meu coração está protegido? Tenho o escudo da gratidão?" Se descobrirmos que sim, teremos de afirmar: "Deixe-me entrar na batalha em nome do Bem maior." A purificação prepara o escudo e torna a pessoa digna de recebê-lo.

O próximo passo na manipulação das energias que chegam é tentar expressar a energia ativa no centro inferior através do seu centro superior correspondente. Se, por exemplo, as energias estiverem superestimulando o centro da base da espinha, a melhor coisa a fazer é transferi-la para o centro da garganta e empenhar-se em sérias atividades criativas.

A base da espinha, quando superestimulada, expressa-se como teimosia, obstinação, inflexibilidade. Pode ser elevada para o centro da cabeça para pensamentos de unidade, de compreensão, de harmonia e de relacionamento correto.

A energia do centro solar pode ser elevada para o centro do coração através de atividades filantrópicas, de boa vontade e de serviço sacrificial. A congestão do plexo solar expressa-se como irritabilidade, intromentimento, ira, medo, ódio, tagarelice, criticismo, ganância por objetos materiais, gula e outros. Quando a energia é afastada para o centro do coração, todas essas perturbações diminuem lentamente. Se alguém se dedica com sinceridade ao bem-estar da humanidade e mostra dedicação no serviço sacrificial, o centro do coração se abre e afasta a energia do plexo solar.

O amor inteligente e ativo abre o centro do coração. O coração é a base da linha de vida, sendo, inclusive, o sinal daqueles que são mais Vida e menos matéria.

O terceiro passo é a vida criativa. A criatividade é uma grande proteção porque não só utiliza a energia mas também queima os excessos e manifesta a beleza. Os que sentem excesso de energia nos órgãos sexuais devem tomar lições de arte, tentar tocar um instrumento musical, escrever prosa ou poesia, aprender algum ofício ou envolver-se em alguma atividade criativa. É também aconselhável visitar galerias de arte e centros de música. A criatividade de outras pessoas prepara nossos centros superiores para a recepção e ajuda no fluxo da energia psíquica.

O quarto passo para lidar com as energias é através do exercício físico intenso, assim como: andar a pé, nadar, correr, fazer jardinagem, esquiar, limpar, surfar e praticar alpinismo. O trabalho pesado não só usa o excesso da energia em atividades benéficas mas também alinha o corpo etérico com o corpo físico e equilibra o sistema dos centros etéricos e as glândulas. Ele também tira o veneno acumulado no corpo através da transpiração, da respiração e de outras descargas.

O quinto passo é transmitir mentalmente as energias para os líderes das nações através do Cristo. Isso é importante porque a energia só pode ser qualificada e transformada numa necessidade ou impulso construtivo quando passa através da esfera do amor do Cristo. Uma vez Ele disse: "Chame pelo Meu nome." Assim, a energia será qualificada pelo amor e a sabedoria, inspirando os líderes a agir corretamente em prol da humanidade.

O próximo passo consiste em reduzir o influxo das energias com menos meditação, menos leitura, aspiração, culto e devoção, e menor exposição a idéias e visões abstratas, e com um aumento de trabalho físico.

O sétimo passo é bloquear-se através da técnica da indiferença. A indiferença é a capacidade de fechar as portas à recepção tanto dos planos superiores quanto inferiores. Uma pessoa aprende a insular-se por um tempo até que esteja pronta para receber mais energia. Esta técnica pode ser aprendida através da prática constante do desapego.

O próximo método é trocar o lugar de moradia. As mudanças climáticas regulam a recepção e o uso das energias, especialmente quando uma pessoa vai de um centro planetário maior para um menor.

Os centros planetários superestimulam os que funcionam nos seus centros inferiores. Este é o motivo do aumento dos crimes em vários tipos de centros planetários maiores ou nos centros das nações. Por exemplo, Nova Iorque é o centro planetário da garganta e Los Angeles o centro cardíaco nacional. As estatísticas provam que as energias destes centros possuem um efeito superestimulante.

Também é muito bom mudar periodicamente o local da nossa residência, porque as paredes da casa absorvem nossas emoções e pensamentos, verbalizados ou não e, eventualmente, irradiam esses acúmulos coletivos que afetam nossas vidas.

Tais acúmulos são positivos e negativos, possivelmente mais negativos do que positivos. A mudança de local e a ida para uma casa recém-construída nos dá a oportunidade de nos livrarmos dos pensamentos e da poluição emocional, iniciando uma nova esfera de possibilidades.

O próximo passo é mudar de grupo, de igreja, de associações de negócios ou sociais. A química de uma sociedade permite um fluxo maior ou menor de energia nos sistemas dos participantes, e quando eles partem os sistemas se autoregulam. Este é um ponto a ser observado com cuidado.

O décimo passo é fazer parte de um grupo de discípulos de alto nível, que, pelas suas auras, podem alinhar e integrar o sistema de uma pessoa, purificá-lo e adaptá-lo a energias mais potentes.

A aura do grupo pode absorver o excesso de energia de uma pessoa e deixá-la livre para usufruir da quantidade suficiente advinda das fontes superiores. O grupo deve ser escolhido pelo seu nível de conscientização e pela qualidade dos seus Raios.

O próximo passo é a experiência com cor, formas musicais, fragrâncias e movimento. Cor, música, fragrância, movimento e forma provocam uma recepção e retenção de energia maior do que a necessária. A experiência e descoberta da cor, da música, da fragrância, do movimento e da forma corretos nos ajudarão a recuperar o equilíbrio.

Os sons que ouvimos à nossa volta, em casa, no trabalho e até mesmo o da nossa própria voz causam grande efeito em nossa saúde física e psicológica.

Uma mulher me procurou pedindo ajuda. Sentia-se fraca e já havia consultado vários médicos que tinham sido incapazes de diagnosticar o seu mal. À medida que conversávamos, descobri que seu tom de voz era muito anasalado, com uma modulação estranha que aos poucos foi me irritando. Algum tempo depois, verifiquei que a fonte do problema dela era essa voz. Disse, então:

– Se a senhora conseguir modificar sua maneira de falar e o tom da sua voz, se sentirá muito melhor.

– Isso é ridículo.

– A senhora pediu a minha opinião. A minha opinião é esta, baseada no que pude observar. Mude o tom de voz e espere. – Dei a ela alguns exercícios e dez minutos depois ela disse que se sentia melhor. Sugeri que fosse a um professor de impostação de voz e tentasse mudar totalmente o tom. Ela conseguiu: recuperou-se miraculosamente.

O tom, a modulação, a maneira como se fala criam vibrações especiais que colorem a aura. Essas vibrações e cores trabalham algumas vezes contra a saúde da pessoa por determinadas razões. Alterando essas vibrações e adaptando-as a novas modulações ou tons, elas ajudam a melhorar a saúde, o grau de concentração mental e a reação emocional.

Preste atenção nos grandes oradores e observe o efeito que as vozes deles têm sobre o seu organismo. Estude o efeito das vozes dos seus familiares, professores, do seu patrão, dos amigos e colaboradores, e encontrará a chave para alguns dos seus problemas.

Certo tipo de superestimulação advém da repetição de determinadas preces ou mantras. Quando repetidas por vinte ou quarenta minutos durante alguns meses ou anos, a aura fica impregnada de determinada cor, harmoniosa ou não em relação aos nossos órgãos e cores psicológicas determinantes.

Som e pensamento criam cores. Quando repetidos sem cessar, podem provocar estados alterados de consciência e processos alterados na formação celular do corpo. Isso pode beneficiar ou não a saúde, ou causar perturbações várias no campo eletromagnético.

A menos que seja possível medir as vibrações dos órgãos e das partes do corpo físico e descobrir a formação da cor da pessoa, ou se houver a clarividência para saber o que está acontecendo, a repetição de mantras pode ser prejudicial. Com freqüência, o efeito dos mantras parece construtivo. Se os prejuízos não forem imediatos e a pessoa receber determinados benefícios pela repetição do(s) mantra(s), ela continuará (com risco) a repeti-los por três a sete anos, até ter a certeza do seu efeito.

Os primeiros efeitos aparecem entre seis meses e um ano, ou entre o segundo e o terceiro anos. As maiores crises acontecerão entre o terceiro e o quinto, ou entre o quinto e o sétimo anos. Quem ultrapassar o período de sete anos poderá considerar-se uma pessoa de sorte.

Quais são as causas da superestimulação?

A primeira fonte de superestimulação não é a energia que chega, pois esta não tem a intenção de superestimular; nem é a sua natureza. Nossos pensamentos, condições emocionais, etéricas e físicas e o ambiente fornecem os elementos que criam a superestimulação quando se entra em contacto com determinadas energias.

1. Uma das causas disso é a **meditação errada**, que joga com a mente de maneira a torná-la deturpada, criando más condições ou forças conflitantes que, quando as energias são recebidas, produzem superestimulação, utilizando todos esses elementos como combustível. Em outras palavras, quando a mente não está em boas condições e se encontra cheia de ilusões, a energia fará crescer as ervas daninhas, ou o mecanismo não será capaz de fazer a energia circular e ela transbordará.

A meditação correta é um processo de pensamento da causa para o efeito, do efeito para a causa. A meditação correta é uma análise e síntese, é a capacidade de formular as impressões em palavras e torná-las instrumento de trabalho para servir à humanidade.

2. Quando a saúde do corpo não é boa, o **excesso de meditação** pode criar superestimulação.

3. A **agitação emocional** pode criar superestimulação.

4. **Motivos errados** causam superestimulação. Observe, por exemplo, comos os criminosos agem durante as principais luas cheias ou após ouvirem uma preleção marcante. A maioria dos crimes é cometida em períodos de excitação ou de depressão.

5. A **meditação sobre qualquer centro** para desenvolvê-lo ou para torná-lo ativo pode ser causa de uma superestimulação muito perigosa com efeitos terríveis.

6. **Manter a mente suspensa**, ou em branco, pode ser causa de superestimulação pesada. As sugestões pós-hipnóticas são recebidas nesse estado. A suspensão da mente é também a supressão do cérebro.

7. **A repetição de mantras** causa superestimulação se feita de maneira incorreta, se realizada com motivos errados ou quando a mente ou as emoções estão poluídas.

8. O **devaneio** é um jogo muito perigoso. Se a pessoa entrar num processo fantasioso, várias forças astrais e etéricas controlarão suas atividades mentais, colocando-a em contacto com elas, tornando-a, por fim, uma obcecada.

9. Quando **se medita durante muito tempo sobre o mesmo pensamento-semente**, este constrói um redemoinho de energia centrado sobre si mesmo que atrai todas as outras forças. Cada vez que uma nova corrente se aproxima, ele apreende a energia e se torna hiperativo.

É importante trocar o pensamento-semente usado na meditação a cada sete dias (ou mais, a cada um ou dois meses se a pessoa estiver adiantada), bem como o modo de abordá-lo, para que não se torne um fim em si mesmo, mas um meio de iluminação.

Se as novas energias forem fracas, a retenção do mesmo pensamento-semente cristaliza a nossa mente. É preciso trocar também o nível de consciência sobre o qual estamos meditando para evitar a superestimulação.

10. **Quando construímos formas-pensamento de beleza, bondade e verdade, e não as exercitamos em nossa vida diária**, criamos um bloqueio, congestão e conflito interior no nosso sistema. Esses conflitos aumentam na medida em que as energias se aproximam alimentando ambos os lados da nossa natureza – uma aberta para uma nova visão, a outra bloqueando a expressão desta visão.

11. **Formas-pensamento relacionadas com sexo, drogas, álcool e com vários crimes** recebem energia em excesso quando presentes durante a meditação ou as chamadas disciplinas religiosas e exercícios respiratórios. Na época da lua cheia, a energia excessiva carrega-as mais e mais, e a pessoa perde o controle sobre os pensamentos da sua imaginação e começa a fantasiar.

Uma brincadeira com uma pequena canoa em um rio pode ser segura, mas se a corrente crescer além da proporção torna-se perigosa. O mesmo acontece quando temos formas-pensamento que não estejam ligadas à realidade.

2

MEDITAÇÃO EM GRUPO

A meditação individualizada costuma levar à meditação em grupo. Este deve ser composto de pessoas que *realmente tentaram o tipo individual de meditação – e obtiveram sucesso.*

A meditação em grupo é um processo de formação de um único canal para receber luz, amor e poder, e irradiá-los a todos os níveis em que estiverem os membros do grupo.

Os grupos são formados de três maneiras:

1. Os membros se encontram no plano físico para o mesmo trabalho.
2. Os membros estão dispersos em vários locais, mas fazem meditação e serviço "simultâneo e unificado".
3. Grupos subjetivos encontram-se ocasionalmente nos planos mental superior e intuicional, consciente ou inconscientemente.

Qualquer membro pode pertencer simultaneamente a todos os grupos, ou a um ou dois deles. As observações que se seguem são para o primeiro tipo de grupo.

Entende-se que as energias unidas de vários discípulos podem trazer melhores resultados de iluminação e serviço do que a energia de um único indivíduo. A meditação e o serviço em grupo são como uma sinfonia: é o resultado mais delicado de vários instrumentos afinados e harmonizados entre si com a conscientização do grupo.

Na meditação em grupo, o fogo do nosso coração pulsa, irradia e abraça o coração dos outros membros, criando um centro do coração subjetivo, que é o centro do amor verdadeiro. O amor que se derrama do centro do coração do grupo só é sentido na meditação e no serviço em grupo.

A meditação em grupo aumenta incrivelmente nossa luz individual e a força da nossa vontade. Pode-se atingir um determinado grau de iluminação através da meditação individual, mas é impossível invocar o amor verdadeiro e a energia da vontade sem a meditação e o serviço em grupo. As energias superiores podem ser contactadas, liberadas e partilhadas com segurança e usadas construtivamente somente na formação em grupo.

A meditação em grupo pode ajustar e reparar vários mecanismos individuais que estiverem deturpados ou danificados pela meditação errada. Ela é capaz de curar muitos ferimentos psíquicos, individuais ou do grupo, e dissipar obstáculos.

A meditação em grupo cria um centro magnético onde quer que seja realizada porque desenvolve um foco de altas energias em torno do grupo que medita. Esse foco fica ancorado no local da meditação. Quando esta é substituída por atividades sociais o grupo, ou o centro perde seu magnetismo, sua atração subjetiva.

Há muitos focos magnetizados no mundo em torno dos quais vêm se formando grandes atividades espirituais. Esses focos são criados pelo ancoradouro de energias divinas através de algum tipo de meditação que atrai, segura e conserva as energias espirituais nesse local.

Vários centros etéricos, no homem e no planeta que estão lutando para serem abertos e ativados, são trazidos à atividade de modo seguro e natural pela meditação em grupo.

A maior proteção no Caminho é a aura do grupo, sua irradiação. Esta aura ou irradiação é criada somente através da meditação e do serviço em grupo.

Os aspirantes são contagiados por uma grande força de aspiração. Sua fé e visão são reforçadas. Sua vontade de servir se materializa e o senso de realidade torna-se esclarecido através da meditação unificada em grupo.

Na meditação em grupo, o senso de unidade é testado, o sentido de fraternidade experimentado e grandes decisões são tomadas para o sacrifício e o serviço maiores. Esse tipo de meditação cria um laço de energia, de amor e de luz, e os membros podem retirá-las para suas necessidades em qualquer condição e em qualquer tempo.

A meditação em grupo ajuda-nos também a conferir e a corrigir nossos motivos para meditar. A maioria de nós medita para o próprio progresso, a autoliberação, o aumento da própria luz, o amor e o poder. A meditação em grupo afasta da nossa mente essas atitudes egoístas, e lentamente nos damos conta de que há somente um objetivo para a meditação: **servir a humanidade na luz da Hierarquia e com o poder da Vontade Divina.**

Assim, a pessoa torna-se parte de um grupo, contribuindo com todas as suas conquistas, talentos e conhecimentos para fazer do grupo um instrumento melhor para o serviço da humanidade.

Na meditação em grupo, é mais fácil atingir níveis mais elevados e aprofundar-se mais do que na individual. Também fica mais fácil superar obstáculos e impedimentos, e esquecer ou deixar para trás problemas pessoais e elevar-se a uma visão maior do grupo.

Quando meditamos como um grupo, criamos um grande campo de energia eletromagnética em torno de nós e do grupo; este campo é o elo de ligação entre os membros. Dele qualquer membro pode retirar energia, amor, luz, poder, conhecimento, coragem, força ou alegria, e elevar-se a um nível superior de existência.

Quando meditamos como um grupo com o mesmo pensamento-semente, estamos criando um campo eletromagnético de beleza. Ele se expande gradualmente envolvendo cada um de nós e fornecendo uma aura protetora em torno do grupo e de cada membro.

Pelo seu conteúdo este campo de energia é também um lago de conhecimento, sabedoria, visão e descoberta que podemos retirar e usar para necessidades individuais e do grupo – quando estamos sintonizados com a freqüência desse campo.

Este campo de energia é como uma grande forma-pensamento que flutua no Espaço em torno de nós como uma fonte de luz, de amor e de poder. Cada membro contribui para a formação dessa forma-pensamento através do pensamento, da aspiração e dos motivos sinceros e inteligentes, e peça por peça forma o campo energético que, como uma grande nuvem, é impregnado de beleza, de harmonia e de ritmo.

Existem as assim chamadas "nuvens", que são formações de crime, avareza e ódio. Essas nuvens são fontes de guerra, de desordem e de caos, das quais pessoas com natureza mecânica retiram seu estímulo e se expressam num sem-número de maneiras criminosas.

Quando grupos hierárquicos meditam, formam nuvens de luz, de conhecimento, de amor, de sabedoria, de energia e de gratidão, e tanto essas nuvens de energia como o campo energético de substância mental eletrificada atuam como uma estação transmissora no Espaço. Os que estão adequadamente preparados e possuem o mecanismo para sintonizar com essa "estação" ou forma-pensamento recebem as ondas impregnando-se de amor, de sabedoria, de coragem, de conhecimento, de gratidão e afins.

Já existem dessas formas-pensamento em diferentes freqüências flutuando no Espaço: formas-pensamento de grandes compositores, de grandes poetas, de artistas de qualquer área; formas-pensamento de conhecimento científico e filosófico, e outras. Quando uma pessoa se eleva até essas freqüências ela fica inspirada e se torna uma fonte de criatividade. Cada um de nós pode adicionar alguma coisa a esse campo para torná-lo mais poderoso e influente.

Não devemos nos esquecer de que a forma-pensamento do chamado "mal" também possui contribuintes que, dia e noite, a impregnam de novas forças através de proezas, emoções e desejos criminosos. Por ser constituída de vibrações baixas, esta forma-pensamento está mais próxima da humanidade e é de mais fácil acesso do que a impregnada de beleza e sabedoria.

Quando a pessoa compreende que essa forma-pensamento má cresce cada vez mais por todo o mundo através das contribuições fornecidas por todas as nações, formando uma cortina de fumaça escura sobre o planeta, compreende também o perigo crescente para a humanidade e a necessidade urgente da meditação unânime e simultânea que combaterá, dispersará, queimará e aniquilará essa nuvem de maldade e libertará a humanidade da escuridão, da morte, da irrealidade e do caos. O grupo poderá tentar fazer isso através da meditação em grupo e individual.

Cada integrante do grupo deve resguardar seus pensamentos e impregnar diariamente sua vida com as energias do amor, da gratidão, da cooperação, da boa vontade e das relações humanas corretas. Somente desta forma poderemos substituir o crime pelo amor e o caos pela beleza.

3

SOL EM ÁRIES: PARTE I

Um dos grandes sábios da humanidade nos disse que os doze signos do Zodíaco formam um Lótus e que cada constelação é uma pétala carregada de eletricidade. Seus campos de força se estendem por muitos milhões de milhas.

Como um todo, o Zodíaco forma uma grande casa de força e as constelações representam os pólos positivo e negativo da eletricidade. A Vida Central dessas doze constelações as impregna com Fogo Cósmico.

Um famoso professor comentou que, quando essas constelações são observadas de um ponto afastado no Espaço, pode-se ver um Lótus aberto e desdobrado de grande beleza. É o nosso Zodíaco, mas este Zodíaco é um Lótus dentro de um outro maior no Espaço, formado por mil grupos de estrelas que constituem o Lótus de mil pétalas – o Zodíaco Maior mencionado nos ensinamentos esotéricos.

A Grande Ursa, as Plêiades, Órion e Sirius são parte do Zodíaco Maior. Deste Zodíaco, o Zodíaco Menor recebe seu suprimento de energia e orientação e, por sua vez, supre com energia os vários sistemas solares, incluindo o nosso.

Nosso Sol com sua família – o sistema solar – viaja no Espaço e a cada trinta dias entra no campo eletromagnético de uma das constelações. O período da lua cheia é o momento em que o Sol se sincroniza com o fluxo de energia da constelação transmitindo-a para os planetas e para a nossa Terra. Na verdade, existe uma sincronização entre a humanidade, a Hierarquia, Shambala, o Logos Planetário, dois outros planetas, o Sol e a constelação na qual o Sol se encontra durante esse mês.

Quando o Sol entra no campo de energia de Áries, há uma sincronização perfeita entre Áries, o Sol, Marte, Mercúrio e a Terra, que apresenta um sistema elétrico através do qual a energia de Áries é transmitida a todos os reinos da Natureza. A distribuição da energia de Áries sobre a Terra é feita pelos Mestres avançados, pelos seus discípulos, por determinados devas e através de dedicados grupos de servidores.

A lua cheia de Áries é dedicada ao Cristo, ao Cristo em ascensão, sendo chamada **Festival da Ressurreição**.

A energia de Áries é ígnea. Carrega e estimula as Centelhas em todas as formas, ajudando-as a avançar e a progredir. A Ressurreição é um avanço progressivo da Centelha. É a luta, o trabalho. A luta é o esforço do Espírito para conquistar a matéria, o corpo e as emoções, e para conquistar o Espaço e o tempo.

O trabalho é o processo de manifestação das suas conquistas conseguidas através da luta. Pelo trabalho, abrimos nossas fontes interiores, irradiamos nossa beleza nas comunicações e relações diárias, no serviço, na ação criativa, no pensamento, na aspiração, na dedicação e na devoção. Isso é trabalho.

Quando trabalho e luta se unem, há a ressurreição. A ressurreição é o caminho da imorredoura e sempre crescente alegria e felicidade. É o caminho da Centelha voltando para casa.

É maravilhoso pensar que cada um de nós é um **raio do Sol**, do Sol Espiritual Central, que propicia o nascimento de toda a criação. Cada um de nós é um raio do Sol projetado na matéria. O ponto originário do raio tem suas raízes no Sol.

Este raio é lançado no reino mineral e, por séculos e séculos, a Centelha luta, trabalha pesado para destruir Suas limitações e prisões de matéria, e ingressa no reino vegetal. É uma grande ressurreição, porque a Centelha se lança da sepultura da matéria e começa a viver o perfume, a cor e a beleza. É uma grande vitória para o raio do Sol Espiritual.

Então, num grande dia, a Centelha do reino vegetal ingressa no reino animal. A Centelha estava fincada no reino vegetal, mas sai e passa a fazer parte do reino animal. É mais uma grande vitória para Ela e outro passo rumo à ressurreição.

A Centelha animal trabalha muito e sofre por séculos e séculos, até que num dia especial começa a falar e a pensar: é o passo principal no caminho da ressurreição. A Centelha torna-se um ser humano. Alguns desses seres trabalham bastante, sofrem muito, se esforçam, servem e se sacrificam, e, por tudo isso, ingressam no quinto reino.

O quinto reino é o reino dos Imortais através do qual passaram Cristo, o Senhor Buda, Zoroastro, Hércules e outros. Os Grandes nos dizem que o caminho da ressurreição não pára aqui, mas continua até o sexto e o sétimo reino. O sétimo reino liberta-nos do sistema solar. É a consumação do caminho da ressurreição para um ser humano.

Através do sétimo reino, a Centelha ressurge do Plano Físico Cósmico entrando pela porta do Plano Astral Cósmico.

A Centelha é um raio do Sol Espiritual Central que volta à fonte. Para onde este progresso leva, ninguém sabe. Mesmo os Grandes dizem que, depois do sistema solar, abre-se a esfera do mistério maior.

Que destino maravilhoso tem o ser humano! Cada vez que passa de um reino para outro, sua glória brilha mais. Toda a glória que um ser humano possui ou terá é a glória do Onipotente de Quem ele emergiu como um raio.

O processo da ressurreição dos reinos inferiores repete-se no ser humano: aqui começa o caminho difícil. Entramos no reino humano e ali somos fincados. Assim como a Centelha foi cravada no reino mineral, assim somos fincados no nosso corpo físico. Pensamos que somos o corpo e que além do corpo não há mais nada. Morremos para a forma. Matamos os outros pela matéria. Isso indica que, embora estejamos numa espiral mais alta, ainda continuamos cravados no reino mineral, representado pelo nosso corpo. Os que realmente lutam e trabalham no processo da ressurreição, que é o processo de tornar-se um Ser, algum dia escaparão desta armadilha e entrarão no nível emocional da conscientização.

O plano emocional, com seus gostos e idiossincrasias, com sua suscetibilidade, suas emoções negativas, seus encantos e redemoinhos emocionais, entre outros, é como uma selva. Se um ser humano pretende atingir a ressurreição de si próprio e entrar nos reinos mais elevados, deve conquistar seus sentimentos e encantos, que são identificações emocionais.

A pessoa deve então penetrar no mundo mental, que não é uma selva ou armadilha, mas uma prisão. Procura desta vez escapar da prisão que foi construída pelas suas próprias mãos. A mente é uma prisão quando age através de ilusões ou de fatos deturpados. Há muitas tramas na mente, como o orgulho, a vaidade, o egoísmo, o isolacionismo. Aprisionados por elas, não é fácil escapar.

Mas o caminho da ressurreição continua. A Centelha não pode deter-se em nenhum estágio. Não importa quanto tempo Ela permanece num nível de aquisição; um dia ela romperá as paredes da Sua prisão e ingressará em outro reino.

A ressurreição é o processo de construir pontes entre um reino e outro. A ponte mais importante no nosso nível é a que existe entre a personalidade e a Tríade Espiritual. Os que trabalharem duro e dominarem suas necessidades e impulsos, encantos e ilusões, construirão a ponte.

Depois de ela ter sido construída e atravessada, a pessoa poderá dizer: "Eu sou uma das maneiras pela qual os homens podem chegar. Venham, atravessem a ponte como eu. Vocês conseguirão. Minha experiência, meu trabalho, meu serviço, meus sacrifícios são essa ponte."

Essa ponte é construída pela realização e pelo sacrifício, pela dedicação integral e pelo senso de síntese e de unidade. E, uma vez construída, o medo é vencido porque vence-se a morte.

Desenvolvemos dentro de nós a conscientização da realidade que somos essencialmente. "Meu Pai é um Rei, e eu serei um Rei."

O ensinamento da ressurreição capacita-nos a acreditar que somos parte do Poder Onipotente. No momento exato da lua cheia, podemos ter a experiência verdadeira ou um lampejo de esclarecimento e dizer: "Eu sou a Centelha." Este é o momento da ressurreição.

Fomos ensinados a "lutar e a permanecer em nosso ser espiritual", e a manter essa atitude durante o dia. No caminho do discipulado, o sucesso não é tão importante; o que importa é o **esforço**. Enquanto lutamos, pensamos: "Falhei mil vezes, mas desta vez vou conseguir."

Um dia, um grande rei atacou uma cidade com milhares dos seus soldados, mas não conseguiu conquistá-la. Ordenou a seus homens que se retirassem. Eles recuaram duas milhas e o rei sentou em sua tenda, pensativo: "Por que não consegui conquistar a cidade com o grande poder que tenho?"

No teto da tenda, uma pequena aranha tecia sua teia. Com sua espada, o rei cortou a teia; alguns minutos depois, entretanto, a aranha havia recomeçado a tecer e, uma vez mais, o rei desfez a teia. Enquanto descansava, notou que a aranha voltara e havia recomeçado o seu trabalho. Pensou: "Se uma aranha é tão perseverante, por que abandonei o campo de batalha? Vamos atacar de novo a cidade." E assim conseguiu a vitória.

Da mesma maneira, no caminho da ressurreição, vencemos os nossos inimigos – a morte, o medo e o ódio – através da perseverança. Em cada estágio de vitória criam-se uma nova civilização e uma nova cultura. Assim como o Fogo

Interior progride de um reino para outro, o campo de contato de uma pessoa se expande e, finalmente, toda a sua existência se torna um campo de atividade. Isto é "a vida mais abundante" de que falou o Cristo.

A lua cheia de Áries é chamada a Lua Cheia de Cristo, já que foi Ele quem, pela primeira vez na história do homem, acelerou a libertação do Fogo Interior a tal ponto que há dois mil anos entrou na Casa do Pai. Disseram-nos que Ele já penetrou no Plano Astral Cósmico e que está Se preparando para um trabalho maior na Era de Aquário.

Outro famoso discípulo, Hércules, desenvolveu uma grande tarefa na roda invertida do Zodíaco durante o mês em que o Sol estava em Áries. O filho de Marte, Diomedes, governava uma terra onde criava cavalos e águas para a guerra. Eram animais selvagens e ferozes, e todos os homens tremiam ao ouvir o barulho que faziam. Saqueavam a terra, matavam as pessoas que lhes atravessassem o caminho. Hércules recebeu a tarefa de capturar os cavalos e interromper essas façanhas.

Hércules tinha um amigo chamado Abdéris, a quem chamou para ajudá-lo. Ambos conseguiram encurralar os cavalos e laçá-los, prendendo-os. Hércules sentiu-se tão orgulhoso da tarefa realizada que quis mostrar sua vitória a Diomedes. E disse para Abdéris: "Vou para a frente do portão de Diomedes. Pegue os cavalos e traga-os atrás de mim." Virou as costas e caminhou em direção à entrada. Mas Abdéris estava muito fraco e, quando Hércules soltou os cavalos, estes o pisotearam e escaparam.

Mais uma vez, Hércules capturou-os um por um e os trouxe sozinho. O povo o proclamou o Salvador.

Aprendemos que Áries rege a cabeça ou a mente. Os cavalos simbolizam os pensamentos e as idéias. Os pensamentos são muito difíceis de controlar, mas, a não ser que o consigamos, não haverá vitória.

Hércules foi avisado para controlar seus pensamentos, e com a ajuda de Abdéris ele conseguiu. Hércules simboliza a Alma, o Ser; Abdéris, a personalidade.

A Alma sempre deve olhar para os pensamentos e não depender da personalidade, pois esta pode fazer mau uso deles. Se ficarmos dependentes, os pensamentos selvagens tomarão conta de nós e o preço é a nossa destruição. Nosso primeiro dever em Áries é controlar nossos pensamentos. Por isso a legenda do signo é: **"Venho à frente e do plano da mente eu governo."**

O fogo de Áries é conscientemente contactado e distribuído para os reinos inferiores somente no plano mental. O fogo deve ser conquistado e governado antes que o homem possa esperar iniciações mais elevadas.

Áries traz para o nosso sistema solar a Luz da Vida ou o Fogo Elétrico. Ele possui dois raios: o da Alma, que é o Primeiro, e o da personalidade, que é o Sétimo.

O Primeiro Raio é o da **vontade de iniciar-se**. A iniciação é o processo de liberação do fogo, o Fogo Elétrico do Ser.

O Sétimo Raio é a **vontade de expressão**. Este raio expressa o fogo liberado em cada reino, o que resulta em civilização e cultura.

O raio Monádico do nosso Logos Planetário é o Primeiro Raio, que por sua vez está transmitindo o Fogo Elétrico para o nosso planeta.

O raio transformador, ou da Alma, do nosso Logos Planetário é o Segundo Raio.

O Terceiro Raio é o da personalidade, que é utilizado para propiciar a transfiguração.

Existe também a influência dos governantes exotéricos e esotéricos – Marte e Mercúrio. Marte traz o conflito e a morte da forma, o Sexto Raio. Mercúrio traz a iluminação e o desenvolvimento da intuição, o Quarto Raio.

O fogo de Áries passa através de Marte provocando idealismo, fanatismo destruidor, luta, disputa, guerra, esforço e evolução.

O fogo de Áries passa através de Mercúrio, o Quarto Raio, trazendo harmonia. Mercúrio ilumina a mente e intervém entre a Alma e a personalidade. É o mensageiro dos deuses.

Abaixo temos um diagrama mostrando a combinação da energia de Áries:

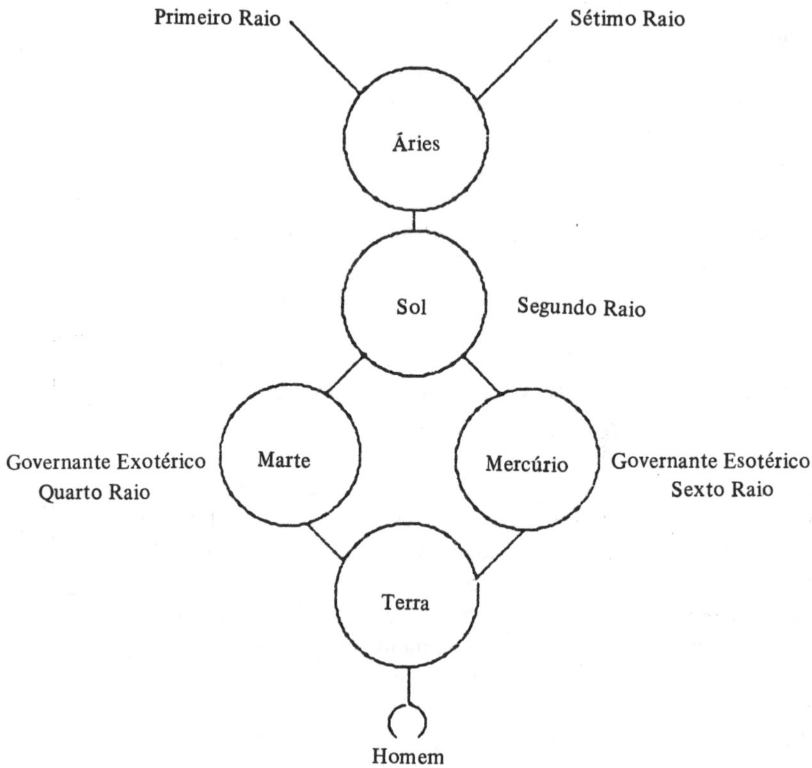

É bom lembrar que o nosso raio da Alma nos relaciona com os planos superiores, com o objetivo universal, com as visões Cósmicas, com os protótipos não-manifestados, com o Propósito.

O raio da personalidade é a linha da energia que nos une com as formas de vida manifestadas, com empreendimentos separados ou individuais, com campos limitados de serviço e com o campo de conflito.

A ressurreição é uma fusão gradual com o nível superior da existência. "Áries.... força a alma ao solo em chama e a submete ao processo purificador durante a encarnação. Através do fogo menor da mente, as selvas da experiência são lançadas ao fogo e dissolvidas nas chamas, e então o Caminho aparece claro, e consegue-se uma visão livre."[1]

Cristo é a alma da humanidade e na lua cheia de Áries Ele é forçado pelo Fogo Elétrico de Áries a criar solos flamejantes na Hierarquia e nos sete Ashrams afiliados e principais.

A cada vez que Cristo contacta uma energia superior e Se submete a um ensinamento avançado, cria solos flamejantes. Esses solos provocam grandes alterações na Hierarquia e nos Ashrams, cujos integrantes tentam adaptar-se a si mesmos e também as atividades às novas energias e situações que se apresentam.

O governante planetário exotérico é Marte, que traz a guerra ou o esforço, segundo a natureza da nossa resposta a ele. Se nossa personalidade for purificada, provoca o esforço, que é uma forma de guerra contra as limitações. Mas se as personalidades da massa estiverem contaminadas pelo auto-interesse, pelo materialismo e pelo ódio, Marte trará a guerra que, através da dor e do sofrimento, forçará as pessoas a se purificarem. Mercúrio, o regente esotérico, traz discernimento e iluminação, levando ao reconhecimento do Plano Divino.

Portanto, na época desta lua cheia temos as energias do Primeiro, do Sétimo, do Sexto e do Quarto Raios transmitidas às formas de vida planetária através do foco do Primeiro, do Segundo e do Terceiro Raio do Logos Planetário.

A tarefa do Primeiro Raio é queimar e destruir os obstáculos e liberar a vida para um progresso maior no caminho infinito. Na lua cheia de Áries, esta energia pode ser utilizada para queimar todas as formas-pensamento, modificações mentais contrárias ao bem maior da humanidade e que são obstáculos ao nosso progresso espiritual. Trata-se de uma tarefa hercúlea. Tudo o que, dentro da nossa mente, é indigno deve ser queimado e destruído. Foi o que Hércules fez. Ele encurralou os pensamentos, confinou-os e controlou-os totalmente.

A próxima energia é a do Sétimo Raio, que favorece o serviço de grupo, o sacrifício de grupo, a ordem, o ritmo e a manifestação. Esta energia pode ser utilizada para aumentar o espírito do serviço sacrificial, organizar nossa personalidade e vida social em harmonia com o Plano Divino e manifestar nossos Raios Espirituais numa vida criativa.

As doze constelações do Zodíaco são doze pétalas de energia eletromagnética. Elas correspondem ao Lótus de doze pétalas no plano mental superior. Quatro delas são chamadas de pétalas do sacrifício; quatro são as pétalas do amor e quatro as do conhecimento.

O Zodíaco é dividido de maneira semelhante. Os quatro signos que formam a Cruz Cardinal são as pétalas do sacrifício; os quatro que formam a Cruz Fixa são as do amor, e os outros quatro que formam a Cruz Mutável são as pétalas do conhecimento.

Como Áries também encerra o fogo do sacrifício e a síntese, este fogo passa através das quatro pétalas do sacrifício (se estiverem ativas) do Lótus Interior, impressionando nossos sete centros.

Cristo formou Seus discípulos seguindo o mesmo padrão. Tinha quatro discípulos do sacrifício, quatro do amor e quatro do conhecimento, correspondendo exatamente aos doze signos do Zodíaco e às doze pétalas do Lótus Interior.

1. Bailey, Alice A., *Esoteric Astrology*, p. 95.

Dentro dessas pétalas Ele era a Jóia no Lótus, o Sol – ou o Filho – transmitindo a energia do Pai através dos doze princípios:

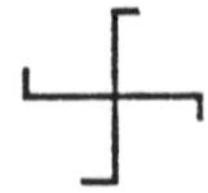

Cruz Mutável

Cruz Fixa

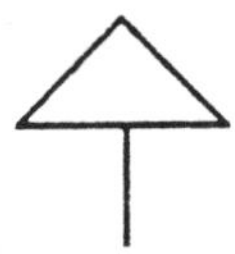

Cruz Cardinal

O poder do Sexto Raio é "atrair a mente do homem para um ideal, tal como o sacrifício e serviço individuais". O Sexto Raio dá a visão. É a energia da devoção, do idealismo e da vontade da causação. Na lua cheia de Áries, esta energia pode ser utilizada elevando nossa consciência a um grau tal que sejamos capazes de ser impressionados pelas idéias e visões que ela representa.

O poder do Quarto Raio é utilizado para destruir as limitações e atingir a harmonia, a beleza e a intuição. Manifesta-se como a vontade de harmonizar-se. Na época da lua cheia de Áries, esse Raio pode ser usado para destruir as limitações do nosso Espírito e criar harmonia e beleza para a nossa vida através da ajuda da intuição. Esta se manifesta no momento em que o espelho da mente superior se abre por um instante e capta uma imagem da beleza, das idéias e a síntese cósmicas. No entanto isso se apaga se a mente e as emoções não forem puras.

A época da Páscoa é um período de intenso trabalho subjetivo para aprofundar em nossos campos físico, emocional e mental a idéia de como encontrar o tesouro escondido debaixo de nosso túmulo físico, emocional e mental. É o período de chegar ao tesouro e talvez liberar um pouco da sua beleza e luz, ou até a sua glória total em nossa vida.

A ressurreição não pode ser compreendida a menos que a tenhamos experimentado e à sua liberdade, alegria, beleza e poder.

Estas são as virtudes dos Raios relacionados com Áries:

Virtudes do Primeiro Raio

força
coragem
constância
autenticidade

Virtudes do Sétimo Raio

perseverança
cortesia

autoconfiança
cuidado com os detalhes

Virtudes do Quarto Raio

simpatia
generosidade
devoção
perspicácia intelectual

Virtudes do Sexto Raio

devoção
sinceridade
amor
ternura
intuição
lealdade
veneração

As virtudes acima apresentadas podem manifestar-se através de nós se a nossa personalidade estiver purificada e tivermos atingido a fusão de Alma. Caso contrário, teremos de meditar neste ciclo de Áries sobre as seguintes virtudes, e desenvolvê-las dentro de nós:

Primeiro Raio

ternura
humildade
simpatia
tolerância
paciência

Sétimo Raio

realização da unidade
gentileza
amor

Quarto Raio

serenidade
confiança
pureza
precisão
equilíbrio

Sexto Raio

auto-sacrifício
verdade
serenidade
bom senso

As virtudes são manifestações do nosso Ser real através de níveis, formas, relacionamentos e respostas múltiplas da nossa personalidade purificada. Uma pessoa se torna consciente de qualquer uma das suas virtudes quando atinge a auto-realização ou quando se torna o seu Ser verdadeiro. Cada virtude manifesta uma faceta do diamante – a Centelha – pois a lapidação faz com que o diamante irradie cores diferentes.

À medida que meditamos sobre essas virtudes, criamos formas-pensamento e conceitos, temos idéias e energias, e contactamos as pétalas correspondentes do Lótus. Assim construímos dentro de nós o canal através do qual as energias do Raio podem chegar até nós e o fogo de Áries circular dentro do nosso sistema. Esta é a maneira pela qual o aspecto espiritual de dentro do Lótus se manifesta através do serviço sacrificial.

A primeira tarefa de Hércules foi controlar a mente, porque ela é o veículo das energias ígneas e o interruptor dos contatos. Cristo hoje desempenha função semelhante. Ele contacta a energia de Áries e a Vontade do Pai, e através dos Ashrams do Primeiro e do Sétimo Raios, transmite essas energias para a humanidade, para os sete departamentos do esforço humano, criando neles os "solos flamejantes". Um solo flamejante começa a existir quando a Vontade superior toca uma condição degenerativa, estagnada ou não progressiva. Veremos então que nos sete departamentos do esforço humano haverá o início de um novo ciclo de fogo progressivo e em marcha, destruindo vários obstáculos e pavimentando o caminho para o progresso futuro.

Este é o motivo pelo qual Iniciados e discípulos são chamados de portadores do fogo. Eles devem purificar e energizar a vida onde quer que estejam para liberar e ressuscitar pessoas em graus progressivos.

Iniciados e discípulos estão sempre sob o fogo. Suas naturezas física, emocional e mental estão sob fogo constante, no qual gradualmente se transfiguram e ressuscitam. Tornam-se chamas de vida e Seres Imortais.

Com esses quatro Raios há quatro palavras-chave de Áries:

1. *Expressar a vontade de fazer e a vontade de ser.*
   Realiza-se isto através da energia do Primeiro Raio.
2. *Desdobrar o poder de manifestação.*
   Realiza-se isto através da energia do Sétimo Raio.
3. *Participar da batalha pelo Senhor.*
   Realiza-se isto através da energia do Sexto Raio, sob o comando do planeta Marte.
4. *Atingir a unidade através do esforço.*
   Realiza-se isto através da energia do Quarto Raio, sob o comando do planeta Mercúrio.

Áries é chamado de local do nascimento de idéias. O Mestre Djwhal Khul diz: "... Áries é o local onde toma forma a idéia inicial de atividade. É o local de nascimento das idéias; uma idéia verdadeira é, na realidade, um impulso espiritual que toma forma – subjetiva e objetiva."[2]

A meditação a seguir é uma meditação em grupo, é a mentalização para entrar em contacto com as idéias da Nova Era e distribuir o fogo de Áries por todo o mundo, com vistas à purificação e a síntese.

Meditação em Áries

Meditação sobre a Distribuição do Fogo

1. Dizer a Grande Invocação:

   Do ponto de Luz dentro da Mente de Deus,
   Deixai que o raio de luz penetre na mente dos homens.
   Deixai que a Luz desça sobre a Terra.

2. Bailey, Alice A., *Esoteric Astrology*, p. 92.

Do ponto de Amor dentro do Coração de Deus,
Deixai que o raio de amor penetre no coração dos homens.
Que Cristo retorne à Terra.
Do centro onde a Vontade de Deus é conhecida,
Deixai que o propósito guie as pequenas vontades dos homens –
O propósito que os Mestres sabem e servem.
Do centro que chamamos raça dos homens,
Deixai que o Plano de Amor e Luz se realize
E sele a porta onde habita o mal.
Que a Luz, o Amor e o Poder restaurem o Plano na Terra.

2. OM
3. Saudações ao Cristo, Cabeça da Hierarquia.
4. OM
5. Visualize um cálice flamejante cheio de fogo líquido sobre um altar. Veja a si mesmo aproximando-se do altar, vestido de branco, segurando um cálice dourado na mão direita. Encha o cálice com o fogo líquido do altar e, na sua imaginação, vá a locais que necessitam de luz, de fogo, de purificação e de harmonia.
   a. Começando numa cidade, ou no topo de uma montanha, segure seu cálice no alto e veja raios de luz ígnea irradiando, penetrando na cidade, no país, na nação ou na raça.
   b. Visualize então o globo sobre o qual todos os nossos irmãos e irmãs estão espalhados, segurando seus cálices nas mãos.
   c. Diga o seguinte mantra em uníssono com todos os irmãos e irmãs do globo:

      Mais radiante do que o Sol,
      mais puro do que a neve,
      mais sutil do que o éter,
      é o Ser,
      o Espírito dentro do meu coração.
      Eu sou esse Ser;
      esse SER sou Eu.

   d. Veja todas as irradiações de todos os cálices fundindo-se para formar uma proteção de fogo em torno do planeta, penetrando em cada forma de vida.
6. Repita o Mantra da Purificação, imaginando que os corações de todos os homens estão repetindo com você:

   Os filhos dos homens são um e eu sou um com eles.
   Procuro amar, não odiar;
   Procuro servir, não exatamente executar um serviço;
   Procuro curar, não ferir.
   Deixai que a dor traga a recompensa devida de luz e amor.
   Deixai que a alma controle a forma exterior,
   a vida e todos os acontecimentos,
   e revele o Amor
   que sustenta os acontecimentos do tempo.
   Deixai que a visão venha e esclareça.
   Deixai que o futuro seja revelado.

Deixai que a união se revele
e que as rupturas exteriores desapareçam.
Deixai prevalecer o amor.
Deixai que todos os homens amem.

7. OM
8. Repita:

Permanecemos no centro da Vontade de Deus.
Nada afasta a nossa vontade da Dele.

9. Permaneça com um raio de luz irradiando luz e beleza por dois minutos.
10. Repita novamente a Grande Invocação.
11. OM OM OM

NOTA – Esta meditação baseia-se na lei que diz: "Ao pensamento se segue a energia."

Com esta meditação se estabelece uma forma-pensamento para espalhar o fogo de Áries sobre o planeta. Esta forma pode ser utilizada pelas forças superiores como um canal pronto para distribuir o fogo de Áries.

Note, também, que começamos esta meditação no nome de Cristo.

Quando repetir o Mantra da Unificação não esqueça de mentalizar o fato de que toda a humanidade está repetindo o mesmo mantra junto com você.

Não são utilizados pensamentos-semente específicos porque não queremos moldar a energia de acordo com nossos próprios padrões de pensamento e impor nossas idéias e conceitos sobre o mundo; queremos apenas ser os transmissores deste fogo para todos os reinos da Natureza.

Na meditação da lua cheia de Áries é muito mais seguro se os símbolos visualizados representarem idéias espirituais e visões impessoais que poderão ser de maior ajuda na distribuição do fogo de Áries.

SOL EM ÁRIES: PARTE II

Lembro-me de uma noite em que meu pai me levou a uma cerimônia de uma fraternidade sagrada. Cada um dos membros portava uma vela acesa. Havia centenas de velas iluminando a escuridão. Virei-me para o meu pai e disse:

– Essas velas são como seres humanos.

– Sim, são belas. Você disse uma coisa muito linda, e no futuro conseguirá entender o significado do que disse hoje.

Muitos anos se passaram, e as velas ainda permanecem na minha mente – velas acesas na escuridão, brilhando como diamantes.

Através dos anos, com meus estudos, compreendi que em cada ser humano existe uma chama, uma chama criativa, elétrica e invisível – a Chama da Vida.

Ela empresta vida a cada célula do corpo físico, aos átomos do corpo emocional e do corpo mental; é a distribuidora ou administradora do fogo em nosso sistema; é o Ser vivo – a verdadeira pessoa.

Mais radiante do que o Sol,
mais pura do que a neve,
mais sutil do que o éter,
é o Ser,
o Espírito dentro do meu coração.
Eu sou o Ser;
esse SER sou Eu.

Este fogo não espalha seu brilho nem se irradia da nossa personalidade trina devido à poluição física, ou ao medo, ao ódio, ao ciúme, à gula, às ilusões, às mentiras, ao orgulho, aos pensamentos impostos e às sugestões pós-hipnóticas. Todas essas situações impedem que o fogo brilhe e se irradie. O alimento desta natureza humana tripla é a Chama Interior.

Cada vez que a chama é impedida de penetrar livremente no corpo físico temos problemas de saúde, doenças, náuseas. Quando a química do corpo é alterada ou desequilibrada, a energia do fogo tem dificuldades para penetrar em todas as suas partes, desenvolvendo-se condições patológicas nos locais não atingidos por ela como decorrência da falta de vitalidade.

O mesmo se aplica à natureza emocional. Se a energia do fogo não penetrar neste veículo, seus átomos morrem à míngua, desenvolvendo-se problemas emocionais, atitudes negativas, autopiedade, medo e outras condições nocivas.

O mesmo se pode afirmar em relação à natureza mental. Se o fogo não penetrar na esfera deste corpo, teremos a mente deturpada – uma mente que não funciona à luz do bem maior da humanidade e que se torna instrumento da destruição e da escuridão.

A chama é a verdadeira vitalidade do corpo físico; esse fogo é que torna o nosso corpo flexível, vivo e bonito. É ele que fornece eletricidade para o nosso sistema nervoso, a energia da atração, a sensibilidade e o amor do corpo emocional, e a luz da inteligência do corpo mental. Quando a chama brilha através da tríplice natureza de uma pessoa, ela se parece com a sarça ardente, uma chama magnética.

Cristo disse: "Deixai que a vossa luz brilhe" e "Eu sou a luz do mundo." Foram sugestões para que deixássemos brilhar nossa luz e caminhar pela Terra como velas acesas.

É muito interessante observar uma vela. A chama consome lentamente a cera, a personalidade da vela, transformando-a em luz. É o que acontece com a nossa personalidade na Terceira Iniciação, o momento no qual todos os elementos que obscurecem desaparecem e o Fogo Interior se irradia. É interessante notar que Áries é o transmissor do Fogo Cósmico.[1] Na realidade, há três transmissores do fogo:

Áries libera o Fogo Cósmico;
Leão libera o Fogo Solar; e
Sagitário libera o Fogo Planetário.

Mestre Djwhal Khul diz que esses três fogos constituem a Ioga do Fogo que ilumina o caminho para a ressurreição. A Ioga do Fogo é uma expiação progressiva com a Chama Interior. Um iogue do Fogo é uma pessoa que está unida em seu coração à chama, o princípio mais elevado da sua natureza.

A ressurreição é o processo de unificação dos fogos de magnitude progressiva. Primeiro temos o fogo da personalidade, segundo o da Alma e, terceiro, o do Eu verdadeiro, a Mônada – três fogos que se esforçam para ser uma chama. À medida que se unem e se fundem, vemos uma única chama irradiando para o mundo. Os antigos simbolizavam esta chama como um fogo tríplice.

Existiu uma fraternidade antiga que adorava o fogo de três maneiras. Um fogo era criado pela fricção de galhos; este era o fogo pela fricção, o fogo da matéria. Somente os membros da fraternidade podiam ter contato com ele. O segundo era criado pela centelha das rochas ou através de fósforos. Este fogo é análogo ao Fogo Solar e somente os iniciados podiam acercar-se dele. Do terceiro apenas os mais santos, os Iniciados de grau mais elevado podiam se aproximar. Era mantido sempre aceso. Este fogo é ateado por um raio. Em dias de tempestade, esperavam que um relâmpago atingisse uma árvore e imediatamente corriam para levar esse fogo para o templo. Para cada altar eles destinavam uma chama determinada, que era mantida acesa dia e noite como símbolo da Chama da Vida do coração, como o elo entre a chama do coração e o fogo do Espaço.

Estes três tipos de fogo manifestam-se neste planeta como as sete chamas:

1. a chama no coração de cada átomo;
2. a chama nas sementes do reino vegetal;
3. a chama no reino animal;

1. Ver Bailey, Alice A., *Esoteric Astrology*, p. 293.

4. a chama no coração de cada ser humano;
5. a chama no coração da Hierarquia – o Cristo;
6. a chama em Shambala – Sanat Kumara; e
7. a chama maior, a fonte planetária da Vida.

O fogo no reino mineral torna-se uma chama quando o mineral é iniciado no reino seguinte. A partir do reino vegetal, temos a chama como o centro de cada forma nesse reino.

Todas as chamas se reúnem finalmente e formam uma flor de fogo em torno do Fogo Central da Vida Planetária. As flores reunidas formam as pétalas do fogo maior, e assim por diante, eternamente. Este é o motivo pelo qual a criação inteira, vista de um ponto distante no Espaço sem limites, parece uma flor de fogo desabrochando no infinito – um Lótus no Espaço sem limites.

A ressurreição é o progresso de cada chama de um reino para outro, de um plano para outro plano mais elevado. Em cada plano se expressa a beleza. Sua magnitude aumenta na proporção em que a chama progride estágio por estágio. Em cada uma está a beleza oculta do Cosmo, a geometria da criação, a sinfonia dos planos, as cores dos relacionamentos, os movimentos do ritmo e da harmonia. Tudo isso é expresso gradualmente à medida que a chama constrói melhores veículos de expressão em níveis mais elevados de existência.

A chama na qual está o centro vital dessa forma é o seu coração. Quando a energia do fogo de Áries é liberada, cada chama recebe um choque. Este é um convite e um desafio para sincronizar seu batimento cardíaco com a pulsação do Coração Cósmico.

Assim, em todos os reinos as chamas iniciam um novo ciclo, um novo começo. Por isso temos todos os anos uma primavera física e psicológica que se reflete na explosão da cor, no canto dos pássaros, no desabrochar das flores, no grande fluxo de energia das árvores e dos animais, e no dinâmico empenho e trabalho nos aspirantes e discípulos.

O fogo de Áries toca diretamente os reinos inferiores e os que se situam além do humano, mas algumas vezes se depara com uma resistência inflexível, com barreiras complicadas, ao tentar atingir a humanidade. Esta com freqüência se funde numa nuvem pesada de inércia, de feitiço e de ilusão, o que causa vários transtornos nos veículos da humanidade mediana. As células físicas e os átomos emocionais reagem ao fogo e se estimulam. Essa estimulação aumenta as distorções e perturbações nesses veículos, expressando-se externamente como problemas sociais e individuais, complicações e distúrbios. Em conseqüência da poluição circundante, a chama do coração não é alimentada nem carregada, perdendo o ritmo do Fogo Único e não conseguindo sincronizar seu batimento com a pulsação do Coração Cósmico. É uma grande tragédia para uma pessoa não conseguir alinhar seu coração com o ritmo do Coração Cósmico, porque o coração é o distribuidor da conduta correta, dos relacionamentos corretos, do equilíbrio, da compaixão e da percepção intuitiva. No momento em que sai do ritmo da Pulsação Cósmica, o homem perde o escudo da bondade, da beleza e da verdade.

Um grande sábio, falando a respeito do coração, disse: "É necessário aprender a sentir o coração não como sendo seu, mas como sendo o coração universal."[2]

2. Sociedade Ioga Agni, *Heart*, par. 7.

Quando a chama do coração não consegue uma nova carga começa a morrer, causando grave depressão, apatia e inércia. "Cada chama que se extingue produzirá um eco; por isso, o carma daquele que a extingue é como o destino de um criminoso."[3]

Se a chama é brilhante, e as esferas em torno dela estão claras e puras, ela se torna o agente que registra as impressões advindas das fontes mais elevadas. Estabelece-se uma comunicação e comunhão com todas as chamas e fogos, ampliando a capacidade de conhecer, de discriminar e de dirigir a energia. A pessoa se torna o centro de um todo maior, um centro de recepção, de planejamento e distribuição.

". . . a chama do coração responde aos fogos subterrâneos mais remotos."[4] Uma chama pura registra terremotos e qualquer movimento que se baseie no fogo – os movimentos no firmamento, inclusive.

O Mestre Djwhal Khul diz: "Em Áries temos. . . a reunião entre espírito e matéria numa grande atividade criativa de manifestação no início do ciclo evolutivo."[5]

Áries é o começo e também o fim. A ressurreição está relacionada com Áries. É definida como o retorno ao estado anterior do ser.

No início, os Raios emanavam do Sol Espiritual Central e, a seu tempo, se condensavam, se materializavam e se convertiam em átomos. Através do processo de ressurreição, sob a influência do fogo de Áries, o fogo dos átomos é gradualmente liberado e transformado em chama num caminho progressivo de evolução. Este processo continua até que a Centelha no átomo, ou a chama no homem, atinja a sua Casa – o estado anterior do ser – como o fez o "filho pródigo". Todos os festivais da lua cheia devem criar uma verdadeira mudança na nossa natureza e nas atividades diárias.

Quando o fogo é liberado e espalhado nessas ocasiões cíclicas, e se uma pessoa não o absorve através da pulsação do seu coração e não o utiliza numa vida criativa, ele produz congestão e complicações na vida.

Na verdade, o Fogo Elétrico no coração sustenta e regula o batimento do nosso coração, e se este não estiver batendo em harmonia com a pulsação do Coração Cósmico, pela pulsação da Chama Cósmica, haverá congestão, complicações e distorções em nossos planos físico, emocional e mental.

A intenção do Festival da Ressurreição é sincronizar a pulsação dos nossos corações com a do Coração Cósmico. Este processo está acontecendo no coração das pessoas. Gradualmente, no decorrer de suas vidas, elas sincronizam seu batimento cardíaco com a pulsação do Coração Cósmico – o que significa entrar numa harmonia maior com o Plano, o Propósito e a Vontade desse Grande Coração, e manifestar Suas atividades criativas na vida diária. Este é o significado da frase: "Coloque seu coração junto do Coração do Cosmo."

Feito isso, a pessoa se torna um manancial de luz, de amor, de poder e de beleza para todo o mundo. Sua luz brilha, projetando a beleza que existe no Coração do Cosmo. Isso proporciona beleza à natureza física da pessoa e ao ambiente, que se torna fisicamente bonito.

3. *Ibid.*, par. 36.
4. *Ibid.*, par. 348.
5. Bailey, Alice A., *Esoteric Astrology*, p. 115.

Este fogo também cria beleza na sua natureza emocional. Sua expressão através dessa natureza emocional é simplicidade, bondade, ternura, delicadeza, tranqüilidade, paz, etc.

No plano mental, o fogo se expressa como raciocínio puro, criatividade e visão real das coisas como elas são. Através deste processo, a consciência se expande tanto para fora como para dentro, apreendendo o fogo interior e irradiando-o para o mundo como um tipo de processo respiratório.

Todas as pessoas criativas estão em contacto com a chama de seu coração num grau maior ou menor. Quanto mais perto estiverem do fogo, maior sua aptidão para criar.

Nossa responsabilidade é despertar, fazer ressurgir os fogos da nossa natureza físico-etérica, nossos fogos emocionais e mentais, e, mantendo-os unidos, fundi-los com a Chama do Espírito dentro de nós. Esta será a nossa ressurreição: reorientar as forças que fluem para satisfação do nosso eu inferior para um ato inteligentemente planejado de sacrifício e serviço, de uma vida cheia de objetivos e para o Plano e Propósito de Deus. Se agirmos desta forma no período entre as luas cheias de Áries e Touro, que é o ponto supremo de condensação de energias, veremos a realidade da ressurreição dentro da nossa natureza.

Na lua cheia de Áries, no Festival da Ressurreição, podemos usar a energia do Fogo Cósmico para criar um local de nascimento para idéias novas e mais universais. Cada passo adiante no caminho da ressurreição dá início a uma nova fase de responsabilidade. Esta se expande à medida que gradualmente ressuscitamos, e caminhamos das trevas para a luz. À medida que a chama cresce em brilho e poder, devemos permanecer alertas pela oportunidade de espalhar suas irritações através de uma vida criativa com alegria, energia, amor, beleza e serviço. Esta é a maneira de mantermos viva a chama.

Quando a chama recebe uma nova carga, podemos perder sua vitalidade se não expandirmos a esfera de suas visões, pensamentos, amor e serviço.

Ao escrever sobre o Festival da Ressurreição no Dia de Páscoa em 1945, o Mestre Djwhal Khul disse:

> "De pé, em Seu lugar, num ponto central da Ásia, longe das multidões e do impacto da humanidade, Cristo abençoará o mundo no momento exato da Lua Cheia de junho. Então repetirá as últimas palavras ou o sermão de Buda, bem como as Bem-aventuranças que proferiu quando na Terra. ... A estas duas mensagens, Cristo adicionará uma nova, imbuída de poder para o futuro."[6]

A GRANDE INVOCAÇÃO

Do ponto de Luz dentro da Mente de Deus,
Deixai que o raio de luz penetre na mente dos homens.
Deixai que a Luz desça sobre a Terra.
Do ponto de Amor dentro do Coração de Deus,
Deixai que o raio de amor penetre no coração dos homens.
Que Cristo retorne à Terra.

6. Bailey, Alice A., *The Externalisation of the Hierarchy*, p. 481.

Do centro onde a Vontade de Deus é conhecida,
Deixai que o propósito guie as pequenas vontades dos homens –
O propósito que os Mestres sabem e servem.
Do centro que chamamos raça dos homens,
Deixai que o Plano de Amor e de Luz se realize
E sele a porta onde habita o mal.
Que a Luz, o Amor e o Poder restaurem o Plano na Terra.

Podemos imaginar como Ele ensinará a Hierarquia sobre esses três temas: a última mensagem de Buda (uma condensação onde encontramos: "Trabalhe pela sua própria salvação com diligência."); as Bem-aventuranças e a Grande Invocação – quem sabe em que dimensão Ele explicará seus significados, pois essas palavras podem ser traduzidas em muitos níveis, mas só podem ser compreendidas por inteiro no nível no qual foram pronunciadas.

Ainda não possuímos um mecanismo capaz de atingir os centros hierárquicos e ouvir suas conversas. Mas se a chama de nosso coração for diáfana e pura, será gravada e registrará Seus pensamentos, traduzindo-os como vontade de amar, vontade de servir e a vontade de sacrificar-se. A chama refletirá em determinados graus a irradiação revelada no encontro hierárquico, transformando até certo ponto a nossa vida. **Há um único vínculo entre o homem e o Cosmo – a Chama da Vida.**

"Por trás do Cristo, focalizando hoje com intensidade e se preparando para um grande ato de cooperação espiritual na época da Lua Cheia de junho, está a Hierarquia. Junto com Ele, Eles invocarão um grupo de forças espirituais. . ."[7] Estas forças são:

1. As Forças da Restauração para a lua cheia de Áries;
2. As Forças de Esclarecimento para a lua cheia de Touro;
3. As Forças da Reconstrução para a lua cheia de Gêmeos.

As Forças da Restauração. . . trabalharão para restaurar a saúde moral e psicológica, implementando assim a ressurreição da humanidade do ciclo de morte que está atravessando. A restauração da condição mental do homem com vistas a uma abordagem mais feliz e saudável da vida é o primeiro objetivo. Essas forças farão surgir uma nova civilização. . ."[8]

O fogo de Áries lentamente tocará o coração dos grandes Iniciados do mundo. Os Iniciados são pessoas cujos corações estão abertos a estas Forças e que trabalham em favor de um relacionamento humano correto, da boa vontade e da paz – pessoas que trabalham em prol da unidade da espécie humana. Quando essas pessoas entrarem em contacto com esse fogo, incendiarão seu meio ambiente porque manifestarão a intenção do Onipotente. É assim que a pessoa se une com a Intenção, o Propósito e a Vontade do Grande, e o Grande fica presente no seu coração, orientando sua vida para a beleza, o serviço e a criatividade.

Vocês se lembram da parábola das dez virgens, cinco das quais eram sábias e cinco tolas? As tolas não tinham óleo suficiente para alimentar o fogo e as chamas

7. *Idem*, p. 482.
8. *Ibid.*

se apagaram. Não puderam entrar na alegria do Senhor porque seu espaço interior era limitado e seu fogo tinha se extinguido. Expandir nosso horizonte ou espaço interior significa amar mais, servir mais e sacrificar-se continuamente. Apenas num estado de consciência ou de conhecimento a nossa chama poderá brilhar mais e mais.

Por exemplo, o amor nos expande, o ódio nos diminui. A generosidade nos faz crescer, a avareza nos aprisiona. A alegria nos dilata, o medo causa contração. Ao expandir nosso espaço interior ou horizonte, recebemos mais alimento para o fogo e sua chama se torna mais brilhante e sensível às impressões recebidas de fontes superiores e à pulsação do universo.

Todas essas forças trabalham juntas a fim de criar relações humanas corretas no mundo todo, para que a humanidade viva como uma irmandade com várias culturas, raças e cores diferentes, embora orientadas para a melhoria da vida da própria humanidade.

> "A única oportunidade que o Cristo enfrenta à medida que Sua grande hora se aproxima é a unificação, a sintetização e a integração de todas essas forças num grande e poderoso escoadouro de energia espiritual. Essas energias envolvem as atividades do Espírito de Ressurreição, a inspiração de Buda, pois neste ano [1945] Ele transmite a força do Um em Quem vivemos, nos movemos e temos o nosso ser, e a que o próprio Cristo colocará em movimento em resposta ao apelo invocativo do novo grupo dos servidores do mundo, os homens de boa vontade e o "objetivo comum" das massas inarticuladas...
>
> "A energia que conduzirá à restauração da aspiração humana, do idealismo correto e da intenção humanitária firme é a energia distribuída pelas Forças da Restauração que se puseram em movimento este ano [1945] na época da Lua Cheia da Páscoa, sob a orientação dos Mestres da Sabedoria e a supervisão do Cristo. Elas se preocuparão com a reorientação da psique humana e com as inevitáveis conseqüências dessa reorientação – a aquisição da visão que provocará as relações humanas corretas. Isso será realizado principalmente pelo povo espiritual no mundo, pelos aspirantes, pelos discípulos que estão em atividade e, quando possível, pelas pessoas de mentalidade espiritual em igrejas e grupos humanitários e esotéricos.[9]
>
> "Que as bênçãos do Cristo e da Hierarquia recaiam sobre os verdadeiros servidores e que eles possam permanecer tranqüilos no campo da luta."[10]

9. *Ibid.*, pp. 483-484.
10. *Ibid.*, p. 488.

RESSURREIÇÃO EM ÁRIES: PARTE III

Havia um grande mosteiro numa das pequenas vilas da Rússia, onde as pessoas vindas da cidade se reuniam e celebravam a Páscoa. Em 1925, no dia da Páscoa, os líderes do Partido Comunista organizaram um programa para falar contra a idéia da ressurreição e provar como era ridículo o conceito da vida após a morte. Alguns dos oradores mais dinâmicos usaram todo o seu talento para convencer as pessoas de que a morte era o final verdadeiro da vida. Milhares ouviram em silêncio. Após terem esgotado o assunto, um jovem camponês subiu à plataforma e exclamou em voz alta: "Cristo ressuscitou da morte!" Como o estrondo de um oceano, a multidão respondeu: "Bendita seja a ressurreição do Cristo!"

Os líderes partidários se entreolharam e um deles disse: "A vida não pode ser negada. Não percamos nosso tempo lutando contra a vida." Há uma profunda verdade nas palavras desse materialista: a vida não pode ser negada.

A ressurreição é uma experiência de ampliação de vida. Sua celebração se inicia na natureza. Na primavera, o fogo que existe no coração de cada semente, planta, árvore, animal e aspirante desperta, tornando-se uma chama. Temos as chamas verdes da grama, das folhas, dos arbustos e das árvores. Temos a sinfonia ardente do vermelho, do púrpura, do verde, do azul, do laranja, do amarelo e do violeta das flores. Temos a chama das canções vibrantes dos pássaros, a chama da atração no reino animal, a chama do amor, da alegria, da aspiração e da esperança no coração humano – como se toda a Natureza estivesse dançando na chama da ressurreição.

O maior presente de Cristo para a humanidade é o conceito da ressurreição, que nos foi dado quando o Sol estava na constelação de Áries. Áries inicia um novo ciclo, que, como uma espiral de fogo, permite o nascimento de uma nova expressão do Espírito.

A Igreja cristã celebra a ressurreição do Cristo. Por dois mil anos, a ressurreição, como uma grande visão, penetrou na consciência da humanidade e acendeu o fogo da aspiração para novos valores e vitórias transcendentais sobre a matéria.

A Páscoa é uma grande festa que traz uma nova maré de alegria e elevação para a humanidade. Nessa época, milhões de pessoas elevam seus corações e almas para a alegria da vitória do Espírito sobre a matéria. Esta é a última esperança da humanidade.

O homem prossegue no seu caminho de evolução através de uma visão que é a sua esperança futura, o seu eterno ímã, o empurrão que o faz avançar pelo caminho da liberdade.

A ressurreição é um processo firme e contínuo de execução do Plano Físico Cósmico, uma firme unificação com o nosso Eu verdadeiro, um firme processo de transformar-se em Fogo e tornar-se Um. É o afastamento do Espírito em relação à matéria através do processo de adaptação e de vitória sobre esta. Aprendemos que a ressurreição significa a volta ao estado original do ser.

A Sabedoria Atemporal ensina que o homem é um raio que irradia do Sol Espiritual Central que eventualmente penetra numa camada de trevas comparativas chamadas Plano Físico Cósmico. Esse Plano é composto das camadas densa, líquida, gasosa, etérica, emocional, mental, intuitiva e três planos muito sutis. Aprendemos que o plano mais escuro é aquele onde a matéria está em constante movimento e mudança.

O raio penetrou nas camadas mais inferiores deste plano e foi capturado na armadilha da matéria. Passaram-se milhões de anos para que o raio pudesse despertar e se apropriar da matéria para usá-la e para saber onde ela se encontra, o que poderia fazer e como poderia escapar dessa armadilha.

Também aprendemos que o nosso Sol, à medida que caminha pelo Zodíaco, durante um mês a cada ano, faz a energia de Áries penetrar em cada Raio adormecido e o sacode para despertá-lo e fazê-lo prosseguir em sua viagem de regresso ao lar.

Aproximadamente a cada vinte e cinco mil anos, nosso sistema solar entra no signo de Áries e, por cerca de dois mil anos, sua energia acende continuamente a luz das Centelhas adormecidas, inspirando-as com o fogo da ressurreição, com o espírito da determinação para lograr a libertação. Através desta energia ciclicamente liberada sobre o Plano Físico Cósmico o processo da ressurreição continua.

O Raio-Centelha tem que voltar através dos sete planos do Plano Físico Cósmico, criando em cada subplano uma nova forma, um novo reino e, eventualmente, liberando-se da matéria inerente. Isto é feito através do processo de iniciação. Cada iniciação é um passo da ressurreição. Na Sétima Iniciação, o Iniciado passa pelas sete camadas da matéria e torna-se um Senhor da Ressurreição.

Uma das primeiras Centelhas que atingiu essa vitória completa sobre a matéria foi Cristo. Através da Sua vitória, Ele construiu para nós um caminho de retorno, "da escuridão para a luz, do irreal para o real, da morte para a imortalidade".

Durante milhões de anos, as Centelhas viajam de um reino para outro até atingir o reino humano. Neste reino, após milhões de anos de sofrimento, de dor e de desilusão, elas compreendem a seu tempo Sua prisão e tentam elevar-se e voltar para Casa.

O caminho da ressurreição passa do reino mineral para o vegetal. Deste, a Centelha sobe para o reino animal. Depois deste, Ela penetra no reino humano. Do reino humano, a ressurreição continua através do quinto, do sexto e do sétimo reinos.

Em cada um a Centelha brilha com maior beleza e criatividade, conseguindo um melhor esclarecimento sobre o propósito da Vida Única. Assim, com sete passos gigantescos, a Centelha retorna à Sua fonte original, e se converte num Ressuscitado.

É muito interessante notar que, depois de a Centelha penetrar no reino humano, o progresso do Espírito não é automático ou inconsciente. O processo da ressurreição deve continuar conscientemente com a ajuda do Guia Interior. O homem **verdadeiro** é aquele ressuscitador e o que é ressuscitado. A Centelha terá de lutar muito para sublimar seus veículos. Outro ponto interessante é que uma pessoa não pode ressuscitar a menos que trabalhe e se sacrifique para ressuscitar outros.

Depois da ressurreição, ele é uma Centelha livre que pode funcionar em qualquer plano ou nível sem limitação. Isto é o que Cristo quer que entendamos. No corpo físico, Ele demonstrou poderes espirituais superiores. Demonstrou que uma pessoa pode ser "semelhante a um Deus na Terra". E disse: "Sede perfeitos como Meu Pai que está nos céus é perfeito."

A ressurreição não é uma fuga mas um domínio. No nível humano, é realizada através da energia da vontade aplicada conscientemente à personalidade tríplice e às condições que apresentam obstáculos no caminho.

Todo o Ensinamento do Cristo foi uma instrução acerca da ressurreição:

pureza
amor
sacrifício
perdão
inocência
serviço
empenho

Cultuando essas virtudes, ressuscitamos das limitações da personalidade e tomamos contacto com a atração do Ímã Divino dentro de nós e do universo.

Há outro fato a respeito da ressurreição. Aprendemos que quando as pessoas estão atrasadas em sua evolução, elas necessariamente não continuam uma vida consciente, mas ingressam num estado inconsciente e renascem no devido tempo.

Quando uma pessoa que trabalhou arduamente no caminho da ressurreição desaparece, ela sabe que deixou o corpo físico e que deixará o corpo astral e, conscientemente, liberta-se das armadilhas deste mundo prosseguindo no mundo mental sem perder a continuidade da consciência. Ela não apenas mantém essa continuidade, como também permanece em contacto com seus alunos, discípulos e colaboradores, transmitindo-lhes grande coragem, inspiração e sabedoria para que continuem no seu caminho de ressurreição. Esta pessoa está sempre desperta, e, quando chega o momento do renascimento, está totalmente ciente de todo o processo da reencarnação. Esta é um estágio mais avançado no caminho da ressurreição.

A ressurreição, que é um fato natural, deve ser uma técnica aplicada conscientemente na vida humana. Para elevar-Se ao próximo reino, a Centelha humana deve ser capaz de se afastar dos planos físico, emocional e mental, penetrando, a seu tempo, nas esferas intuitiva, planetária, solar, galáctica e Cósmica da consciência.

O primeiro passo consiste em libertar-se de suas limitações físicas. A pessoa deve suplantar as urgências e impulsos escuros do corpo físico, herdados da natureza animal.

Em seguida, deve tentar ressuscitar de suas limitações emocionais, tais como: encantos, emoções negativas, autopiedade, suscetibilidade, ódio, ciúme, medo, avareza, e outras. A esfera emocional é uma selva muito escura na qual pessoas e nações podem ser apanhadas por um longo tempo até que, afinal, se sintam em casa.

Os que trabalham arduamente no plano emocional através da devoção e aspiração serão capazes de penetrar no plano mental. Este é uma prisão em si mesmo, devendo-se tomar cuidado para não nos apegarmos a ele. Este plano pode ser deixado para trás somente através da meditação e do pensamento correto. O plano mental também tem suas armadilhas. São elas:

ilusões
vaidades
orgulho
separatismo
egoísmo

Todas elas pertencem à mente inferior do quarto reino.

Há um grande hiato entre a mente inferior e a superior. O homem só pode escapar da mente inferior quando constrói uma ponte entre o quarto e o quinto reinos. É a ponte do Arco-Íris, ou Antahkarana, a linha de comunicação entre a mente inferior e a Tríade Espiritual, ou esferas mental superior, intuitiva e volitiva. Por esta ponte é que o homem pode se afastar "das trevas para a luz, do irreal para o real, da morte para a imortalidade, do caos para a beleza". Tudo isso significa que o homem agora está trilhando o caminho da ressurreição conscientemente e com compreensão total do processo.

A ressurreição não é apenas a sobrevivência consciente depois da morte do corpo físico, mas a sobrevivência consciente depois da morte dos corpos astral e mental, e mesmo após a morte de todo o Plano Físico Cósmico.

A ressurreição verdadeira só pode ser atingida quando uma pessoa deixa o Plano Físico Cósmico com toda a sua glória, beleza, ilusão e "maya". É bom não esquecer que este Plano é uma armadilha para a Centelha Divina, como o nosso corpo físico é uma armadilha para a alma humana.

A transição de um plano para outro não criará nenhum hiato na consciência daqueles que constroem a sua continuidade. O medo desaparecerá por completo. "... Por amarem indevidamente o que é material e odiarem perder contato com o aspecto formal da natureza, os homens temem a morte!"[1]

A vitória sobre a morte é conseguida na Quinta Iniciação. Neste estágio, o medo da morte desaparece, porque revela-se ao Iniciado que a vida na manifestação física é morte.

Na Sétima Iniciação, o Iniciado realmente aprende que a vida É, e que Ele é vida, e que Ele torna-se Um com o Doador da Vida: a Vida Solar. Isto é revelado na sua Iniciação. Cristo ingressou nesta Iniciação neste planeta há dois mil anos, e disse: "Eu sou a Vida." Com este pronunciamento Ele indicou o caminho para ressuscitar e aboliu o medo e a morte.

Podemos viajar pelo caminho da ressurreição se não criarmos continuamente obstáculos cármicos em nossa vida. Aprendemos que os que são ligados

1. Bailey, Alice A., *The Rays and the Initiation*, p. 731.

à Terra, os criminosos, os suicidas, os que conscientemente agridem as pessoas criando obstáculos no seu caminho, ou os que cometeram o suicídio, terão grande dificuldade de entrar na senda da ressurreição, porque seu carma os prenderá à Terra. A ressurreição é um progresso firme em liberdade. Devemos ter um grau considerável de liberdade do carma para entrar na senda da ressurreição.

O Mestre Tibetano diz:

> "... Eu sugeriria o seguinte: recusem-se a permitir que qualquer psicose de medo os arrebate ou os lance numa atitude pela qual a ansiedade, o cansaço e a angústia no mundo os subjuguem. Empenhem-se em permanecer como ser espiritual. A cada manhã, na sua meditação, procurem tomar uma atitude com uma nova determinação e mantê-la durante as horas de serviço que se sucedem durante o dia...
>
> Desde agora até o Festival de Wesak... tentem obter o controle da palavra que com freqüência tem sido a sua meta raramente atingida, e lembrem-se de que o fator mais poderoso no controle da fala é um coração amoroso. A conversa maldosa, medrosa, a tagarelice odiosa, a insinuação cruel, a suspeita, a atribuição de um erro e motivos perversos de pessoas e povos... trouxeram para o mundo o estado atual de angústia... Resguardem-se vigorosamente contra isso...
>
> Também é aconselhável cultivar a alegria que traz a força. Este não é um tempo de tristeza, de desespero ou de depressão...
>
> Conseguirão manter consigo as idéias abaixo?
>
> Primeiro, que a Hierarquia das Forças espirituais mantém-se no Ser espiritual.
>
> Segundo, que nós também estamos no Ser espiritual.
>
> Terceiro, que o silêncio de um coração amoroso deve ser a nossa tônica...
>
> Quarto, que a firmeza para resistir é o resultado de uma atitude alegre e uma verdadeira orientação para a alma.[2]

Esta é uma grande preparação para a lua cheia de Wesak. Enquanto o Mestre Tibetano estava dando Sua mensagem de Wesak de 1939, a energia de Shambala fazia contacto direto com a humanidade. Ele descreveu a seus discípulos, revelando que:

> 1. a Hierarquia se levanta como um grande muro protetor e que Buda e o Cristo ainda estão conosco;
> 2. a humanidade tinha estado exposta a várias tempestades e sobrevivido a muitas dificuldades; os homens tinham emergido de períodos de crise melhores e mais fortes, purificados "como se fora pelo fogo" e definitivamente mais próximos do objetivo;
> 3. que somos um só povo, e que devemos manifestar a mesma boa vontade para todas as partes da humanidade.[3]

2. Bailey, Alice A., *The Externalisation of the Hierarchy*, pp. 81-83.
3. *Idem*, pp. 79-80.

O pensamento esotérico nos ensina que há uma grande Vida no Espaço chamada o Espírito da Ressurreição. Mestre Djwhal Khul, falando acerca da ressurreição, disse:

> "Estas forças novas e restauradoras estão sob a direção e controle Daquele que poderíamos chamar de *Espírito da Ressurreição*. Esta Entidade espiritual viva, trabalhando temporariamente sob a direção do Cristo, é Quem restaurará a vitalidade dos objetivos espirituais do homem e a vida de seus planos; Quem engendrará uma nova vitalidade necessária para implementar as tendências da Nova Era; e Quem guiará a humanidade para fora da caverna escura da morte, do isolamento e do egoísmo na direção da luz do novo dia."[4]

A Sétima Iniciação ocorre no Plano Logóico. Os sete planos são:

7. Físico
6. Emocional
5. Mental
4. Búdico
3. Átmico
2. Monádico
1. Logóico

Também aprendemos que dois grupos de Seres muito avançados executam a cerimônia. O primeiro grupo se chama **Os conhecedores do propósito**; o segundo grupo se chama **Os sábios e as energias atraentes de Shambala.**

No Plano Logóico, "... mantém-se uma eletricidade dinâmica num grande reservatório de potência dirigido por esses dois grupos que personificam a vontade e a qualidade da vontade da Divindade, por nós chamada de Vontade para o Bem."[5]

"Esta sétima iniciação propicia ao iniciado o direito de ir e vir nas cortes de Shambala..."[6]

Toda iniciação causa um efeito. Este pode ser somente no corpo físico, natureza emocional ou mental do iniciado, afetando exclusivamente somente a ele, ou à sua família ou grupo mais chegado, ou incluso nas iniciações mais elevadas, sua nação. No entanto, na Sétima Iniciação, o efeito se espalha por toda a humanidade. Este efeito se expressa como uma forte urgência de liberdade e de liberação até a expansão da consciência e a um novo nível de existência.

No momento em que se ingressa na Sétima Iniciação, a estrela de cinco pontas que brilhava sobre a nossa fronte transforma-se numa outra de sete pontas, e o homem penetra na **Chama.**[7]

Aprendemos que:

4. *Ibid.*, p. 457.
5. Bailey, Alice A., *The Rays and the Initiations*, p. 733.
6. *Ibid.*, p. 735.
7. Bailey, Alice A., *Initiation, Human and Solar*, p. 161.

Na quarta iniciação recebe-se a Palavra para o plano mental mais elevado.

Na quinta iniciação revela-se a Palavra para o plano búdico.

Na sexta iniciação, a Palavra para o plano átmico.

Na sétima iniciação, dá-se a Palavra para o plano monádico. . .

Nesta iniciação, o tríplice AUM, em seu caráter verdadeiro, se revela o Buda iluminado, podendo ele então manipular a energia nos seis mundos ou planos.[8]

O Mestre Tibetano diz:

> A sétima iniciação está separada de toda consideração formal e o iniciado se torna um ponto concentrado de luz viva; sabe de maneira indescritível que vida é tudo o que É, e que é esta vida e sua plenitude real que o tornam parte DAQUILO que existe fora da Vida planetária; ele poderá não fazer parte agora dessa Existência extraplanetária na qual nosso Logos planetário vive, se move e possui o Seu ser.[9]

A ressurreição do Espírito é um processo duplo: a destruição e a construção. O espírito deve expandir e libertar-se. Esta expansão e libertação não são possíveis, a menos que a forma na qual o Espírito está limitado seja destruída. A forma pode ser física, emocional, mental ou etérica superior, e sua destruição é feita simultaneamente com a construção de formas novas.

O Primeiro Raio de Áries executa o trabalho de destruição; o Sétimo, o trabalho de construção. Civilizações, inclusive as culturas, são formas coletivas. Precisamos de novas civilizações, de novas culturas, se quisermos progredir no caminho da ressurreição. As velhas formas devem morrer para libertar o Espírito.

As formas emocionais são grandes obstáculos no nosso caminho. A maneira como sentimos, reagimos e respondemos emocionalmente através dos tempos possui formas cristalizadas; desejos mundanos pesados, encantos, ligações, preconceitos, superstições, e todos devem passar, à medida que o Espírito avança no Seu caminho de ressurreição.

As formas mentais devem ser continuamente destruídas e novas formas devem ser construídas para que nenhuma ilusão, fanatismo ou formas de pensamento cristalizadas e obsoletas bloqueiem o caminho do Espírito no seu Avanço na reta da ressurreição.

Existem também formas superiores de pensamento que nos conduzem ao prazer e alegria e que, a seu tempo, deveriam ser destruídas. Naturalmente, é difícil nos afastarmos desses obstáculos, porque toda a nossa cultura está orientada para o prazer e a alegria. Contudo, foi-nos dito que até mesmo o Ressuscitado teve de renunciar e libertar-Se inclusive de qualquer dessas sensações para penetrar nos estados em que nenhum mecanismo humano ainda é capaz de registrar. Não nos esqueçamos de que todas essas sensações estão relacionadas com o Plano Físico Cósmico, e que aquele que está se preparando para ultrapassá-lo deve aprender a renunciar.

8. *Idem, ibidem.*
9. Bailey, Alice A., *The Rays and the Initiation*, p. 732.

Certa vez, um sábio revelou que o maior poder é o da renúncia. Outro acrescentou que se cumpre o carma e todos os débitos são pagos quando finalmente renunciamos.

Na época da Páscoa, o passo mais prático para um aspirante é descobrir uma limitação em sua personalidade e tentar superá-la. Pode ser o obstáculo de um hábito, encanto ou ilusão. Uma vez descoberto, o aspirante deve lidar com ele de uma forma inteligente e superá-lo. É fácil fazer isso na Páscoa porque as energias estão presentes, e, quando o tentamos, as energias ajudarão. A Páscoa deve ser um período de grande esforço para ressuscitarmos do túmulo das nossas limitações e obstáculos pessoais a fim de que brilhemos como Almas.

A nova Religião do Mundo basear-se-á na idéia da ressurreição. A ressurreição é um processo de desapego consciente do Ser em relação ao não-ser. Historicamente, o tema da ressurreição foi levado à consciência do povo pelos discípulos do Cristo. Este passou pela Sétima Iniciação depois da crucificação, quando Jesus venceu a morte.

Na religião cristã, há dois símbolos esotéricos para a ressurreição:

1. o túmulo e o Cristo ressuscitado; e
2. o ovo e a galinha.

O túmulo é a matéria de onde o Espírito deve brotar. O ovo é a personalidade da qual deve surgir a alma. O Plano Físico Cósmico é um ovo do qual o Espírito da humanidade deve ressurgir. Cristo é o símbolo da Vida.

Nos antigos mistérios há muitas referências à ressurreição que eram dramatizadas em várias cerimônias e simbolismos. Por exemplo, no Egito, o candidato capaz de chegar à Câmara do Rei e passar em várias provas era colocado no sarcófago, onde permanecia por três dias num estado de suspensão de consciência. Depois desse tempo, era levado ao topo da pirâmide onde, junto com os primeiros raios do Sol, recuperava a consciência.

No antigo Egito, Osíris foi morto e ressuscitou. Um de seus nomes era "Deus ressuscitado". É interessante notar que os egípcios celebravam a ressurreição na primavera. Os egípcios cobriam a imagem de Osíris com um pano preto e o carregavam em procissão, celebrando então a Sua ressurreição. Também sabemos que o filho de Osíris, Hórus, ressuscitou. Havia também Ádis que ressuscitou em 25 de março.

A Pérsia e a Armênia tinham Mitra, que ressuscitou em 25 de março. Aprendemos que na véspera da ressurreição os sacerdotes declaravam que "Mitra voltou da morte"; em seguida havia uma grande celebração com velas acesas.

Também sabemos que Remo, uma encarnação de Vishnu, serviu e sacrificou sua vida e, por fim, ascendeu ao céu, reassumindo Sua Essência Divina. Zoroastro, reconhecido como mensageiro de Deus, ascendeu ao céu depois de Seu sacrifício e depois de ter terminado Seu trabalho na Terra. Conhecemos a tradição do salvador mexicano, Quetzalcóatl, que foi morto e ressuscitou. Lemos as mesmas histórias sobre outros Grandes que ressuscitaram na Índia, no Tibete, na China e na África.

A diferença entre essas ressurreições e a do Cristo é que, embora tenham conquistado a morte, Cristo conquistou também o Plano Físico Cósmico como um todo.

Mencionam-se nove iniciações na Sabedoria Atemporal:

1. Nascimento
2. Batismo
3. Transfiguração
4. Crucificação
5. Revelação
6. Decisão
7. Ressurreição
8. Transição
9. Recusa

A Ressurreição é a Sétima Iniciação. Nos ensinamentos religiosos, o mistério da ressurreição não é esclarecido. As pessoas dizem que "Mitra ascendeu", ou "Jesus ascendeu", "Ádis ressuscitou" ou "Cristo ressuscitou". As palavras "ascendeu" e "ressuscitou" são utilizadas indistintamente. Mas nos ensinamentos esotéricos "ascender" significa vencer a morte. Este poder é obtido após a Quinta Iniciação. Contudo, a ressurreição está ligada à Sétima Iniciação, quando o Plano Físico Cósmico é conquistado e o iniciado adquire poder sobre os sete fluxos cósmicos de energia chamados Raios.

O ponto mais destacado na vida do Cristo é a Sua ressurreição. Na história da humanidade aprendemos que ninguém atingiu essa grande Iniciação tão rapidamente como o Cristo. Não há paralelo em toda a história da humanidade. Lemos que Jesus saiu do túmulo, recuperou Sua consciência no plano físico denso ao mesmo tempo que ocorria um evento paralelo no Plano Físico Cósmico superior, o Plano Logóico, onde o Cristo começava a Sétima Iniciação – a Ressurreição.

Ninguém pode comprovar o fato da ressurreição, mas aqueles que avançam ano após ano e conquistam suas naturezas física, emocional e mental, a seu tempo tornam-se ativos nesses planos que não são físicos, não ficando mais condicionados pela consciência física. Uma vez tendo esta experiência, a realidade da ressurreição surge na sua alma. Compreendem que a ressurreição é o processo de retirada para a Fonte onde se é realmente livre, em glória e harmonia com o Divino Todo.

Algumas pessoas pensam que a ressurreição é uma fantasia. Isso talvez seja certo para elas, mas não para os que vêem intuitivamente o futuro da semente espiritual humana. Há cem anos, se disséssemos a alguém que poderíamos ir à lua, ou fotografar planetas e até visitá-los, seríamos colocados num hospício. Hoje nos chamariam de ignorantes se não acreditarmos nessas declarações.

Disseram-nos que quando o Cristo reaparecer entre os homens terá início "O período da ressurreição que o Cristo inaugurará e que constituirá Seu único trabalho. . ."[10]

> No ciclo que o Cristo inaugurará depois do Seu reaparecimento, o objetivo de todos os ensinamentos religiosos no mundo será a ressurreição do espírito na humanidade; enfatizar-se-á a existência da natureza do Cristo em cada ser humano e *o uso da vontade na realização desta transfiguração* da natureza inferior. A prova será a ascensão do Cristo.[11]

10. Bailey, Alice A., *The Reappearance of the Christ*, p. 23.
11. *Ibid.*, p. 30.

As pessoas acham que algo é real se esse algo existir. Isso é verdade, mas há uma outra maneira de olhar a realidade. As coisas são reais se fizermos com que existam. O homem está ocupado com milhões de coisas que não existiam até que ele as fez existir. Isso não se aplica somente às coisas objetivas, mas também aos objetos subjetivos.

As atividades mentais superiores não existiam no homem primitivo; mas, com luta e esforço contínuos, ele criou as atividades abstratas e um mecanismo abstrato, até que começaram a surgir vários gênios em diversas áreas.

Quando o homem criou o avião, dissemos "isto é real". Mas antes de tê-lo criado, o homem construiu alguma coisa em seu mecanismo mental que o capacitou a criar o avião. O mesmo se aplica à continuidade da consciência ou imortalidade. Os que não a atingirem não serão imortais. Os que não ressuscitarem em determinados ciclos não serão ressuscitados, mas continuarão a existir como elementos da Natureza.

A continuidade da consciência e a ressurreição são o resultado de um desejo intenso e da decisão de criar a continuidade da consciência e de alcançar a ressurreição. Esta não existirá se não fizermos existir. O homem tem o poder de se recriar, ou de se destruir.

Na lua cheia de Áries, somos lembrados a iniciar uma nova vida e a fazer que as coisas existam, coisas que nos capacitarão a ter um novo acesso aos mistérios da criação.

LUA CHEIA DE ÁRIES: PARTE IV

É a lua cheia do Cristo ressuscitado, do Cristo vivo, do Mestre de todos os homens e anjos. "Neste dia, a Hierarquia Espiritual será reconhecida e se enfatizará a natureza do amor de Deus."

Durante esta lua cheia devemos estudar o seguinte sobre a Hierarquia espiritual:

a. como, quando e onde a Hierarquia começou a existir;
b. os fundadores da Hierarquia;
c. literatura sobre os Mestres, seus nomes, funções e história;
d. como ter acesso aos Mestres e por que meios.

Um grande sábio, tentando descrever os membros da Hierarquia, disse: "Eles se caracterizam por um amor que perdura e que age sempre pelo bem de todos."

Para estudar esses assuntos, recomendamos os seguintes livros:

1. *A Doutrina Secreta*, H.P. Blavatsky
2. *Cartas do Mahatma*, A.P. Sinnett
3. *Cartas sobre Meditação Oculta*, A.A. Bailey
4. *Folhas de um Antigo Diário*, Henry Steele Olcott
5. *Iniciação Humana e Solar*, A.A. Bailey
6. *A Exteriorização da Hierarquia*, A.A. Bailey
7. *Tratado sobre Magia Branca*, A.A. Bailey
8. *Hierarquia*, Sociedade Ioga Agni
9. *Coletânea de Artigos*, H.P. Blavatsky
10. *Damovar*, Sven Eek
11. *H.P. Blavatsky, Tibete e Tulku*, Geoffrey A. Barborka
12. *O Reino da Luz*, Nicholas Roerich
13. *Shambala*, Nicholas Roerich

Há outros livros sobre a Hierarquia e os Mestres, mas a maioria deles contém informações truncadas, escritas por indivíduos contaminados por seus próprios encantos.

Sobre o amor de Deus, recomendamos

1. *Nas Horas de Meditação*, F.J. Alexander
2. *Imitação de Cristo*, Thomas á Kempis
3. *Reaparecimento do Cristo*, A.A. Bailey
4. *O Novo Testamento*
5. *O Espírito do Cristo*, Andrew Murray
6. *Sadhana*, Rabindranath Tagore
7. *Infinito*, vols. I e II, Sociedade Ioga Agni
8. *Folhas do Jardim de Morya*, vols. I e II, Sociedade Ioga Agni
9. *Tratado sobre os Sete Raios*, A.A. Bailey

Esses estudos podem ser feitos antes desta lua cheia em especial, pois este dia deverá ser dedicado ao tema da ressurreição.

Sabemos que tudo é energia. Antes de existirem nosso sistema solar e o planeta, havia pensamentos e idéias na mente do Criador. Por bilhões e bilhões de anos, eles sofreram um processo de manifestação, de objetivação e de materialização. Esse foi o grande processo de limitação chamado de escuridão e morte.

A ressurreição deste planeta começou no dia em que o "filho pródigo", o nosso próprio globo, decidiu levantar-se e voltar para o Pai. Foi o Dia da Evolução, o início da espiritualização do nosso globo.

A evolução é o grande processo de ressurreição durante o qual o Espírito na matéria rompe Suas limitações e Se expressa como vida, sensibilidade, consciência, conhecimento e vontade.

Assim, a existência sai do reino mineral e cria o reino vegetal, depois o animal e em seguida o humano – e, posteriormente, os reinos sobre-humanos dos Grandes Seres que nos mantêm como fontes de vida, de amor e de luz.

No reino humano, o processo da ressurreição continua. Ele quebra os encantos e as ilusões do mundo, capacitando os homens a se livrarem do controle exercido pelo corpo, pelas emoções e pela mente, e das suas necessidades e impulsos cegos e escusos. Ele nos impulsiona rumo à unidade, destruindo as paredes do separatismo, do egoísmo e do ódio espalhados pelo mundo.

Os jovens do mundo em especial aspiram por uma única humanidade, por valores espirituais, pelo Espaço e pelo Cosmo. Na verdade, nossa juventude vem sentindo o grande perigo pelo qual está passando o nosso planeta. Também sentem o Plano e os Guardiães do Plano. A juventude se rebela contra tudo o que não leva à unidade, à alegria, à expansão e à liberdade em escala global. Este processo levará a seu tempo a tomar contato com o grande centro "onde a Vontade de Deus é conhecida", trazendo uma nova ordem para a Terra.

Os que se preparam com grande disciplina e grande sacrifício e serviço, que elevam a si mesmos e à sua consciência dos planos físico, emocional e mental para penetrar no plano da liberdade e da alegria; os que destroem suas perturbações físicas, emocionais e mentais, suas limitações, seu egoísmo cego, sua preguiça, seu ciúme e seu ódio podem participar conscientemente do processo desta grande ressurreição.

Uma pessoa egoísta é como se estivesse morta. A que sofre de ciúmes ou raiva está morrendo.

A pessoa que ama, que é dedicada ao serviço da humanidade, está no caminho da ressurreição.

Há uma bela passagem da Bíblia que relata quando Maria Madalena foi ao sepulcro e não encontrou o corpo do Senhor. Ela diz: "Levaram o corpo do meu Senhor e não sei para onde."[1] Maria Madalena, a mulher da tristeza, da dor e do sofrimento, simboliza a humanidade.

A humanidade também foi para o sepulcro do materialismo, do egoísmo individual e nacional e não encontrou a verdadeira vida, a alegria, a visão verdadeira. E agora nós, como seres humanos, estamos dizendo: "Levaram o nosso ar puro, a nossa água cristalina, a nossa vida simples, a alegria do verdadeiro amor, a liberdade do Espírito, e não sabemos onde achá-los. . . ou como descobri-los."

Este é o motivo pelo qual muitos da nossa nova geração, aspirantes e discípulos do mundo elevam suas vidas, exaltam suas almas e expandem sua consciência para romper todas as limitações e abraçar a humanidade como irmãos. Eles querem libertar a beleza que está aprisionada dentro do ser humano através dos tempos, atada pelas correntes do materialismo, do egoísmo, da ignorância e da inércia, e construir a continuidade de consciência que nos levará "da morte para a imortalidade, do caos para a beleza".

Aprendemos que Áries:

> . . . é o criador das atividades, condições e processos que levam à manifestação da alma através da forma e, posteriormente, daqueles empreendimentos criativos mais elevados que nos conduzem, no devido tempo, à manifestação do espírito através da alma.[2]
>
> O segredo de Áries é o segredo dos inícios, dos ciclos e da oportunidade emergente.[3]

Podemos utilizar esta oportunidade para nos dedicar a uma vida mais elevada, que nos leve a uma liberdade maior. A ressurreição é um processo de libertação da limitação do Plano Físico Cósmico e da entrada na continuidade da consciência, não somente dentro do planeta, mas também dentro do sistema solar. É a realização da Vida Una. Por isso, o caminho da ressurreição é o caminho de Antahkarana[4] que leva a uma liberdade gradual e à expansão da percepção através da continuidade da consciência.

Na época dessa lua cheia libera-se um tipo especial de energia para toda a humanidade. Em alguns livros esotéricos, essa energia é chamada de "Forças da Restauração". Aprendemos que ela é de um tipo criativo que estimula a inteligência humana, fazendo-a "pensar, planejar e agir".

Através desta energia, será possível dar um fim à guerra e criar uma saúde melhor para o planeta e, talvez, tornar um fato a fraternidade entre os homens.

A palavra "restauração" tem um significado esotérico profundo. Muitas coisas na Natureza estão deturpadas, fora de sintonia com o Plano e o Propósito

1. João 20:2.
2. Bailey, Alice A., *Esoteric Astrology*, p. 95.
3. *Ibid.*, p. 387.
4. Saraydarian, H. (Torkom), *The Science of Becoming Oneself*, Cap. XVIII.

Divino. Como um instrumento musical, a Natureza precisa retornar aos processos para produzir uma harmonia maior e expressar a música da vida deste planeta que avança. Esse processo de afinação é desempenhado pelas Forças da Restauração, que foram liberadas para o nosso planeta na lua cheia de Áries em 1945. O propósito dessas Forças é restaurar a vontade de viver e a vontade de fazer o bem. Tudo depende desses dois fatores. O destino dos planetas ou do sistema solar não é controlado por processos mecânicos, mas pela vontade dos seres inteligentes. Se essa vontade estiver voltada para a vida e o bem, todas as deformações desaparecerão, as crises serão superadas e a harmonia restaurada no homem, no planeta e no sistema solar.

Num de seus livros, Mestre Morya diz que é o momento de nos sentirmos como habitantes do Cosmo. Nossa consciência está se expandindo em direção ao sistema solar e logo entenderemos que o nosso bem-estar está condicionado ao bem-estar do nosso sistema solar, e vice-versa. Desta forma, nessa época, a vontade do bem e a vontade de viver desempenharão um papel sistemático.

A lua cheia de Áries é uma grande oportunidade para aprofundarmos, através da meditação, essa vontade de viver e de fazer o bem da humanidade como um todo. Nos três dias que se seguem à lua cheia, devemos tentar difundir esta idéia, por escrito e oralmente, a fim de criar uma reorientação para a vida e para o bem. Assim, nos tornaremos colaboradores das Forças de Restauração, facilitando sua penetração na consciência da humanidade, fazendo desta lua cheia uma ocasião realmente eficaz.

Através dos séculos nossas mentes estiveram voltadas para Jesus morrendo na cruz. Esta lua cheia nos proporciona a oportunidade de fixar nossas mentes no Cristo vivo, na vida e na ressurreição – não na morte.

A existência é o processo de espiritualização; a morte é o processo de materialização. Nesta lua cheia devemos ocupar nossas mentes com pensamentos espirituais, progressivos e com objetivos definidos.

Nesta época não estamos nos referindo à Quinta Iniciação, mas à Sétima, para a qual, no momento, Cristo está Se preparando. Aprendemos que Ele entrou para a Sétima Iniciação anos atrás, e que a completará junto com Seu irmão mais velho, o Senhor Buda.

Este será um sacrifício tremendo da parte do Cristo. A ressurreição da lua cheia de Áries nada tem a ver com a ressurreição descrita no Novo Testamento. Os cristãos são muito limitados em suas idéias sobre o Cristo. Pensam que Ele pertence apenas ao Cristianismo. Esta não é uma atitude da Sabedoria Atemporal. Cristo pertence à humanidade, a todas as religiões.

Na verdade, em alguns livros esotéricos vemos que existe uma grande Vida no nosso sistema solar chamada "Espírito da Ressurreição". Esta Vida vem trabalhando para todo o sistema solar, conduzindo-o rumo à ressurreição.

É altamente significativo que o Cristo complete o Sétimo Grau de Iniciação. Isso significa que Ele será a personificação do Espírito da Ressurreição. Isto dará novos matizes ao Seu ensinamento e influenciará muitíssimo nossa cultura e civilização. A humanidade levantará lentamente do túmulo chamado civilização – civilização que está disposta a se exterminar totalmente através da poluição da vida do planeta. Estamos vivendo o processo cerimonial de um funeral através do nosso egoísmo, do nosso materialismo e da utilização das forças da Natureza de maneira contrária à sobrevivência.

Mediante a nossa meditação, durante a lua cheia de Áries tentamos cooperar com o Espírito da Ressurreição para nos levantarmos do túmulo, "da morte para a imortalidade", e fixar nossos olhos na Nova Era da Ressurreição. A Era de Aquário será verdadeiramente a Era da Ressurreição, como a Era de Peixes foi a da Decisão entre a morte e a vida, a matéria e o Espírito, o ódio e o amor.

A ressurreição de Cristo e de Buda pode ser apressada se os discípulos, aspirantes e homens e mulheres de boa vontade avançarem um passo em direção à ressurreição e viverem uma vida condizente com isso.

4

SOL EM TOURO: PARTE I

O Olho que brilha na cabeça da constelação de Touro é o transmissor da luz cósmica chamada "Luz penetrante do Caminho". Eu o chamaria de olho que espera, luz que brilha como um farol no oceano revolto da vida e que conduz os peregrinos planetários e solares em direção ao Caminho em espirais cada vez mais altas.

O Caminho se estende entre o foco atual de consciência e aquele que será atingido nas dimensões planetária, solar e cósmica. Este Caminho é mais curto do que podemos imaginar. É o que existe entre a pessoa e o seu verdadeiro Eu, e só pode ser revelado quando a pessoa se converte no próprio Caminho.

Só a pessoa usando a luz de Touro, pode realizar o seu Eu Interior e expressá-Lo como uma beleza divina, tornando-se um caminho para os outros.

Há muitas perspectivas, mas apenas um Caminho, uma direção. O Caminho ou direção é a vida dedicada à realização do Plano Divino e à expressão do Divino Propósito, uma vida sacrificada pela causa de todas as formas vivas. Todos os outros caminhos levam a um ponto morto, ao sofrimento e à dor.

A compreensão do verdadeiro Caminho surge na consciência de uma pessoa depois de ela ter perdido seu tempo e energia cuidando de interesses pessoais. Ela chega então à conclusão de que o Caminho é descoberto somente quando "se perde" para o bem de todos. O verdadeiro Caminho se estende entre o Eu perdido e o encontrado. Este Caminho introduz o homem no seu Eu e, gradualmente, no seu Eu cósmico.

A energia de Touro é a energia do desejo – **desejo da manifestação**. Esta energia se transforma em aspiração e direcionamento à medida que uma pessoa progride e se converte no anseio único de seu Lar.

Aprendemos que:

> Em Touro – o Desejo é transmutado em aspiração, as trevas dão lugar à luz e à iluminação, o olho do Touro se abre – o terceiro olho espiritual, ou "olho único" do Novo Testamento. "Se o teu olho é único", disse Cristo, "todo o Teu corpo estará cheio de luz." Este olho substitui os dois do Eu pessoal. A atenção do homem se concentra na aquisição espiritual. Ele trilha o Caminho do Discipulado.[1]

1. Bailey, Alice A., *Esoteric Astrology*, p. 143.

O Touro é chamado de "Touro do Desejo". Na pessoa comum, a energia do desejo se volta para a matéria, e os homens, grupos e nações tornam-se agressivos para aumentar sua fortuna material à expensa dos outros.

Por outro lado, as pessoas inspiradas pela luz do Olho do Touro procuram trabalhar o Plano Divino, compreender a Vontade de Deus e colocar sua divindade em ação e expressão. São estas duas forças que se chocam no campo da vida e causam tanta dor, sofrimento e miséria.

O grande herói, Hércules, recebeu a incumbência de resgatar o touro sagrado que havia sido capturado por um rei. Esse rei pensava em sacrificá-lo para si mesmo. O touro foi levado para uma ilha e, nadando, Hércules chegou até lá. Depois de muitas dificuldades, libertou o touro. Montado nele, atravessou o oceano e o entregou aos donos, que eram três cíclopes.

Esta é uma história simbólica. Parece-me que o touro é a alma humana, a Centelha Divina caída na matéria dos corpos físico, emocional e mental, que formam uma unidade.

No caminho da evolução, a personalidade tríplice (as naturezas física, emocional e mental inferior) domina a alma como um rei e a usa como escrava. Com freqüência, esta alma não só é utilizada, mas sacrificada totalmente aos interesses particulares da personalidade, de bens materiais, ao ódio, à avareza, e assim por diante.

Hércules é o símbolo do Anjo Solar que atravessa o mar da matéria e atinge a ilha, libertando o touro, a alma humana, trazendo-a de volta para os cíclopes.

É interessante notar que os nomes dos cíclopes indicam claramente que eles são os símbolos dos três átomos permanentes da Tríade Espiritual formada pela luz da mente superior, pela intuição e pelo poder da vontade átmica.

O nome do primeiro cíclope é Argos, ou *atividade*, que é a função da substância mental superior. O segundo é Estéropes, que significa *raio*, referindo-se à intuição. O terceiro é Brontes, que significa *trovão*, poder ou força de vontade. Assim, a alma humana, o touro do desejo, transformou-se no touro da aspiração e do direcionamento.

Em cada Centelha humana, a vontade de ser e a vontade de viver estão ativas. Há o desejo de mergulhar na matéria e o de sair para a liberdade. Os Anjos Solares encontram a humanidade no momento em que é atingido o ponto mais baixo de identificação com a matéria e em que as Centelhas humanas estão prontas para voltar sua face para o Olho do Touro, a Mônada.

Disseram-nos que o Touro é chamado de "Intérprete da voz divina". A voz divina foi interpretada, manifestada e tornada visível quando a energia do desejo impeliu a Centelha a prosseguir no arco da evolução.

No drama alegórico de Hércules, constata-se facilmente que ele era o rei que queria sacrificar o touro. Hércules era o touro que aguardava pela libertação. Hércules era o herói que salvou o animal. Estas são as três fases do mesmo indivíduo simbolizado na alegoria.

Encontramos a alusão ao mesmo mistério no Novo Testamento. Cristo foi "a Palavra feita carne". Foi o Filho do Homem. Foi o Filho de Deus. Era um com Deus. Veio para salvar e sacrificar o touro, ou a reunião das Centelhas humanas, e, como um Olho, brilhar no caminho de retorno ao Lar.

Durante o Festival de Wesak, Ele age como o representante da alma humana, como Hércules, ligando a humanidade com a divindade, lançando luz no caminho dos homens – especialmente na lua cheia de Touro. Ele disse: *"Eu sou o Caminho."*

Wesak é uma festa da libertação, do despertar e da transfiguração, a jornada de volta ao Lar. No momento exato da lua cheia, a Luz do Olho de Touro brilha sobre o Cristo e Ele a transmite para a humanidade. Por um momento, passa instantaneamente pela Alma da humanidade uma compreensão do Caminho, e a humanidade recebe um choque. Os aspirantes são estimulados em suas aspirações e os discípulos e Iniciados tornam-se mais firmes e estáveis no caminho que leva de volta ao Lar.

Este é o motivo pelo qual, falando de Si mesmo, o Cristo disse: "Eu sou a Luz do mundo." Derramando Sua luz no caminho da humanidade, em especial na época da lua cheia de Wesak, Ele atrai magneticamente a atenção das almas humanas.

Meditamos nesta lua para criar um equilíbrio divino dentro da nossa natureza e para descobrir a senda que nos leva até o Olho de Touro, nosso lar dentro de nós mesmos.

O Festival de Wesak é um trabalho de construção de pontes entre a humanidade e a divindade. A meditação em Wesak cria um equilíbrio entre o ser inferior e o Eu superior. Através dela, as naturezas física, emocional e mental se harmonizam, se integram. Além disso, as energias da Tríade Espiritual despertam e estabelecem o contacto com a personalidade tríplice. A personalidade purificada e integrada funde-se e equilibra-se com os Reinos Superiores. A alma humana pode agora agir sem as deformações de maya, dos encantamentos e das ilusões. Está num ponto de equilíbrio.

Sem a luz, o amor e o poder da Tríade Espiritual, a personalidade se converte num instrumento musical que está fora do tom, fora do equilíbrio, física, emocional e mentalmente.

A meditação evita a abstração mal-sã dos devaneios, mantendo a Alma em relação correta com a personalidade trina e equilibrando a aspiração interior com as obrigações e responsabilidade exteriores.

SOL EM TOURO: PARTE II

Através do cerimonial, da invocação e da meditação, criamos uma esfera de energia ígnea altamente aspiracional e eletromagnética. Esta esfera atrairá e receberá os raios de energia que serão liberados na época da lua cheia.

Ao virem para o nosso planeta, de galáxias distantes, das grandes Vidas e dos grandes Senhores, essas energias carregam nossos centros e nos conduzem para um processo de transformação e serviço sacrificial, se as abordarmos com o devido preparo e receptividade.

Qualquer grupo no mundo, de qualquer tamanho, desempenha um grande serviço para a humanidade assimilando e distribuindo essas energias. O Espaço é povoado por grandes Vidas que ciclicamente se dão as mãos e transferem a energia das fontes superiores para os Seus pequenos irmãos no Espaço.

Nossa Terra é uma Entidade viva. Nosso sistema solar é uma Entidade viva. O Zodíaco como um todo é um grupo de grandes vidas que, era após era, desenvolve um grande serviço para uma Entidade maior – o Zodíaco Maior – um Lótus de mil pétalas no qual o nosso Zodíaco é um Lótus de doze pétalas. Aprendemos isso na Sabedoria Antiga.

No Festival de Wesak, ou lua cheia de Touro, se estabelece uma relação única entre a Terra, o sistema solar, o Zodíaco e o Zodíaco Maior. Possuímos uma configuração singular de planetas e galáxias. Temos um triângulo de energia formado pela Grande Ursa, as Plêiades e Touro. É o triângulo mais potente nesta época em relação com o nosso sistema solar.

Touro vincula o Zodíaco ao Zodíaco Maior, cujos representantes são a Grande Ursa e as Plêiades. "As energias que vêm da Grande Ursa estão relacionadas com a vontade ou o propósito do Logos solar, e são para este grande Ser o que a mônada é para o homem."[1]

Na época do Festival de Wesak, temos um entrelaçamento especial de constelações, planetas e centros para a transmissão de energia na seguinte seqüência:

1. Bailey, Alice A., *Esoteric Astrology*, p. 416.

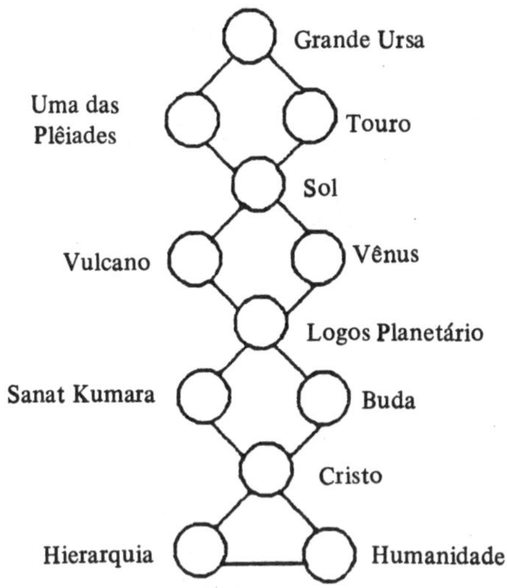

Assim a energia flui da Grande Ursa para uma das Plêiades e depois se acumula no terceiro olho do Touro. Deste ela segue para o Sol, do Sol para Vulcano e Vênus. Depois desses três, atinge o Logos Planetário, em seguida Sanat Kumara e Buda. Através de Buda, chega ao Cristo. Do Cristo vai para todos os Ashrams da Hierarquia, que por sua vez a repassam para a humanidade.

Esta é a força de Shambala, que desce sobre a Terra a cada ano através da Hierarquia, embora periodicamente venha diretamente de Shambala para a humanidade, como aconteceu em 1975 e acontecerá novamente no ano 2000.

Junto com essas energias temos, nesta mesma época, as energias do Sétimo Raio, de Aquário e de Sirius. Sirius, as Plêiades e o nosso Sol formam um triângulo Cósmico no qual circulam forças poderosas. Em Wesak, o Sol estabelece uma ponte entre Touro e a Grande Ursa com as constelações acima mencionadas, formando dois triângulos cósmicos:

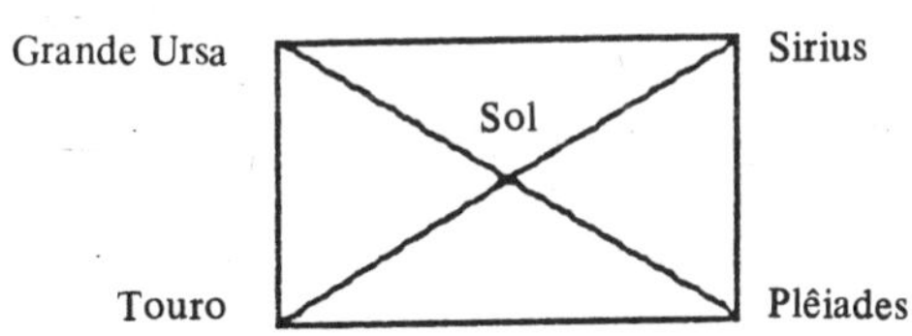

Este é o motivo pelo qual o momento mais potente do ano é o de Wesak, quando é oferecida a possibilidade da iniciação.

Diz-se que a soma total dessas energias fica acumulada no centro da cabeça do Cristo, que representa a Alma de toda a humanidade. Da mesma forma, essa energia se acumula na Alma de cada ser humano desde o momento da sua libertação na lua cheia de Wesak até a lua cheia de Gêmeos, quando o Cristo e cada Alma liberam-na para todos os planos e níveis do mundo.

Durante aproximadamente trinta dias, esta energia sofre um processo de transmutação no Cristo, na Hierarquia e na Alma de cada ser humano, transformando-se na energia da boa vontade.

A boa vontade é uma combinação de luz, de amor e de poder. Na época da lua cheia de Gêmeos esta energia é liberada para todos os níveis da humanidade, para todos os tipos que a compõem para criar relações humanas corretas.

Os Raios e as energias que participam da lua cheia de Wesak são:

Grande Ursa	Fogo Elétrico, o aspecto do Pai
Plêiades	Fogo por fricção, Terceiro Raio
Touro	Quarto Raio[2]
Logos Solar	Segundo Raio
Vulcano	Primeiro Raio
Vênus	Quinto Raio
Logos Planetário	Primeiro, Segundo e Terceiro Raios
Buda	Alma do Segundo Raio
	Personalidade do Primeiro Raio
	Mente do Sexto Raio
Cristo	Alma do Segundo Raio
	Personalidade do Sexto Raio
	Mente do Primeiro Raio

Há também o Segundo Raio de Sirius, o transbordante Sétimo Raio e o Quinto Raio Aquariano. Nesta época, eles são:

4 Primeiros Raios
5 Segundos Raios
2 Terceiros Raios
1 Quarto Raio
2 Quintos Raios
2 Sextos Raios
1 Sétimo Raio

Eis por que o Festival de Wesak é uma oportunidade única de expansão e iniciação. O Mestre Djwhal Khul diz que "todo o segredo do objetivo e planejamento divino está escondido neste signo (Touro)".[3] E continua: "Somente quando a humanidade captar a natureza da vontade é que compreenderá o verdadeiro significado da influência taurina."[4] Touro é também... "o signo do maior incentivo vital".[5] O Mestre Djwhal Khul também fala sobre a energia de Shambala:

> ... emana, através do centro da cabeça do Logos Planetário, desde a Grande Ursa; desce em vibração através de uma das Plêiades... penetrando

2. O Quarto Raio não é ativo diretamente (exceto em níveis elevados) devido ao fato de não estar em manifestação nesta época.

3. Bailey, Alice A., *Esoteric Astrology*, p. 376.

4. *Ibid.*, p. 387.

5. *Ibid.*, p. 360.

assim no sistema solar. Nele é absorvida pelo centro principal da nossa vida planetária, ao qual demos o nome de Shambala. Seu efeito é necessariamente duplo. Produz em certas nações, raças e indivíduos o nascimento da obstinação ou da vontade de poder, que é característico da natureza inferior desenvolvida, do aspecto da personalidade do eu integrado. Produz – embora com menos facilidade – um estímulo na vontade de servir ao plano, como este é apreendido pelos aspirantes, pelos discípulos e pelos iniciados do mundo.[6]

e

... Touro forja os instrumentos da vida construtiva ou da destruição; cria as cadeias que cerceiam ou a chave que esclarece o mistério da vida; é este processo, com seu conseqüente clamor, que acontece nesta época de maneira muito forte. Vulcano controla os processos temporais – que se assemelham a uma bigorna – golpeando o metal para obter a forma que deseja, e isso é verdadeiro hoje como nunca o foi antes.

É ele quem está forjando o caminho do futuro Avatar que virá – no momento certo – encarnando Nele a Vontade de Deus, que é a divina vontade de fazer o bem, para pacificar através da compreensão e das relações humanas corretas entre os homens e entre as nações.

A influência Taurina deve agora ser olhada como sendo de grande potência, particularmente do ponto de vista dos valores espirituais subjetivos; Touro é o governante e a influência-guia do que está ocorrendo em toda parte.

... este é um signo sintético no sentido de que expressa as necessidades interiores de uma natureza definida sobre o plano físico. Isso é feito porque sua qualidade básica é demonstrada *como desejo* na massa humana e *como vontade* ou propósito dirigido no discípulo ou no iniciado. Manifesta-se como teimosia no homem comum (sendo literalmente uma adesão resistente às aspirações da personalidade) ou como uma vontade inteligentemente expressa – ativada pelo impulso do amor – nos homens desenvolvidos. Isso demonstra uma concordância com o propósito da alma.[7]

Touro rege:

1. a Alma e os raios da personalidade da China;
2. o raio da personalidade da Polônia;
3. a Alma do Segundo Raio da Grã-Bretanha;
4. a Alma do Segundo Raio do Canadá;
5. a Alma do Segundo Raio de Roma;
6. a Alma do Segundo Raio de Leningrado;
7. a Alma do Segundo Raio de Moscou.

6. *Ibid.*, p. 376-377.
7. *Ibid.*, p. 374-375.

Isso significa que estas nações, países ou cidades absorverão o grande ideal da energia Taurina e partirão em "busca do ouro", ou em "busca da divina luz dourada"...[8] Significa que obedecerão aos desejos e necessidades de sua personalidade, ou seguirão os desejos e necessidades de suas Almas. Não significa que o mundo como um todo não reagirá a esta energia taurina ou energia de Shambala. Por todo o mundo, o conflito entre os desejos da personalidade individual, nacional e global e os da Alma serão vistos – conduzindo a seu tempo o mundo a um novo nível de harmonia. Estas são as influências do Quarto Raio de Touro.

O efeito da energia de Wesak será muito forte sobre discípulos e iniciados à medida que avançarem para a luz maior, para a grande revelação, e atingirem um nível onde muitos deles trabalharão num campo unificado de trabalho.

Vênus junta homem com homem, grupos com grupos, nações com nações, e, na medida em que a influência taurina é registrada em profundidade e compreensão, o processo de unificação da humanidade receberá um impulso maior.

A energia Taurina cria um conflito entre matéria e espírito, entre egoísmo e desinteresse crescente, entre a atração da matéria e do espírito. Ocasionalmente, revela as causas do conflito, e chega à harmonia em níveis superiores. Assim, o Espírito se aprimora, ano após ano – primeiro através do conflito e depois em harmonia e criatividade. Wesak é o primeiro dia no calendário espiritual e nele, em vez de a luz do Sol, temos a luz do Olho do Touro brilhando sobre a nossa Terra. Esta luz revela o Plano, e a energia que se derrama através dela remove muitos obstáculos nos indivíduos, nas nações e na humanidade como um todo.

Podemos nos preparar para registrar e utilizar esta energia:

1. estabelecendo objetivos novos e mais elevados;
2. fazendo novos planos para atingir esses objetivos;
3. lutando pela exteriorização da nossa Alma, e sendo uma Alma ativa e participante na vida diária; e
4. trabalhando pela exteriorização da Hierarquia e para o reaparecimento do Cristo.

Na verdade, a força de Shambala, a força do Touro, combinada com várias outras, está pavimentando o caminho para o reaparecimento do Cristo, a despeito de muitas camadas de encantamentos e ilusões, preconceitos, superstições e ódios. Em *A Treatise on Cosmic Fire*, lemos:

> O aparecimento do Grande Senhor... datará de determinado Festival de Wesak no qual um mantra (conhecido somente por aqueles que atingiram a Sétima Iniciação) será pronunciado por Buda, estabelecendo uma força ampla e permitindo que Seu Irmão maior cumpra a sua missão. Por esse motivo, deseja-se o reconhecimento gradual do Festival de Wesak e o seu verdadeiro significado no Ocidente, e será oferecida uma oportunidade para todos aqueles que desejarem alinhar-se com esta força,

8. *Ibid.*, p. 379.

e assim vitalizar-se e, conseqüentemente, dispor-se para o serviço. A reação acima mencionada também tornar-se-á possível pela pressão exercida pelas crianças de agora, muitas das quais são *chelas* e outras, iniciadas. Elas vieram para preparar o caminho dos Seus Pés.[9]

O **primeiro passo na iluminação** é a capacidade de ver o Plano da Hierarquia espiritual, como um mestre construtor vê o projeto de uma grande obra.

O **segundo** é ver o propósito que está por trás do Plano. Esta visão espalha uma grande luz sobre o Plano, porque então o construtor adapta a realização do Plano ao Propósito.

O **terceiro passo** na iluminação é ver os caminhos, os meios e o material que ajudarão na materialização do Plano, para servir o Propósito que está por trás do Plano.

Esta é a maneira pela qual o desejo avança de nível para nível, até que o âmago do desejo seja liberado mais e mais numa criatividade maior, com maiores vantagens. Há o desejo da materialização e o desejo da espiritualização. "Touro é o símbolo do desejo em todas as suas fases."[10]

As três fases do desejo são:

1. desejo que é a força da matéria;
2. aspiração que é o impulso dos discípulos; e
3. poder da vontade dos Iniciados, que os ajuda a colaborar com o Plano.

O desejo em suas três fases é uma necessidade advinda do âmago do ser humano de expressar a Divindade Interior através das camadas acumuladas de substância e matéria, ou de liberar o Espírito da matéria e a substância para conseguir a Sua liberdade total na unidade.

É muito interessante saber que o Cristo era chamado de o "Desejo de todas as nações". É este "Desejo" que reaparecerá numa das luas cheias de Wesak.

A energia de Touro desperta o desejo. Se registrada pelos centros superiores, é desejo da espiritualização, de iluminação, de cooperação e de síntese. Se for recebida pelos centros inferiores, é o desejo da matéria, da separação, da avareza, do ódio e do egoísmo.

Meditação em Wesak

1. Relaxe o seu corpo. Tenha grande alegria no seu coração e paz profunda na sua mente.
2. OM.
3. Repita este mantra:

   Ó Tu que me chamas para o caminho do trabalho,
   aceita a minha capacidade e meu desejo,
   aceita o meu trabalho, Senhor,
   Porque dia e noite
   Tu me contemplas.

9. Bailey, Alice A., p. 756.
10. Bailey, Alice A., *Esoteric Astrology*, p. 370.

Manifesta a Tua Mão, Senhor,
pois grandes são as trevas.
Eu Te sigo!

4. OM.
5. Saudações ao Senhor Cristo, ao Avatar do Amor Sacrificial ao Desejo de todas as nações.
6. OM.
7. Medite sobre o seguinte pensamento-semente por quinze minutos:

   Que a luz que se derrama do Olho do Touro ilumine
   os líderes de todas as nações para que elas
   trabalhem para a transfiguração de uma só humanidade.

8. OM MANI PADME HUM
9. OM.
10. Repita:

   Amai a todos os seres –
   Ao Norte, ao Sul, a Leste, a Oeste,
   Acima, abaixo.
   Amai a todos os seres.
   Compaixão para todos os seres –
   Ao Norte, ao Sul, a Leste, a Oeste,
   Acima, abaixo.
   Compaixão para todos os seres.
   Alegria para todos os seres –
   Ao Norte, ao Sul, a Leste, a Oeste,
   Acima, abaixo.
   Alegria para todos os seres.
   Serenidade para todos os seres –
   Ao Norte, ao Sul, a Leste, a Oeste,
   Acima, abaixo.
   Serenidade para todos os seres.

EXPANSÃO DA CONSCIÊNCIA EM WESAK: PARTE III

> Nenhum custo é muito elevado para ser pago se for usado para a Hierarquia na época da lua cheia de Maio, o Festival de Wesak; nenhum preço é muito alto para obter a iluminação espiritual que é possível, particularmente nesta época.[1]
>
> O Tibetano

É uma grande alegria para nós e para o vigilante que pessoas em todo o mundo, individualmente ou em grupo, estejam esperando pelo Festival de Wesak e construindo um canal para receber e transmitir para a humanidade a energia da vontade, do amor e da iluminação espirituais.

Campos Energéticos

Nesta época, quando a lua cheia se aproxima, os Grandes, os Iniciados e os discípulos formam um grande campo energético nos Himalaias com a sua meditação, contemplação, rituais místicos e sagrados, e, através do seu grande empenho, de suas invocações e contatos.

Este é o campo que será carregado cada vez mais pela presença do Cristo e pelas bênçãos do grande Senhor Buda. Será fornecido um cálice para a energia Cósmica e um canal através do qual essas energias podem passar para os reinos da Natureza. Este campo energético é formado por quatro éteres cósmicos, espalhando-se por todo o mundo como uma enorme formação nebulosa.

Todos os que são bastante sensíveis para sentir este campo de energia notarão lentamente que, dentro de seus corações, sementes de grande beleza, verdade e bondade começarão a florescer. Todos os que amam seus companheiros, que realmente trabalham pela unidade da humanidade, que lutam além das suas satisfações físicas para alcançar e tocar este campo de energia perceberão as visões, idéias e objetivos da Nova Era.

Quando todas as pessoas trabalharem em seus próprios campos e nas suas maneiras particulares de expressar estas energias, criarão outro campo energético, que poderemos chamar de "Esperança da Humanidade".

Este segundo campo de energia é criado sempre que um homem com motivos puros e com esforço se abre para o campo energético criado pela Hierar-

1. Bailey, Alice A., *Discipleship in the New Age*, vol. I, p. 629.

quia. A seu tempo, estes dois campos se fundirão e a humanidade será inundada pela nova inspiração e com novas tendências para uma atividade maior.

Desde há muito, grandes sábios estabeleceram dias definidos para o jejum, a oração, o descanso, o esforço e a meditação. São os chamados "dias santos". Santificar significa pôr algo à parte para ser utilizado com uma finalidade mais elevada. Nesses dias santos as pessoas costumam se ampliar além do limite de suas realizações anteriores. Elas tentam tomar contacto com belezas maiores, ou proporcionar mais alegria, mais unidade e paz para o mundo dos homens.

Na Nova Era, as pessoas considerarão os períodos da lua nova e da lua cheia como dias especiais. E as três luas cheias principais, a de Áries, a de Touro e a de Gêmeos serão consideradas dias santos.

O maior momento de contacto do ano será reconhecido como o dia da lua cheia de Wesak quando os três grandes centros do planeta – a humanidade, a Hierarquia e a Casa do Pai – se unirão e se fundirão com os centros cósmicos, liberando assim potentes energias para a nossa Terra.

As energias de que estamos falando vêem de Sirius, da Grande Ursa, da constelação do Touro, e especialmente da estrela Aldebarã, que brilha como o Olho do Touro. Fontes esotéricas dizem que estas são as grandes Vidas que focalizam Suas energias no nosso Logos Planetário, Sanat Kumara, Shambala e a Hierarquia, através dos quais as energias serão irradiadas e espalhadas por todos os grupos de iniciados, discípulos, aspirantes e a humanidade em geral, bem como para os reinos inferiores do planeta.

Estas três grandes Vidas ou constelações são canais da energia da iluminação, do amor, da compaixão e do poder da vontade. Esta época é única devido às combinações dessas energias e os efeitos dessas combinações sobre a natureza do ser humano. Onde essas três energias estão disponíveis, toda a nossa natureza responde a elas. Os três tipos de Mônadas (Mônadas do Primeiro, do Segundo e do Terceiro Raios) e todos os outros tipos de Raios ficam envolvidos e afetados por tais combinações.

Expansão da Consciência e Conhecimento

O fluxo das energias e seu registro e assimilação pela nossa natureza e a medida da expansão da consciência dependem do nível sobre o qual a consciência se focaliza e atua. Por exemplo, a expansão da consciência de um Mestre será, digamos, de cem milhas,* enquanto que a da pessoa comum será de três metros.

À medida que nos colocamos em níveis ou planos mais elevados, ficamos em contacto mais próximo com as energias superiores e, devido às relações destas com os planos superiores, experimentamos a continuidade da consciência – o grande processo unificador que abre diante de nossos olhos o esplendor oceânico do nosso Ser Interior. Se a pessoa se voltar para o nível emocional, sua expansão será diferente de quando o nosso foco era o nível intuicional.

O registro, a assimilação e a irradiação dessas energias depende do estado dos centros de nosso corpo etérico. Quando o foco está nos centros inferiores, abaixo do diafragma, esses centros serão mais estimulados, tornando-se mais ativos. Se os centros superiores estiverem ativos, receberão mais energia e ficarão

* Cento e sessenta quilômetros. (N. do T.)

mais ativos. Quando isso acontece, a pessoa se expande para abarcar maiores relacionamentos e melhor comunicação. Devido a essa comunicação, ela adquire mais poder, energia, iluminação e amor.

À medida que o processo de registro e assimilação das energias prossegue, construímos novas relações com os mundos físico, emocional e mental, e essas relações expandem a nossa consciência. Uma pessoa que leva uma vida bem simples num lugarejo possui um certo grau de consciência, mas quando se muda para uma grande cidade, envolvendo-se em muitas atividades, relações e responsabilidades, ela não permanece a mesma. Sua consciência se expande pelos vários relacionamentos e problemas que os mesmos lhe trazem. Se nos prepararmos apropriadamente nestas luas cheias, expandiremos realmente a nossa consciência, porque veremos os fatos com maior clareza, e com um relacionamento melhor, nos três níveis do esforço humano: os campos físico, emocional e mental.

O que está acontecendo hoje em dia não é somente um meio de expandir a nossa consciência, mas também o nosso *conhecimento*. Ouvimos muita coisa sobre expansão da consciência, mas pouco sobre expansão do conhecimento. O conhecimento é um assunto da experiência direta de conhecer através da identificação, de uma abertura para o brilho do sol e de tornar-se um com ele. É um despertar para a vida real, para a função desta grande Vida. É a experiência dos aspectos formais e amorfos da vida, do manifesto e do não-manifesto; do projeto e da energia dessa manifestação. Na verdade, estamos construindo uma ponte entre os mundos objetivo e subjetivo, entre o mundo da causa e o mundo do efeito.

A causa repousa no âmago do conhecimento. Tomamos conhecimento da causa e então conhecemos o efeito através da sua conscientização. Esta necessita da racionalização, de análise, de indução, de dedução, de comparação, e outros. O conhecimento não precisa disso. Tomamos conhecimento de alguma coisa porque estamos no *mundo das causas*. Nada que proceda do mundo dos efeitos afeta a clareza da visão. Pode-se ir do efeito para a causa, mas a causa *existe*, e do plano causal pode-se ver facilmente o que está acontecendo no plano dos efeitos sem ser afetados por ele.

Quando o nosso conhecimento se expande mais e mais, vemos a Vontade Divina por trás das causas. Podemos ver também os efeitos diretos ou deturpados desses efeitos. Quando tomamos conhecimento das energias, da imortalidade, da continuidade da vida, da alegria, da paz, do amor e da beleza, sentimos que elas estavam presentes todo o tempo. Agora, no estado desperto, tornamo-nos conhecedores da sua existência, do fato de pertencerem à sua natureza maior, de fazerem parte desta sua natureza. Assim, o conhecimento leva à realização. A consciência expressa este conhecimento nos três mundos do empenho humano através da vida criativa. À medida que ela se expande, desempenha melhor seu trabalho de tradução do conteúdo, a beleza e a riqueza do conhecimento.

Na época da lua cheia de Wesak temos uma grande oportunidade de limpar nosso corpo etérico, emocional e mental, e de retirar os impulsos obscuros e cegos de dentro do nosso corpo etérico, os encantamentos ou emoções negativas e as repressões do nosso corpo astral, ilusões e pensamentos desordenados da nossa mente, e de permanecer na luz do nosso conhecimento espiritual. Na época da lua cheia de Touro abre-se uma janela através da qual o homem atinge um nível muito elevado de compreensão devido a uma grande revelação que nasce no seu conhecimento. Se ele atinge o necessário alinhamento e integração por um momento, o Infinito se abre para ele e fala com ele. Ele sente por um momento que ele EXISTE e que o Cosmo EXISTE; que ele é parte do Cosmo, que é uma coisa só com o Cosmo. Então todo o seu desespero e separatividade – causas da sua aflição – desaparecem.

Os passos que levam a esse conhecimento são três:

1. **O homem sai da sua consciência mental com a ajuda do seu Guia Interior** e, pela primeira vez, sente uma síntese, uma tremenda sensação de unidade e clareza de visão. Este é um sintoma de que está penetrando no conhecimento do Plano Intuitivo. À medida que entra nesse Plano, sente a energia do Grande Senhor Buda porque a aura, ou a influência desse Grande Senhor, é penetrante e ativa nesta época, especialmente no Plano Búdico ou Intuitivo.

O discípulo sente não somente a energia do Iluminado como também a grande luz, que é a fonte do Plano Búdico ou Intuitivo – a constelação de Touro. Por um segundo, o Olho do Touro pulsa na sua alma. Esta é a razão pela qual a constelação de Tauro é o Touro poderoso, relacionado com Buda e com o Plano Intuitivo, onde o Plano da Hierarquia se substancia. Simbolicamente, o Plano é o Touro impetuoso que se lança com grande luz e poder dentro da manifestação.

Sabemos que o amor é razão pura, iluminação e puro entendimento. Na verdade, a palavra *buddhi* significa entendimento em nível causal. Por essa razão, o grande Senhor Buda é chamado de Senhor da Compaixão e do entendimento – o Iluminado.

O Senhor Buda retira Sua energia da constelação de Touro, o Portador da Luz. Eu diria que sua localização permanente é num plano superior, mas que na época de Wesak ele desce ao Plano Intuitivo e nos torna conhecedores da Sua Existência. Ele constrói uma ponte para um contacto maior.

2. **Se um homem fez a meditação necessária e disciplinou sua vida**, se purificou seu coração e verdadeiramente quer servir a humanidade e sacrificar-se por ela, será admitido por um período maior ou menor numa esfera maior de conhecimento que, tecnicamente, se chama de Plano Átmico ou conhecimento nirvânico.

Quando o grande Senhor entrou no *nirvana*, o Plano Átmico era a esfera do conhecimento na qual Ele penetrou e que é a meta de cada ser humano nesta cadeia, neste ciclo de evolução. À medida que um homem avança pelo oceano desse conhecimento, registra a energia da Grande Ursa e sua vida se torna uma beleza incrível de luz, de amor, de paz e de serenidade. Buda se alçou durante séculos como "um caminho através do qual o homem pode realizar-se", como um farol para guiar a humanidade das trevas para a luz.

O Plano Átmico é o plano da compaixão, da paz, da serenidade profunda e da harmonia divina. À medida que desenvolvemos estas virtudes, nos preparamos para entrar nesta esfera e, a seu tempo, trabalhar nela com conhecimento total.

3. **Se um homem fez o bem, disciplinou sua língua, seu corpo, suas emoções e mente, se purificou seu carma**, o que significa que pagou suas dívidas e não deve nada aos outros nos três níveis, então se lhe concede a entrada na esfera do Plano Monádico por um período maior ou menor de tempo, no qual recebe o choque divino de que ele É, de que ele é o Ser – um com o Cosmo.

Nesta etapa aprendemos que tudo aquilo a que esse homem se dedicou durante séculos, tudo aquilo a que dedicou seu tempo, sua energia e vida, desaparece, e ele ganha a liberdade. Agora, ele é o Desprendido. A energia que sente é a de Sirius, cujos raios o guiam do reino humano para o reino divino. Torna-se um líder da Hierarquia e membro da Grande Loja de Sirius. Agora ele é um Mestre porque dominou a própria vida.

O Estabelecimento das Comunicações

Dessa forma, o Festival de Wesak está construindo uma ponte dourada entre os planos físico, emocional, mental, Intuitivo, Átmico, Monádico e Divino. Na verdade, a cerimônia de Wesak é um grande trabalho que atua no sentido de construir uma linha de comunicação entre a matéria e o espírito, ou entre os sete planos da existência. As cerimônias realizadas pelos Mestres com os Iniciados e discípulos avançados são um processo de criação de um tremendo campo eletromagnético para invocar, evocar, receber, assimilar e irradiar essas energias para todos os planos – não só no nível humano, mas também em todos os sete níveis do Plano Físico Cósmico. Por exemplo, quando eles formam uma estrela de cinco pontas, cantam seus mantras e estendem suas antenas (tanto Sua Antahkarana individual como grupal) para os éteres cósmicos superiores, Eles absorvem a energia de Sirius.

Quando formam esses sete símbolos, eles efetuam sete formações:

1. um círculo;
2. um círculo com um ponto no centro;
3. dois círculos concêntricos e uma cruz dentro do círculo interno;
4. um triângulo dentro de um círculo;
5. um triângulo com três pétalas superpostas estendendo-se além dos três lados do triângulo;
6. uma estrela de seis pontas; e
7. uma estrela de sete pontas.

Esses sete símbolos também se referem aos Sete Raios, aos sete planos e aos sete centros. Basicamente, esses símbolos evoluíram dos três símbolos originais:

a cruz
o triângulo e
o círculo

Temos também três Raios básicos e três tipos básicos de Mônadas:

Primeiro Raio e Mônadas do Primeiro Raio;
Segundo Raio e Mônadas do Segundo Raio; e
Terceiro Raio, o Raio sintetizador e Mônadas do Terceiro Raio.

Parece-me que a cruz é o símbolo esotérico do nosso Logos Planetário, da nossa Divindade. O triângulo é o símbolo esotérico de Buda, pois Ele relaciona o Logos com a Hierarquia, ou Cristo. O círculo é o símbolo esotérico do Cristo, o Homem Perfeito. É estranho, mas a cruz dentro do círculo forma o símbolo do nosso planeta.

Lembramos, por exemplo, que Cristo carregou a cruz sobre Seus ombros quando estava próximo da montanha da crucificação para ser crucificado. Esta é uma cerimônia ou evento muito significativo e simbólico no qual Cristo está carregando a Vontade de Deus, a Vontade do Logos Planetário. No alto da montanha da realização e do sacrifício, Ele se entrega totalmente, sacrificando-Se inteiramente à Divindade, na cruz. Na verdade, as igrejas estão equivocadas quando sustentam que a cruz é o símbolo do Cristo ou do Cristianismo, porque a cruz existia há milhares de anos, muito antes do Cristianismo.

Mestres, Iniciados e discípulos usam os três símbolos originais em diferentes disposições. Digamos que colocam "tubos de elétrons" em formações e relações diferentes, usando estes símbolos vivos para atrair energias de constelações específicas, sintonizando com essas várias "estações de rádio".

Quando alteram as formações simbólicas, criam comunicações ou fusões diferentes. Uma constelação está ativa dentro de uma esfera de sete planos, cada um com sua freqüência especial e irradiante beleza. Os Mestres constroem formações simbólicas cientificamente precisas para retirar energia do nível que Eles desejam, e combinar as energias necessárias nesse momento particular das condições do mundo com as energias que poderão ser utilizadas em possibilidades futuras, apropriando-se destas energias e estocando-as, em níveis e centros especiais, para irradiá-las ou distribuí-las em proporções corretas para todos os reinos da Natureza segundo sua necessidade.

Podemos ver que estes Grandes não estão dançando ou executando movimentos artísticos, mas criando canais de comunicação, de seleção e de distribuição. O principal propósito destas cerimônias é limpar os canais de corrente circulatória divina em todos os reinos e condicionar o progresso de cada átomo, de cada célula e de cada forma viva no caminho da liberação, da expansão e da iniciação. Estão rompendo as barreiras da limitação e da desunião – barreiras nos planos físico, emocional e mental – dissipando a névoa, a bruma, o nevoeiro, facilitando desta forma um influxo de energia para a purificação, o progresso e a liberdade.

Progressão Evolucionária

Dissemos que Cristo substituirá Buda. Essa afirmação nega a Sua divindade? Pelo contrário, um Ser Divino que não seja capaz de progredir e Se superar está morto e não existe. Ele é sentido e reconhecido somente por aqueles que avançam na Sua direção. Podemos reconhecer Deus quando Ele está no processo de maior evolução; quando em cada estágio de Seu desenvolvimento irradia mais beleza, mais poder e mais felicidade. Todo homem é divino. Nada existe no Cosmo que não venha Dele. Foi o que Cristo quis dizer quando afirmou: "Poderão fazer coisas maiores do que as que fiz."

Dentro de pouco tempo, a cerimônia de Wesak não continuará como é agora. O grande Senhor Buda, que é a ponte entre o centro onde a Vontade de Deus é conhecida, e o centro intransponível formado pelos Grandes, aos poucos Se graduará no nosso círculo planetário e entrará na evolução solar. A Sabedoria Antiga ensina que cada átomo, célula e forma viva avança rumo à evolução planetária, solar e cósmica.

Aprendemos na literatura esotérica que o Senhor Buda e o Senhor Cristo completarão em futuro próximo o "ginásio" planetário e entrarão na "faculdade" solar, para afinal colar grau no "jardim-de-infância" da evolução cósmica. Mais uma vez ouvimos que o Senhor Buda deixará este planeta e que Cristo não será apenas a ponte entre a humanidade e a Hierarquia, mas também entre esta e o centro onde a Vontade de Deus é conhecida. O Mestre Tibetano diz que em 1945 Cristo decidiu permanecer com a humanidade por outros dois mil anos para ajudá-la a descobrir seu caminho para o Infinito.

Como participar de Wesak

Podemos participar dos rituais vivos celebrados nos Himalaias? Primeiro, digamos que de acordo com a Sabedoria Antiga os acontecimentos ocorrem em vários planos de existência. Temos o plano físico, os mais sutis, chamados de emocional, mental e intuitivo, e três outras esferas superiores.

Para ser capaz de comunicar-se com estas esferas, a pessoa precisa de duas coisas importantes. Primeiro, ter o veículo necessário que possa ser utilizado neste plano. Por exemplo, quando se quer visitar um amigo na cidade, usamos o automóvel, pois o automóvel é o nosso instrumento de transporte no plano físico. Se o amigo morar numa ilha, precisaremos de um barco ou de um avião. Se queremos visitar a lua ou outros planetas, necessitaremos de uma nave espacial. O mesmo se aplica à viagem subjetiva. Se desejarmos penetrar no plano emocional, deveremos saber como usar nosso mecanismo emocional. Se preferirmos mundos mais profundos, deveremos usar o veículo mental.

O Festival de Wesak é realizado num dos vales sagrados dos Himalaias nos níveis físico, emocional, mental e intuitivo. Se temos apenas um veículo físico, veremos sua parte física; se temos um veículo emocional e o nosso mundo emocional for suficientemente puro, veremos também o aspecto emocional; se nosso veículo mental já tiver sido construído, podemos ver o equivalente mental desse evento; mas, se já tivermos o veículo intuitivo, veremos toda a beleza de Wesak. Veremos os raios cósmicos de luz em ação e todo o processo de transformação que ocorre dentro do campo eletromagnético que foi criado no vale pelos Mestres. Veremos a radiação que liga o evento a todos os discípulos espalhados pelo mundo; veremos os grandes Senhores em seus corpos muito sutis e, a seu tempo, poderemos ver a parede elétrica que circunda o vale por vários quilômetros, repelindo os que tentam entrar no festival, sem estar preparados.

O segundo pré-requisito é a continuidade de consciência. Algumas almas puras podem ver o Festival à distância, levados por sua intensa aspiração, mas quando retornam à vida normal não podem se lembrar de nada, embora ainda retenham consigo a felicidade e a alegria. A continuidade da consciência é atingida quando o homem consegue construir a ponte que liga o hiato psicológico entre a mente inferior e a superior, ou entre a consciência desperta e a supraconsciência. Portanto, se queremos participar do evento deveremos começar a purificar nosso corpo e a construir a Ponte Dourada através da meditação esotérica. Escrevemos sobre a técnica dessa construção nos livros *The Science of Becoming Oneself* e *The Science of Meditation.*

Contudo, se não estivermos prontos para participar do Festival, como poderemos obter algum benefício dele e viver uma vida mais significativa?

Em nosso nível de desenvolvimento, não é muito importante estar presente no vale. Poderemos até nos prejudicar se forçarmos a nossa natureza, e poderemos desenvolver problemas psicológicos e físicos resultantes da hiperestimulação. O melhor que aspirantes e discípulos do futuro podem fazer é considerar estes sete dias de Wesak a cada ano como os dias mais santos de suas vidas e usá-los trabalhando no próprio aperfeiçoamento. Os sete dias são os três dias anteriores a Wesak, o dia de Wesak e os três dias subseqüentes.

Sugerimos que dediquem os três dias que antecedem o Festival de Wesak a uma vida santa, à purificação, à sublimação e à transformação. No dia de Wesak é preciso manter uma orientação inteiramente voltada para a beleza, a bondade e a verdade. Este é o dia do contacto. Primeiro tomamos contacto com a nossa Alma; depois, os olhos do Mestre se fixam sobre nós por um segundo; então sentimos que as grandes energias penetram no nosso sistema, causando um grau relativo de transfiguração. Depois disso, tomaremos grandes decisões no sentido de modificar a nossa vida em níveis mais elevados.

Nos três dias seguintes, abençoaremos aos demais, irradiaremos nosso amor e compaixão para todos os seres vivos, para toda a humanidade, aceitando-a como uma imensa fraternidade, como o bem-amado filho de Deus. Se fizermos isso ano após ano, estaremos avançando rumo às montanhas ensolaradas da realização e nos converteremos em doadores de vida, de alegria, de saúde, de amor e de beleza.

Resultados da Participação

Como poderemos utilizar a energia da vontade de fazer o Bem que se derrama nesta época? Ela se acumula primeiro no cálice da Hierarquia, depois no cálice de cada Iniciado ou discípulo de alto nível. Finalmente, na lua cheia de Gêmeos combinada com outras energias, ela se irradia para o mundo dos homens. Por isso, a lua cheia de Gêmeos é chamada de Festival da Humanidade. Esta é uma energia poderosa que emana do centro onde a Vontade de Deus é conhecida, ou da Casa do Pai, como disse Cristo. Ela pode ser atraída e utilizada por todos os que amam seus semelhantes humanos e que estão repletos de compaixão para com a vida como um todo. Quando uma pessoa toca esta energia, enche-se de boa vontade e vive uma vida de relações humanas corretas. A energia da Vontade de fazer o Bem pode ser tocada, aumentando a qualidade dinâmica do coração e afastando todos os pensamentos separatistas e emoções negativas.

Essa energia preparará o caminho para a Religião do Novo Mundo, que emergirá lentamente. O passo mais importante em direção a esta nova religião é a remoção de todas as paredes que separam as religiões existentes para ver-se o denominador comum, ou o fio dourado que as une. Quando isso for feito, veremos que todas as religiões são instruções para a humanidade procedentes da mesma fonte. São os mercadores de religião que estragam a sua pureza, criando ódio e poluição entre elas. A seu tempo, veremos que a Religião do Novo Mundo não é apenas um apelo emocional, mas também um chamamento científico e verdadeiramente espiritual em direção à Fonte da Vida. Haverá a comunicação científica com os mortos, bem como com os grandes Mestres, com as grandes Vidas no Espaço, com as Vidas de outras galáxias, e mais. Será assim a Religião do Novo Mundo – uma expansão enorme e uma comunicação com o Cosmo múltiplo.

Sem entrar em grandes detalhes, podemos dizer que energias diferentes são retiradas e expressas por diferentes formações cerimoniais. Estas formações agem como ímãs e transmissores. Por exemplo, um triângulo ou pirâmide atraem uma energia diferente da de uma estrela de cinco pontas e cada uma libera uma energia recebida em níveis e planos diferentes. Estas formações têm várias funções:

1. atraem energias;
2. fundem-nas; e
3. irradiam essas energias em canais apropriados para favorecer a evolução da humanidade.

Todas essas forças foram muitíssimo aceleradas depois do ano de 1975. O Mestre Tibetano diz que durante o Wesak de 1975 "uma energia poderosa será liberada sobre a humanidade" e, como resultado, os seres humanos serão capazes de romper a barreira da ignorância, as correntes de ódio e separativismo, a prisão de suas limitações físicas. Essas conquistas não acontecerão todas de uma só vez. Será preciso trabalhar e lutar para usar e cooperar com elas. Grandes eras, ensolaradas e belas, estão à espera da humanidade – e ela as conquistará! Nós acreditamos nisso!

A LENDA DE WESAK: PARTE IV

Nas proximidades do Himalaia há um vale elevado, a uns 620 quilômetros a oeste de Lhasa e não muito longe do Nepal. Está rodeado de altas montanhas cobertas por árvores e arbustos. O vale tem um formato oblongo, e na parte norte há uma passagem estreita em cuja frente se levanta uma rocha enorme, de cor branco-acinzentada e veios brilhantes. Mede cerca de seis metros de comprimento por três de largura e um metro e meio de altura.

O vale é, na verdade, um platô elevado coberto por uma grama áspera verde escura, como um tapete imenso. No lado norte do platô, existe um pequeno regato que atravessa o desfiladeiro coberto de pinheiros e que se estende por alguns quilômetros até desaparecer num lago azul cristalino.

Não existem habitantes no vale, somente um templo budista e três cabanas por perto, em ruínas.

Alguns dias antes da lua cheia de Touro, que em geral cai em maio, podemos ver tendas coloridas nas colinas e próximas do regato. Crescem de número à medida que se aproxima a lua cheia. Pessoas das cidades próximas, tribos errantes, discípulos, lamas e grandes Iniciados chegam para um belo e sagrado festival que acontece na lua cheia de Touro.

No dia da lua cheia, a multidão toda vestida com roupas claras, predominante o branco, reúne-se na parte sul do vale, deixando a seção norte livre para os Grandes. Sentam-se no chão de maneira ordenada sobre pequenos tapetes ou cobertores, em grande silêncio, respeito e meditação.

Próximo do momento da lua cheia, os Grandes começam a chegar em suas túnicas brancas para encontrar Seus discípulos e amigos e trocar bênçãos, sorrisos e algumas palavras joviais.

Um pouco mais tarde, os três grandes Senhores chegam em seus corpos etéricos permanecendo defronte da imensa rocha voltados para o norte. São eles: Manu, Cristo e Mestre R. Eles permanecem em profundo silêncio, todos os Mestres e os Grandes, reunidos atrás destes três Senhores segundo Seus graus.

A um sinal, todos os Grandes formam três círculos concêntricos e começam a cantar. À medida que o canto se aprofunda e se torna mais rítmico, os Visitantes etéricos se materializam e uma figura gloriosa torna-se visível no centro dos círculos. É chamado por vários nomes: Buda Maitréia, Boddhisattva, ou o Cristo, Senhor da Paz e do Amor. Ele é o Mestre de todos os Mestres que formam a Hierarquia para realizar o Propósito Divino deste planeta, conduzindo a humanidade "da escuridão para a luz, do irreal para o real, da morte para a imortalidade, do caos para a beleza".

Cristo aparece vestido com uma túnica de puro branco, o cabelo caindo em ondas sobre os ombros. Traz em Sua mão um cetro de Poder, a ele ofertado pelo Ancião dos Dias para esta ocasião. Nenhum Mestre pode tocá-lo, a não ser o Cristo, Mestre de todos os Mestres. Em cada extremidade do bastão há um grande diamante que irradia uma aura azul e laranja de grande beleza. Os Iniciados que estão nos dois círculos olham para Ele no centro, e à medida que Ele se torna mais visível, todos se voltam para Ele e cantam o mantra da saudação e confirmação.

Então os círculos se fundem num só e formam uma cruz no centro, e no centro dessa cruz está o Cristo. Mais uma vez os cantos poderosos inundam os corações e as almas dos presentes, e mais alegria, paz e bênçãos descem sobre a multidão.

O movimento seguinte é a formação de um triângulo dentro do círculo, em cujo ápice Cristo se levanta. Ele permanece próximo à rocha e coloca Seu cetro sobre ela. Na rocha, pode-se ver uma tigela de cristal com ornamentações de ouro e guirlandas de flores de lótus cobrindo a rocha e descendo pelos cantos.

Há então outro movimento, que forma o triângulo, cujos lados se sobrepõem com três ovais que se entrelaçam no centro do triângulo, onde está o Cristo.

O próximo movimento forma uma estrela de seis pontas, e depois a estrela do Cristo – o pentagrama. Nela, Cristo permanece de pé, no ápice, próximo da rocha; na ponta direita está Manu, na esquerda o Senhor da Civilização, o Mestre R. Um Grande Ser permanece no centro e outros dois Grandes ficam nas pontas inferiores da estrela. Aqui o canto cria uma grande tensão na multidão, e Cristo, tomando o cetro da rocha, diz:

Pronto, Senhor, vem!

Então Ele coloca novamente o cetro sobre a rocha por alguns momentos antes da lua cheia e os olhos de todos se voltam para a rocha.

Alguns segundos antes da lua cheia, aparece no céu azul um sinal de luz que se aproxima lentamente, tornando-se mais claro e transformando-se na figura radiante do Senhor Gautama Buda, sentado de pernas cruzadas, numa vestimenta de amarelo puro inundada de uma beleza imensa de luz e cor, com a mão direita levantada, abençoando. Quando Ele atinge um ponto acima da rocha, eclipsando os três Senhores que agora ficam próximos dela, Cristo recita a Grande Invocação e todos os presentes caem prostrados, tocando a terra com suas frontes.

A Grande Invocação cria uma corrente intensa de energia que transpassa os corações dos aspirantes, dos discípulos e dos Iniciados, e chega a Deus. É o momento mais sagrado do ano, quando a humanidade e a Divindade fazem um contacto. No momento exato da lua cheia, o Iluminado passa ao Cristo a energia do Primeiro Raio, que é por Ele recebida e transformada em Vontade de fazer o Bem.

Cristo, que é o Grande Celebrante, estende suas mãos e toma o cálice, levanta-o acima da cabeça e o coloca novamente sobre a rocha. Então os Mestres cantam hinos sacros e o Iluminado, depois de abençoar a multidão, desaparece lentamente no Espaço.

Cristo distribui a água benta aos Iniciados e a todos os presentes no vale. Eles chegam em procissão, enchem seus recipientes e vão em paz.

Assim, uma vez por ano, na lua cheia de Touro, a humanidade é carregada com as energias de um Grande Amanhecer, apresentando-se uma rara oportunidade a todos os discípulos sinceros para expandir suas consciências e, conseqüentemente, servir seu semelhante.[1]

1. Aprendemos que num futuro não muito distante esta cerimônia não será mais realizada, apesar de a lua cheia de Touro continuar a ser a época de maior oportunidade para contactar a energia do Baluarte.

UMA MENSAGEM DE WESAK: PARTE V

Há uma grande Vida intimamente ligada ao nosso sistema solar, ao nosso Logos Solar e ao nosso pequeno planeta. A energia desta grande Vida, deste grande Ímã, penetra em nosso sistema solar, em nosso planeta, e em cada átomo, cada célula e cada forma, neles liberando progressivamente a *Centelha* latente.

Esta liberação progressiva é a causa da radioatividade, da sensibilidade, do desejo, da aspiração, da decisão, do planejamento, do propósito, da boa vontade e da vontade de fazer o bem. A energia desta grande Vida, ou grande Ímã, é chamada em nossa língua de princípio da Liberdade, de energia da Liberdade, cuja fonte é a grande estrela SIRIUS.

Aprendemos que "este grande Sol. . . é para o nosso Logos solar o que a Mônada é para o homem espiritual".[1] Esotericamente, isso significa que o nosso Logos Solar aspira, através de toda a Sua criação e de todos os reinos, à Fonte da Liberdade.

A liberdade é a tônica do nosso sistema solar e a resposta a todos os nossos problemas. Nós florescemos se trabalhamos conscientemente em favor da Liberdade e a conquistamos através de autodisciplina e transcendendo o pequeno eu e conduzindo-o à transfiguração. A Criação é um grande drama de contração e de expansão, de materialização e de espiritualização.

O grande processo de evolução desenvolve e libera o Espírito na matéria, na forma, criando todos os reinos, todas as relações, toda a beleza e harmonia, e revelando a síntese. A energia motivadora, a necessidade e o impulso deste grande movimento em direção à espiritualização e à unidade é a energia da Liberdade.

"A liberdade é a base ou está por trás de todo progresso." Podemos perceber o significado de Liberdade se observarmos o florescer de uma árvore, o desabrochar de uma flor, um pássaro bicando a casca que lhe serviu de abrigo, uma pequena águia na tentativa de seu primeiro vôo das altas montanhas com grande alegria e êxtase. Podemos ver a Liberdade nos olhos de uma criança quando dá seus primeiros passos e pronuncia a primeira palavra.

Podemos ver o princípio da Liberdade em ação na vida dos aspirantes que estão tentando ouvir o grande chamado do Ímã da Liberdade para livrar-se dos encantamentos, ciúmes, os ódios e os medos, da escravidão da vida física e emocional, e viver uma vida de desenvolvimento progressivo.

1. Bailey, Alice A., *The Rays and the Initiations*, p. 413.

Podemos vê-lo na vida dos discípulos que estão tentando libertar-se das ilusões sem fim e penetrar numa vida de luz, amor, alegria e unidade; que tentam desenvolver uma compreensão universal e um sentido de unidade; que procuram ser livres com um senso de responsabilidade.

Quais são as iniciações de que falam todas as religiões e escolas de ocultismo? As iniciações nada mais são do que passos para a Liberdade maior. Neste caminho, a Centelha do átomo libera-se progressivamente. Ela

se irradia na matéria,
desabrocha na flor,
sente no animal,
deseja no homem,
aspira no homem desenvolvido,
ama e planeja no discípulo,
se sacrifica nos Mestres, e
atinge sua casa, destino e propósito
e se converte no seu Eu Real.

Podemos ver essa Liberdade na vida dos Grandes que permanecem diante da humanidade como personificações do Amor, de Luz, de Poder, de Liberdade, como Liberados em plena florescência – como o fazem o Senhor Buda e o Senhor Cristo.

Mais uma vez, podemos ver na vida de cada nação como ela deseja ser autêntica, individualizada e independente. Aos poucos, a energia da Liberdade rompe antigos padrões de separativismo e de agressividade, fazendo com que uma pessoa pense em termos de uma só humanidade, de um só mundo.

Podemos ver na vida da humanidade como as nações lentamente se aproximam, *integrando-se* entre si através da política, da educação, das filosofias e das ideologias, da cultura e das artes, das ciências e das religiões, do comércio e das finanças – pavimentando assim lentamente o caminho para uma humanidade, que a seu tempo será:

o aspirante global,
o discípulo global, e
o Mestre global.

A Liberdade é o caminho e a necessidade da perfeição, da síntese, das relações, das comunicações e respostas em crescimento permanente.

Você sentiu a alegria da expansão quando pela primeira vez o homem atravessou o círculo intransponível da Terra e pisou na Lua, dando um novo sentido de proporção ao sistema solar e à vida individual e nacional?

Que grandes alegrias o homem sentirá quando romper a casca de ovo do nosso sistema solar e andar na direção do Cosmo, da consciência da alma, do conhecimento do Espírito e da Existência Divina.

Todas essas possibilidades existem porque o homem, em sua verdadeira natureza, é um Espaço comprimido. A liberação desse Espaço está ocorrendo muito depressa, devido a um novo surto de luz, de poder e de amor. Com cada expansão, com cada grau de Liberdade, nosso conhecimento da unidade aumenta, e esse conhecimento cria em nós o sentido da responsabilidade.

A alegria é a sensação, a consciência e o conhecimento de que estamos no processo de nos tornarmos livres. Esta Liberdade é vivida com um sentido de responsabilidade e de unidade. Isso significa que não vivemos para nós, mas para o todo – e isso significa sacrifício.

A liberdade é um progresso contínuo rumo ao Bem, à Beleza e à Verdade.

A alegria é o conhecimento desta expansão contínua. A alegria é a substância com a qual o Cálice de Glória é construído dentro de nós, como o Cálice Global que se levanta sobre a rocha no vale de Wesak na lua cheia de Touro. Este Cálice, a tigela, é o Cálice da humanidade que conseguiu, com seu trabalho e lágrimas, dores e sacrifícios, construí-Lo com as mãos de seus Filhos realizados e liberados, colocando-o sobre a *rocha da confiança* como uma *invocação* aberta, um Cálice de invocação, repleto de orvalho dos céus, gota a gota, e carregado com a energia de Aquário. E a alegria desce sobre ele através das bênçãos do grande Senhor Buda.

Através deste contacto há uma expansão, há a alegria do Infinito no Vale de Wesak.

A energia taurina está ativa porque é tempo da lua cheia de Touro e porque o Senhor Buda representa o Iluminado, e o Olho de Touro é a fonte da luz espiritual.

A Vontade de Deus é contactada nesta época porque Buda relaciona a Hierarquia com Shambala, e Cristo relaciona a Hierarquia com a Humanidade. Todas essas energias estão focalizadas no Cristo, que é o distribuidor das energias, ou da água de Aquário, e a personificação do Amor.

Na lua cheia de Wesak temos três influências muito fortes:

a. a energia da Liberdade;
b. a energia da Iluminação, que é a energia do Amor-Sabedoria; e
c. a energia da Vondade de Deus, revelada como Plano e Propósito.

A energia da Liberdade vem de Sirius; a da Iluminação vem de Touro. A energia da Vontade emana da Grande Ursa, passa através de uma das Plêiades, entra no nosso Sistema Solar e, através do centro da cabeça do nosso Logos Planetário, toca a esfera do nosso globo e desce para os Iniciados, os discípulos e toda a humanidade.

Assim, a cada lua cheia de Wesak, as energias da Liberdade, da Luz e da Vontade inundam as esferas superiores do nosso planeta e carregam todos os grandes Iniciados e discípulos. Se formos capazes de romper e de varrer os antigos acúmulos das nossas superstições, preconceitos, encantos, ilusões, e a pesada nuvem da ignorância, do orgulho, da avareza e da vaidade, liberaremos a Centelha que está aprisionada em nós, abrindo a seu tempo uma grande visão para os olhos, revelando que, *essencialmente, somos sóis em permanente crescimento, sóis cujos raios um dia darão vida a um planeta, a um sistema solar!*

Devido à pressão destas energias que chegam, as leis, regras e regulamentos cristalizados estão se rompendo; as filosofias e ideologias do mundo se desfazem. Mesmo a ciência está rompendo suas barreiras materialistas e ultrapassadas, e penetrando no reino do invisível, das leis e energias cósmicas. Os muros das nossas artes estão caindo e uma nova arte está nascendo. Nossas religiões, superstições, dogmas e doutrinas estão desmoronando e o espírito da Religião do Novo Mundo já aparece no horizonte da Nova Era. Nosso sistema econômico está falido, e a visão de um novo sistema econômico surge na mente dos pensadores mais avançados.

Desta forma, através da energia da Liberdade, as pessoas vêm rompendo as antigas correntes que as tornam escravas de seus impulsos cegos, de seus desejos animalescos. Para satisfazer esses impulsos e desejos através dos tempos nós matamos, massacramos, roubamos e vivemos vidas de trevas e crime.

Essas correntes estão agora se rompendo no mundo todo, e as pessoas compreendem que **a liberação, a unidade e a Liberdade da humanidade são a chave para a sua sobrevivência.**

Em cada homem existe uma Cordilheira do Himalaia e um Vale de Wesak, com a rocha e o cálice. Permaneçamos na rocha da nossa realidade espiritual e levantemos o Cálice do amor, de luz e de sacrifício para as energias que chegam de liberdade, alegria, felicidade, luz, e fomentemos o progresso e a libertação da humanidade rumo ao seu Futuro glorioso.

5

SOL EM GÊMEOS: PARTE I

É a terceira das principais luas cheias, sendo também chamada de Festival do Cristo ou Festival da Humanidade. Desde 1952, alguns estudantes do esoterismo a chamam de Festival da Boa Vontade ou Dia da Invocação Mundial.

Durante o Festival do Cristo

a. Estudantes de meditação e da Sabedoria Eterna usarão a Grande Invocação e se esforçarão para espalhá-la por todo o mundo como o núcleo do Plano para a Nova Era.
b. Homens e mulheres de boa vontade unir-se-ão em todas as cidades e reforçarão o significado da boa vontade e a importância das relações humanas corretas. Dirigirão sua atenção para a visão suprema da humanidade como uma flecha de invocação que voa até a Fonte da Vida.
c. Distribuirão energias com as quais tomaram contacto e que se acumulam no Cálice, como correntes de luz, de amor e de energia para provocar relações humanas corretas, boa vontade, compreensão e colaboração entre as pessoas, entre as nações, em todos os lugares.

Disseram-nos que nesses três dias Cristo celebra uma cerimônia muito interessante. Ele reúne todos os Mestres da Sabedoria à sua volta e se coloca diante da Hierarquia representando a humanidade e, voltando-se para Shambala, pronuncia o último sermão de Buda num nível hierárquico.

As energias recebidas nas luas cheias anteriores são irradiadas para a humanidade através dos sete grupos de Mestres da Hierarquia. Como conseqüência, os sete ramos do esforço humano – no campo político, educacional, filosófico, artístico, científico, religioso e financeiro – são estimulados e recebem uma oportunidade para se orientarem e se ajustarem ao Plano através da energia da vontade em prol do bem.

Há poucas décadas, o Mestre Tibetano, através de alguns discípulos, organizou duas atividades de serviço chamadas de Movimento do Triângulo e Movimento da Boa Vontade. Esses dois movimentos estão diretamente ligados a esta terceira grande lua cheia, e recebem uma energia especial no primeiro e terceiro dia. O Novo Grupo de Servidores do Mundo será energizado durante o canto da segunda estrofe.

Cristo disse uma vez: "Sempre que *três* se reunirem em Meu Nome, Eu estarei no meio deles." A partir deste ponto, que é baseado em alguns fatos esotéricos, os discípulos começaram a organizar os triângulos. Estes consistem em três pessoas que, todos os dias, num momento específico, visualizam cada membro num ponto do triângulo no qual circulam luz, amor e energia, irradiando-os para a humanidade enquanto entoam a Grande Invocação. O sucesso foi tal que existem agora milhões de triângulos por todo o mundo, em todos os países, crenças e línguas. Um triângulo pode multiplicar-se *ad infinitum* quando qualquer um dos membros de um deles formar outro em diferentes horas do dia. Assim, toda a nossa humanidade está sob uma teia de triângulos que irradiam luz, amor, energia, compreensão, cooperação e unidade.

Cada um de nós está convidado a formar um triângulo como um serviço à humanidade e como uma ponte entre a humanidade e as energias divinas.

A próxima atividade é o Movimento de Boa Vontade, inaugurado pelo Mestre Tibetano. Este também está espalhado por todo o mundo através de muitos indivíduos e grupos diferentes. O objetivo principal deste esforço é estabelecer as relações humanas corretas entre todos os homens, todas as nações, e criar uma tendência mundial para o bem de cada homem e de todas as nações.

A boa vontade é uma energia construtiva, positiva e criativa. É a energia que preenche as lacunas, derruba as barreiras emocionais e mentais e conduz a um entendimento total.

Esta energia é descoberta no âmago de cada pessoa. A tarefa dos homens de boa vontade é descobrir as maneiras para liberar esta energia e criar uma força poderosa para o entendimento global e a unidade mundial. Na lua cheia de Gêmeos podemos tentar liberar essa energia dentro de nós e do nosso grupo ou nação, e ajudar a construir a Nova Era da Grande Fraternidade.

A literatura esotérica refere-se a Cristo como "a Personificação do Amor, da Liberdade e o Mensageiro da Liberação". Sua característica marcante é o Amor, e aprendemos que na lua cheia de Gêmeos "... o amor de Deus, a essência espiritual do fogo solar, atinge seu ponto supremo de expressão".[1]

A Doutrina Secreta nos diz que temos três sóis. Um é o Sol visível. Depois, temos o Coração do Sol e depois o Sol Espiritual Central, cujo corpo é o nosso Sol visível. Estes três sóis emanam três tipos de fogo ou eletricidade que são chamados de **fogo por fricção, fogo solar** e **fogo elétrico.**

Aprendemos que na lua cheia de Gêmeos o Coração desse grande Ser, que chamamos de Sol, se abre e irradia fogo solar na direção do nosso planeta. Este fogo é a energia que conhecemos como o Amor, e Cristo é a personificação deste Amor solar que Ele expressa através da Hierarquia. É com esta energia na época da lua cheia de Gêmeos que "se consuma e se celebra a vitória da Vida sobre a forma e do Espírito sobre a matéria".

O Cristo

Ele é Aquele que permanece de pé
contra o mar revolto

1. Bailey, Alice A., *The Rays and the Initiations*, p. 88.

e ordena aos ventos que se acalmem.
E eles obedecem.

Ele ainda faz a mesma coisa,
contra o mar turvo
dos pensamentos e das emoções humanas.

Ele ainda bebe a tristeza
de cada homem
em Seu coração.

Ele é Aquele que apareceu
a Seus discípulos
após a vitória do Espírito
e disse:
"Que a Paz esteja convosco. . ."

Ele ainda irradia paz
para todos aqueles
que O seguem.

Ele é o Mestre que está dentro de todos
os que falam a palavra da Verdade,
a palavra sobre o Caminho sem fim,
a palavra sobre a Vida Infinita. . .

Ele continua ensinando.
Ele é a síntese de todas as Leis,
e os que revelam as Leis
em qualquer aspecto da vida
O estão revelando.
Ele é O Revelado. . .

Verdadeiramente,
cada ciência,
e ramo de qualquer busca honesta
é a busca do Cristo.
Ele é a realidade que está por trás de tudo.

Cada buscador verdadeiro
está revelando uma parte Dele.
No final. . . Sua imagem estará completa
quando as pessoas forem como Ele.

Ele é a necessidade da perfeição
em todos nós,
e o Ímã ardente

nos impele para Ele,
através dEle.

Ele é o Plano e a visão para a Humanidade.
A comunicação interior. . .
a luz dos santos,
a vida dos discípulos,
a flecha que voa para o Sol.

Ele é o Vigia Silencioso
dentro de nossas almas.
Nada pode ser escondido Dele.
Ele é a Testemunha de cada ato,
de cada sensação, de cada pensamento.

Mas acima de tudo,
Ele é o Grande Arquiteto,
O construtor de pontes –
pontes no próprio homem,
pontes entre homem e homem,
entre grupos, igrejas e nações. . .
entre a humanidade e o Reino de Deus. . .
entre o Reino de Deus e do Absoluto. . .
até que Ele se torne o Tudo em Tudo.

Ele estende uma ponte entre Ele mesmo e todos os que estão separados. . .
Essa é a Sua grande tarefa.
Ele é a Alegria do Esforço da Realização.

Ele é o Vinho no Cálice,
a Alegria que é degustada por todos os que entram em contacto
com o seu verdadeiro Eu. . . Cristo.

SOL EM GÊMEOS: PARTE II

É uma grande alegria celebrar o Festival da Humanidade, mas é triste sentir em nossos corações que grandes perigos esperam pela humanidade. Muitas ações irresponsáveis foram cometidas pelo mundo que podem causar grande destruição, dor e tristeza para as gerações futuras, se as Forças da Luz não continuarem atentas.

Várias nações estão se equipando com novas armas, preparando-se para um confronto global, enquanto aqui e ali alguns pequenos grupos celebram o Festival da Humanidade para expressar seu amor e preocupação por ela, e incorporar novas energias das fontes superiores.

Devemos nos lembrar que grandes alterações na Terra são realizadas por alguns grandes sonhadores. A maioria das belas alterações no mundo são obras de alguns homens e mulheres de visão que as sustentaram até a morte e impressionaram a mente das multidões com a necessidade da mudança ou da melhoria.

As pessoas com visão são mais poderosas do que as mais poderosas armas do mundo, e podem introduzir mudanças, se sustentarem o seu ponto de vista. Uma visão verdadeira é o florescer de uma idéia dinâmica em processo de manifestação. Um homem de visão é um transmissor dessas idéias, e não há poder maior no mundo do que o das idéias que estão em sintonia com o Plano Hierárquico.

Uma pessoa ou um grupo de pessoas se torna invencível quando se fundem com os centros espirituais superiores, transmitindo a energia e idéias desses centros. Há o medo de que a humanidade não consiga realizá-lo e que já esteja aprisionada em suas más ações. Mas existe também uma forte convicção e esperança de que não somente a humanidade conseguirá, como em futuro próximo pessoas de todo o mundo celebrarão o Festival da Humanidade.

Celebrar este Festival significa reconhecer a Presença Divina em cada ser humano e admitir que "os filhos dos homens são um", e que "Eu sou um com eles". É preciso que haja uma grande mudança de consciência para se chegar a esta conclusão através da qual a vida humana entrará numa nova fase de harmonia, de abundância, de saúde, de educação e de alegria.

Celebrar o Festival da Humanidade significa: ter fé na humanidade, confiar nas Forças da Luz, ter fé no esforço dos que trabalham para a elevação da humanidade e que, a seu tempo, emergirá uma humanidade unida das névoas das discriminações separatistas e dos interesses egoístas.

Muitos milhares de pessoas têm essa visão, e o número delas cresce ano após ano. Daqui a algum tempo, essa visão tornar-se-á verdade e a humanidade será uma grande família de almas que se amam.

Quando o nosso Sol atinge e se alinha com a constelação de Gêmeos, uma energia poderosíssima e criativa é transmitida para a nossa Terra – a energia do Amor.

Na época da lua cheia, ocorrem cinco eventos importantes na Terra:

1. Gêmeos fica ligado a uma das estrelas da Grande Ursa, transmitindo a energia do Amor.
2. O nosso Sol se alinha com Gêmeos, recebendo essa energia além da sua própria voltagem de Amor.
3. O Sol transmite essa energia para a Terra através de dois planetas, Mercúrio e Vênus. Quando passa por Mercúrio, ela se combina com a cor do Quarto Raio; quando passa por Vênus mescla-se com a cor do Quinto Raio. Existem três cores: o azul-escuro, o rosa e o verde, com predominância do azul-escuro.
4. Esta energia se derrama sobre a Hierarquia e se funde com as energias da Vontade e da Luz. A combinação destas energias produz uma outra – a energia da Boa Vontade.
5. Na época da lua cheia de Gêmeos, essa energia da Boa Vontade é liberada por todo o mundo através dos grandes Iniciados, discípulos de vários graus, aspirantes, e através dos homens e mulheres de boa vontade em todos os cantos da Terra.

É muito interessante saber que na primeira grande lua cheia a Hierarquia recebe a grande voltagem da energia da Vontade; na segunda, absorve a energia da Iluminação. Ela mantém essas energias no Cálice da Hierarquia até receber a energia do Amor, na terceira grande lua cheia.

Isso mostra que, sem o Amor, o poder não é seguro; sem Amor, a Luz pode ser mal utilizada. Há segurança somente no Amor, que necessita que a Vontade e a Luz estejam ativas, e sejam protetoras e radioativas.

Nesta época, a combinação de tais energias – a energia da Boa Vontade – é liberada na Terra. Primeiro atinge as Almas dos homens e penetra lentamente até os planos mental, emocional e etérico, condicionando seus pensamentos, palavras, reações emocionais, atividades e relações.

Devemos obedecer a uma disciplina e meditação especiais para nos elevarmos aos níveis da Alma a fim de receber essa energia em seu estado puro, antes que se misture com o nevoeiro, a névoa, a neblina e a poluição da nossa vida mental, emocional, física e social.

A meditação em grupo na lua cheia nos prepara para que o grupo, como um todo, faça contacto e receba a energia da Boa Vontade, se torne iluminado, se expanda através da Boa Vontade, irradiando-a para a humanidade na sua pureza, simplicidade e beleza.

Há outro evento que ocorre nesta lua cheia. Diz-se que Cristo reúne todos os membros da Hierarquia em torno Dele e fala a respeito das últimas palavras de Buda, que segundo a literatura budista são: "Agora, irmãos, olhai: Eu vos exorto dizendo: A queda é inerente a todas as coisas. Trabalhem pela vossa salvação com diligência."

Certa vez, quando lia esta passagem numa montanha, as lágrimas caíram de meus olhos devido a uma sensação incomum que não consigo definir, mas que pode ser explicada com as seguintes palavras: um desejo intenso de saber o que Ele dizia para a Hierarquia reunida e uma profunda sensação de desapontamento porque eu não estava pronto para ouvir essas palavras. Com lágrimas nos olhos, disse: "Senhor, dá-me algumas palavras da Tua conversação."

Os anos se passaram, e algumas vezes penso que Ele estava celebrando este encontro com a Hierarquia para encorajar seus membros a Se manterem sempre firmes enquanto Se preparam para o caminho de uma evolução mais elevada e a não dependerem dEle, nem de qualquer forma, veículo ou manifestação de vida na Sua jornada de volta para o Lar.

A lua cheia de Gêmeos é a época em que devemos meditar nas palavras de Buda para trabalharmos pela nossa salvação como raça humana e compreendermos que "A queda é inerente a todas as coisas".

A compreensão deste fato romperá as correntes do apego à matéria em todas as suas formas e libertará a humanidade para um novo estágio de maturidade em que não se é escravo da matéria, mas em que ela é utilizada para progredir no caminho da ressurreição ou da liberdade.

Todas as nossas dores, sofrimentos, destruição, perda de energia e de muitas vidas são o resultado do apego à matéria – à riqüeza, às propriedades e às posições. Assim, "a queda é inerente" e devemos nos voltar para o estado puro e incorruptível da redenção do Espírito em marcha permanente.

Gêmeos é formado por dois grupos de estrelas que lembram dois pilares. Tempos atrás, os dois pilares foram identificados como dois irmãos chamados Castor e Pólux.

Segundo a lenda, Castor era mortal e Pólux imortal. Eram gregos que foram para a Itália ajudar seu comandante em várias guerras. O comandante construiu um templo dedicado a eles no Forum. A lenda diz que eles são os protetores dos marinheiros e dos viajantes. Eles acalmaram uma tempestade que impedia que navios carregados de grãos atracassem. Logo após esse feito, as pessoas viram estrelas brilhando sobre suas cabeças.

Eles também são mencionados nos ritos fúnebres. Segundo a lenda, Castor foi ferido numa das guerras romanas e morreu. Seu irmão Pólux ficou inconformado com a perda do irmão. Dirigiu-se a Júpiter pedindo-lhe permissão para sacrificar sua vida e resgatar a de Castor. Júpiter comoveu-se tanto com esta atitude que conferiu imortalidade a Castor, colocando ambos nos céus como estrelas na constelação de Gêmeos.

Castor é formado por três estrelas que simbolizam o tríplice veículo da personalidade. Pólux simboliza a alma humana imortal. Diz-se que nos últimos trezentos anos a luz de Castor está diminuindo e a de Pólux aumentando. Astrólogos esotéricos acreditam que isso seja um sinal indicador de que a humanidade será capaz de resolver seus problemas de personalidade, penetrar na consciência da Alma e estabelecer a Fraternidade da humanidade à luz dos valores espirituais.

A humanidade está sendo bombardeada com uma literatura pessimista de fontes tenebrosas que a envenenam. Nela lemos que:

1. a Terra se partirá em pedaços;
2. a radiação atômica poluirá toda a Terra;
3. a guerra e as armas nucleares varrerão a vida do planeta; e
4. o dinheiro perderá seu valor e haverá bancarrota por todo o mundo.

"Notícias" desse tipo paralisam gradualmente o espírito humano e extinguem a luz do coração. É óbvio que a humanidade atravessa um período perigoso, mas é esta crise que a reconduzirá ao caminho certo para a vitória e aquisições mais elevadas.

Num livro muito antigo chamado *O Velho Comentário*, lemos o seguinte:

> "Quando as forças duais dos irmãos cósmicos (Gêmeos) se convertem na energia daquele que cavalga para a luz (Sagitário), então o quarto se torna o quinto. A humanidade, o elo, se converte na Hierarquia, que concede todo o bem. Então todos os Filhos de Deus se regozijarão."[1]

A *Astrologia Esotérica* afirma que o regente hierárquico de Gêmeos é a Terra. A Terra também é o regente esotérico de Sagitário, o oposto polar de Gêmeos. Estas são as duas únicas constelações regidas pela Terra.

> "... e este fato é da maior importância, por criar uma situação incomum no sistema solar e uma relação única. A linha de força cósmica de Gêmeos para Sagitário e a inversa se relaciona subjetiva e esotericamente com a nossa Terra, garantindo assim o desenvolvimento da alma, o desdobramento da forma como uma expressão dessa alma, e conduzindo a nossa humanidade sofredora deste planeta atribulado até o portal da iniciação em Capricórnio.[2]

A transição da alma humana tanto no sentido individual como no sentido global, da consciência da personalidade para a consciência no nível da Alma não é fácil. Isso está ocorrendo agora em todo o planeta. As pessoas estão divididas entre Castor e Pólux, entre personalidade e Alma, entre valores egoístas e altruístas, racismo, nacionalismo e fraternidade mundial. Este estado de acontecimentos é responsável por tudo o que está ocorrendo no planeta.

Observando o indivíduo comum podemos ver que ele está dividido entre valores da personalidade, prazeres, estados e valores da Alma e estados e alegria da Alma. Diariamente, ele oscila como um pêndulo entre dois pólos opostos.

Gêmeos gera o conhecimento da dualidade. Isso está ocorrendo em todo o planeta. As pessoas estão conscientes da dualidade. Para elas há fatores de sobrevivência e morte, de pureza e poluição, de matéria e Espírito, de vida egoísta e desinteressada.

Elas agora sabem que existe a personalidade e alguma coisa além, o Eu Transpessoal, e que não são somente corpos, emoções e mente, mas algo mais do que isso.

As pessoas estão compreendendo que uma parte da humanidade vem progredindo e a outra se degenerando; que uma parte trabalha para o desenvolvimento progressivo e que a outra o impede. Assim, a luz de Gêmeos *revela a dualidade.*

1. Bailey, Alice A., *Esoteric Astrology*, p. 356.
2. *Ibid.*

A segunda alteração que Gêmeos traz para a humanidade é o *poder de discriminação*. A discriminação é a capacidade de convencer alguém de que certas coisas são benéficas e outras maléficas.

O conhecimento da dualidade é passivo. A discriminação implica uma convicção mental, mas não necessariamente ação.

A terceira alteração provocada por Gêmeos na consciência da humanidade é a capacidade de *escolher*, de tomar uma decisão.

Primeiro, a pessoa se torna consciente da dualidade; sabe o que é bom e o que é mau. Depois, ela toma partido e se decide a aceitar um lado e rejeitar o outro. A luz de Gêmeos ilumina gradualmente a humanidade para que ela faça a escolha certa – não só quanto a aspectos pessoais, mas também nos campos dos negócios, no âmbito social, moral e espiritual. Depois da escolha correta, a energia de Gêmeos ajuda a pessoa a tomar conhecimento do próprio Eu. A discriminação e a escolha correta levam a pessoa a um ponto de desenvolvimento no qual compreende que ela é o Eu. Esse conhecimento do Eu cresce aos poucos, à medida que a pessoa continua a fazer as escolhas corretas em sua vida física, emocional e mental, e nos campos individual, de grupo, nacional e internacional.

Ao escolher o passo certo e o caminho correto, a pessoa se aproxima do seu Eu essencial e, a seu tempo, chega à compreensão de que, na essência, é uma fonte de beleza, de bondade e de verdade. Isso depois de tomar consciência do fato de que o senso de responsabilidade aflora, conduzindo-a a uma vida de serviço sacrificial. Somente através de uma vida de sacrifício é que a beleza, a bondade e a verdade interiores começam a fluir nos pensamentos, nas reações emocionais, nas palavras, nas atividades e planos. Quando a pessoa manifesta beleza, bondade e verdade, seus veículos de manifestação são inundados pela Divindade Interior e ela se torna uma beleza viva no mundo.

O Mestre Tibetano diz: "A humanidade. . . se encontra num estado de confusão que precede o grande passo rumo ao desenvolvimento da autoconsciência e da expressão de um senso de responsabilidade que é a primeira flor e o primeiro fruto do conhecimento autoconsciente."[3]

Durante o período de transição da personalidade para os níveis da Alma, atravessamos muitas crises psicológicas, testes e experiências. Cinco desses testes podem ser explicados como:

1. Medo. O medo se desenvolve quando deixamos o círculo familiar da personalidade e velejamos rumo ao desconhecido sobre o qual ouvimos alguma coisa, mas ainda não o conhecemos. Este medo assume diversas formas: medo da doença, da solidão, da posse ou da perda; medo da guerra, medos que não têm nome. A presença do medo indica que a polaridade entre personalidade e Alma está afetando a vida da pessoa.

2. Renúncia. A pessoa que avança em direção à Alma mostra gradualmente sinais de renúncia. Renuncia a objetos físicos e lentamente se desfaz deles. Aos poucos renuncia a alguns prazeres, a alguns desejos. Renuncia a se exibir, à reputação, ao orgulho, à vaidade, ao separativismo. Renuncia ao tempo, à energia e à matéria para o bem de outros. No caminho dessas renúncias, cai no abismo da depressão.

3. *Idem*, p. 161.

3. A depressão pode originar-se na personalidade ou na Alma. Quando se renuncia a muita coisa que se preservou durante anos, sentimos como que uma perda e caímos em depressão.

Há uma grande depressão psicológica disseminada pelo mundo todo e duas razões para ela: uma é que a pessoa deixa para trás muitas coisas que em algum momento lhe eram caras, e pensar nisso causa-lhe dor.

Um homem me disse certa vez: "Estou muito deprimido porque fico entre dois pólos: o passado e o futuro. Deixei as drogas, as bebidas, as boates, o rock e minhas músicas. Ainda não achei nada que pudesse substituí-los. Não posso retroceder, e tampouco me parece haver algum caminho à frente."

A segunda razão para a depressão é ter uma visão muito bela, mas inteiramente longínqua do futuro. Algumas vezes a pessoa sente como se o seu barco não estivesse navegando na velocidade certa. À medida que tenta ir mais depressa, sente como se estivesse indo mais devagar – o fogo da sua visão parece que a queima e, assim, "a reduz a cinzas": e ela entra em depressão.

Ocorre outro tipo de depressão quando uma pessoa consegue uma vitória sobre a personalidade e sobe a montanha alta da aquisição; ali, pelo impulso de determinadas razões, é incapaz de continuar com a visão; e cai em depressão.

4. Ira. À medida que a pessoa caminha em direção aos valores da Alma, aos valores universais, vê um imenso gado humano criando os piores obstáculos ao progresso dos homens. Fica irada com seus débitos cármicos que, de vez em quando, parecem exigir de nós o pagamento das taxas que lhes devemos.

Sente-se zangada com a vida em geral e, como um vento forte, tenta carregar seu barco para o antigo ancoradouro. A vida obriga-a a matar, a mentir, a ser hipócrita, a vender sua beleza nas ruas, a salvar sua posição com suborno, a explorar pessoas para sentir-se feliz. Ao se ver forçada a fazer essas coisas, sente uma forte resistência dentro da Alma. Sente uma ira verdadeira e não sabe o que fazer. Olha em torno e vê pornografia barata, as mentiras oficiais, racismo e ódio, e então olha para si mesma.

Atravessa 5.000 quilômetros, e continua a fazer coisas erradas. Diz palavras que não se harmonizam com a nossa orientação. Ainda vê os maus pensamentos que flutuam em torno do seu barco, e fica irada.

Esse tipo de ira algumas vezes é chamado de *ira sagrada*. Finalmente, ela força a pessoa a um rompimento e a entrar nas praias da liberdade das quais, pelo menos a lei da matéria, da exploração, da poluição e do ódio não podem se aproximar, mas onde a beleza da gratidão, do amor, do bem e da verdade florescem com abundância.

5. Avareza e apego. À medida que o barco avança para o mar aberto, a pessoa desenvolve o desejo de ter consigo tudo o que deixou para trás. E se, por acaso, retornar às terras antigas, será uma pessoa muito avara.

Quando estamos na metade do caminho entre a personalidade e a Alma, surgem a alegria, a criatividade, o serviço e o sacrifício, e nos tornamos um farol de luz, de liberdade, de alegria e de felicidade para o gênero humano.

É interessante notar que o regente exotérico de Gêmeos é Mercúrio, o mensageiro dos deuses, uma ponte entre dois extremos. Primeiro, ele representa o elo de ligação entre a mente superior e a inferior; depois, entre a Alma e a personalidade e, em seguida, entre a Centelha e a personalidade.

Isso significa que em Gêmeos há uma grande oportunidade para estabelecer uma ponta entre esses níveis e atravessá-los com a ajuda de Mercúrio, que é um planeta do Quarto Raio. Ele relaciona, harmoniza e dirige a Terceira Iniciação. A seguir vem Vênus, o planeta do Quinto Raio, que novamente relaciona *causa e efeito*: "Foi a atividade de Vênus – sob a influência de Gêmeos – que gerou a maior crise da individualização. . ." quando o homem pela primeira vez expressou a dualidade. Vênus se relaciona com Sirius, com Gêmeos e com a Terra.[4]

Assim, em Gêmeos, aprende-se a depender da própria Divindade Interior e a moldar a própria vida e harmonizá-la com o ritmo do sagrado Coração do Sol.

Com as nossas mãos, trabalharemos para a nossa salvação. E se trabalharmos arduamente, nos converteremos num centro radioativo de Boa Vontade.

Meditação em Gêmeos

1. Dizer este mantra:
   Mais radiante do que o Sol,
   mais puro do que a neve,
   mais sutil do que o éter,
   é o Ser,
   o Espírito dentro do meu coração.
   Eu sou o Ser;
   esse SER sou eu.
2. Apresente-se à Vida Onipotente e diga:
   Eu sou esse Ser.
3. Recitar a Grande Invocação:
   Do ponto de Luz dentro da Mente de Deus
   Deixai que o raio de luz penetre na mente dos homens.
   Deixai que a Luz desça sobre a Terra.

   Do ponto de Amor dentro do Coração de Deus
   Deixai que o raio de amor penetre no coração dos homens.
   Que Cristo retorne à Terra.

   Do centro onde a Vontade de Deus é conhecida
   Deixai que o propósito guie as pequenas vontades dos homens –
   O propósito que os Mestres sabem e servem.

   Do centro que chamamos de raça dos homens
   Deixai que o Plano de Amor e de Luz se realize
   E sele a porta onde habita o mal.

   Que a Luz, o Amor e o Poder restaurem o Plano na Terra.
4. Imagine que por todo o mundo homens e mulheres de todas as religiões, cores e raças estão repetindo a Grande Invocação junto com você. Ouça com cuidado e, em sua imaginação, ouça toda a humanidade repetindo junto:

4. *Ibid.*, p. 355.

5. OM OM OM
6. Medite sobre o seguinte pensamento-semente:

   Como a Vontade do Bem afeta minha mente,
   meus amigos, minha língua, meus atos e sentimentos?
   Se eu sou um homem de Boa Vontade,
   como agirei, pensarei, falarei e reagirei?

7. Cante *Os Filhos Dos Homens São Um*, de mãos dadas:

   Os filhos dos homens são um e eu sou um com eles.
   Procuro amar, não odiar;
   Procuro servir, não exatamente executar um serviço;
   Procuro curar, não ferir.

   Deixai que a dor traga a recompensa devida de luz e amor.
   Deixai que a alma controle a forma exterior,
   a vida e todos os acontecimentos,
   e revele a luz do Amor
   que sustenta os acontecimentos do tempo.

   Deixai que a visão venha e esclareça.
   Deixai que o futuro seja revelado.
   Deixai que a união se revele
   e que as rupturas exteriores desapareçam.
   Deixai prevalecer o amor.
   Deixai que todos os homens amem.

8. OM OM OM

SOL EM GÊMEOS: PARTE III

Os festivais da lua cheia têm cinco objetivos principais:

1. Estabelecer uma relação entre a humanidade e o Reino dos Imortais, e Hierarquia, e entre a humanidade, a Hierarquia e Shambala.
2. Tomar contato com a Divindade presente no homem, no planeta e no Cosmo.
3. Tratar de viver, de agir e de criar em harmonia com o Propósito Divino.
4. Estabelecer a fraternidade entre os homens.
5. Cultivar e desenvolver características divinas como, por exemplo:
   serviço sacrificial,
   imortalidade,
   vitória sobre o tempo e o espaço,
   cura,
   contacto com fontes superiores,
   compaixão,
   paciência,
   indiferença divina, e
   bem-aventurança.

Nas doze ou treze luas cheias que ocorrem a cada ano, lutamos para atingir estes cinco objetivos, que a seu tempo são conseguidos com a ajuda das energias provenientes das constelações.

Por exemplo: na lua cheia de Áries, temos a energia da Inteligência Divina e da Boa Vontade; na de Touro, a energia da Vontade do Pai e, na lua cheia de Gêmeos, a energia do Amor de Deus. Durante as outras luas, existem Raios e energias ativos segundo suas configurações.

Devemos notar que uma constelação pode estar num Raio específico mas, pelas diferentes relações, configurações e regentes, sua energia se transforma numa outra de tipo diferente. Por exemplo, Áries é o canal para a energia do Primeiro Raio, mas na época desta lua cheia ela se transforma na energia do Amor, ou da vontade-de-amor.

Nossos signos zodiacais estão relacionados com o desenvolvimento da vontade-de-amor. É interessante notar que Áries não está diretamente relacionado com o Zodíaco Maior – cujos signos estão ligados ao desenvolvimento do aspecto puro da vontade.

Touro e Gêmeos estão ligados à Grande Ursa, às Plêiades e a Sirius. O Festival de Wesak na época da lua cheia de Touro está relacionado com a vontade de fazer o bem, que é o Primeiro Raio. Gêmeos, no Festival da Humanidade, ou do Cristo, é ligado à Boa Vontade, ou à energia da Inteligência Divina.

O Mestre Tibetano deu-nos a seguinte tabela:[1]

Shambala	Aspecto da Vontade de Deus	Wesak	Lua Cheia de maio	Touro
Hierarquia	Aspecto do Amor de Deus	Páscoa	Lua Cheia de abril	Áries
Humanidade	Inteligência Divina	Boa Vontade	Lua Cheia de junho	Gêmeos

O Festival do Cristo tem início três dias antes de o Sol se alinhar com Gêmeos e com a Terra; a luz do Sol inunda totalmente a Lua. De Gêmeos transborda a corrente do Amor-Sabedoria, chamada de Segundo Raio. Desta forma, o Segundo Raio do Amor-Sabedoria, o Primeiro Raio do Poder da Vontade e o Terceiro Raio da Inteligência Ativa formam um triângulo Cósmico, chamado de Triângulo do Cristo Cósmico.

Aprendemos que:

> Sobre o triângulo dourado aparece o Cristo cósmico; Sua cabeça está em Gêmeos; um pé sobre o campo dos Sete Pais, o outro plantado no campo das Sete Mães. ... Assim, o Grande permaneceu por éons. Sua consciência voltada para dentro, percebia o três, mas não o quatro. Atento ao imprevisto, Ele ouviu um som ... Despertado por esse choro, Ele se expandiu, abrindo os braços em amor-compreensão, formando-se a Cruz.[2]

Também está escrito que "Gêmeos forma um ponto de entrada para a energia de Sirius".[3] "Gêmeos rege os braços e as mãos, indicando o serviço que dois irmãos devem realizar um para o outro ... Também rege a oxigenação do sangue ... Gêmeos também rege o sistema nervoso e as reações líquidas de todo o organismo nervoso ... Também rege a glândula timo que ... contudo, torna-se-á ativa quando o irmão imortal (a Centelha) alimentar o irmão mortal com a luz e a vida de Deus."[4]

A energia liberada na lua cheia deste signo – a da Boa Vontade – é uma combinação das energias de Áries, de Touro e de Gêmeos, e nesta combinação encontramos os seguintes elementos:

Primeiro Raio – Áries, Grande Ursa, Vulcano, Plutão, Shambala, Buda (personalidade do Primeiro Raio), Cristo (mente do Primeiro Raio)

Segundo Raio – Logos Solar, Buda, Gêmeos, Cristo, Sirius

Terceiro Raio – Plêiades, Terra

1. Bailey, Alice A., *The Externalisation of the Hierarchy*, p. 422.
2. Bailey, Alice A., *Esoteric Astrology*, p. 348-349.
3. *Ibid.*, p. 349.
4. *Ibid.*, p. 366-367.

Quarto Raio – Touro, Mercúrio
Quinto Raio – Vênus, Aquário
Sexto Raio – Marte
Sétimo Raio – Áries

Junto com estes estão também os elementos da energia de:

Virgem – Segundo e Sexto Raios
Escorpião – Quarto Raio
Libra – Terceiro Raio
Capricórnio – Primeiro e Sétimo Raios
Sagitário – Quarto, Quinto e Sexto Raios

A lua cheia de Gêmeos é chamada de Festival da Humanidade porque para a humanidade é impossível um contacto com tantas energias em outra época que não a lua cheia de Gêmeos, quando todas essas energias são transmitidas através do Cristo como energia da Boa Vontade.

À medida que a humanidade responde a essas energias, as outras que a compõem ficarão mais claramente registradas na Alma e no conhecimento Triádico. Por fim, a paz que acompanha a compreensão descerá sobre a Terra, e a grande Fonte de Vida será glorificada. Esta foi a mensagem dos anjos no momento do nascimento do Cristo, e o Seu plano e propósito é estabelecer a boa vontade, a paz e uma única humanidade na Terra.

Ano após ano, essas energias são liberadas sobre a Terra, e é somente na época da lua cheia de Gêmeos que uma parte da humanidade toma conhecimento delas. Este conhecimento aumentará progressivamente, até que, à custa de grande dedicação, grupos por todo o mundo através da meditação científica, de rituais e de cerimônias, registrem, de modo contínuo, essas energias, e as repartam com a humanidade.

Para facilitar esta tarefa, o sábio Mestre Djwhal Khul presenteou-nos com os três auxílios: a Grande Invocação, a Ciência dos Triângulos e um plano para o estabelecimento da boa vontade ativa dentro de toda a humanidade.

Aprendemos que nesta época o Cristo reúne todos os Mestres da Sabedoria, e durante três dias Ele tece comentários sobre três tópicos:

1. **No primeiro dia**, recita o primeiro verso da Grande Invocação:
Do ponto de Luz dentro da Mente de Deus,
Deixai que o raio de luz penetre na mente dos homens.
Deixai que a Luz desça sobre a Terra.

Fala sobre o amor no sentido hierárquico. Todos os membros da Hierarquia repetem a Invocação inteira.

2. **No segundo dia**, recita a segunda estância da Grande Invocação:
Do ponto de Amor dentro do Coração de Deus,
Deixai que o raio de amor penetre no coração dos homens.
Que Cristo retorne à Terra.

Fala sobre a ressurreição. Os membros da Hierarquia respondem com a Invocação completa.

3. **No terceiro dia**, Ele recita a terceira estância:

Do centro onde a Vontade de Deus é conhecida,
Deixai que o propósito guie as pequenas vontades dos homens –
O propósito que os Mestres sabem e servem.

Ele fala sobre o significado do contacto. Todos os membros da Hierarquia recitam mais uma vez a Invocação completa.

Tudo o que Ele diz é ouvido, não apenas pelos Mestres, mas também pelo Anjo Solar de cada um de nós e, se nos afinarmos com o Guia Interior, ouviremos partes das instruções do Cristo.

Aprendemos que "... essas energias serão liberadas numa cerimônia solene em cada um desses três dias. Em cada cerimônia, o Cristo dirá sozinho a nova Invocação, e então a Hierarquia unida entoará sozinha a estância, invocando a luz, o amor e a vontade de fazer o bem (uma em cada um dos três dias)".[5]

Na primeira estância, a energia está direcionada para os Triângulos. Na segunda, para o Novo Grupo de Servidores do Mundo e, na terceira, para os homens de boa vontade.

> "... eu pediria a todos que pensassem com imaginação e para *agir como* se fossem discípulos aceitos ou pelo menos que estivessem nos arredores de algum ashram. Estou pedindo que participem dessas duas cerimônias com um desempenho cheio de imaginação; estas cerimônias serão posteriormente exteriorizadas em algum centro de cada país ... O primeiro passo para uma participação humana está sendo realizado neste ano.[6]

A energia de Áries, neste primeiro dia do cerimonial, funde-se com a energia do amor, da restauração. A de Touro, no segundo dia, une-se com a da ressurreição e a da vontade de obter a iluminação. A energia de Gêmeos, no terceiro dia, funde-se com a do contacto para a reconstrução.

O Mestre Tibetano diz que "O resultado desses três dias solenes de invocação serão seguidos de um dia de clímax quando a Hierarquia unificada e conduzida pelo Cristo pronunciará a Invocação inteira, cada estância sendo precedida de um comentário apropriado, novamente em uníssono."[7]

Do ponto de Luz dentro da Mente de Deus,
Deixai que o raio de luz penetre na mente dos homens.
Deixai que a Luz desça sobre a Terra.

Do ponto de Amor dentro do Coração de Deus,
Deixai que o raio de amor penetre no coração dos homens.
Que Cristo retorne à Terra.

5. Bailey, Alice A., *The Externalisation of the Hierarchy*, p. 555.
6. *Ibid.*, p. 556.
7. *Ibid.*

Do centro onde a Vontade de Deus é conhecida,
Deixai que o propósito guie as pequenas vontades dos homens –
O propósito que os Mestres sabem e servem.

Do centro que chamamos raça dos homens,
Deixai que o Plano de Amor e Luz se realize
E sele a porta onde habita o mal.

Que a Luz, o Amor e o Poder restaurem o Plano na Terra.

Convido a todos os que pretendem reunir-se nesses Festivais que procurem fazê-lo subjetivamente (sempre que se encontrem) e partipar inteligentemente das cerimônias instituídas.[8]

O Mestre Tibetano acrescenta a essas informações: "Eu gostaria de avisar que se obtiverem sucesso em qualquer aspecto da participação, será necessário que se guardem da sobrecarga de estímulos e cuidem, com discernimento, de usar a energia que receberam em benefício da humanidade."[9]

Aprendemos que a individualização dos seres humanos acontece no signo de Gêmeos. A Centelha humana e Seus três veículos são ligados aos Anjos Solares, e pela primeira vez na sua vida o homem tem consciência do Eu.

Astrologicamente, Vênus, o Quinto Raio, é o regente esotérico de Gêmeos. Mercúrio, o Quarto Raio, é o exotérico. A Terra, o Terceiro Raio, é o regente hierárquico. Assim, formam um triângulo com as energias do Quinto, do Quarto e do Terceiro Raios. É neste campo elétrico de força que os Anjos Solares chegam ao homem-animal e o uniram à sua Centelha-Mônada. Isto é a individualização. Depois que ela ocorre, a evolução do ser humano caminha a passos largos.

A evolução da humanidade ocorre sob os olhos observadores da Grande Loja em Sirius, que controla a Hierarquia espiritual neste planeta. No futuro, as pessoas serão iniciadas nas maiores realidades espirituais durante o mês de Gêmeos.

O objetivo dos encontros na lua cheia é criar formas-pensamento magnéticas em nossa esfera mental, para que, de maneira sutil, nos sintonizemos com os pensamentos e visões do Cristo e possamos expandir nossa consciência.

É muito importante que sigamos o mesmo procedimento da Hierarquia. Comecemos três dias antes da lua cheia e, no primeiro dia, meditemos, conversemos e contemplemos o significado do amor em seu sentido hierárquico mais elevado. No dia seguinte, concentremo-nos no significado e compreensão da ressurreição. No terceiro, focalizemos o contacto e, no quarto, a Boa Vontade.

Através dessas meditações e contemplações, criamos um contacto maior com o campo energético formado pelos pensamentos do Cristo sobre esses assuntos. É possível receber vislumbres da Sua sabedoria e, desta forma, estabelecer um contacto maior com a esfera Hierárquica.

O primeiro tema do Cristo em sua conferência para os Mestres da Sabedoria é o amor. No nosso nível, podemos ver que:

8. *Ibid.*
9. *Ibid.*, p. 557.

1. O amor abre nosso centro cardíaco e o fluxo de energia de vida cresce em nós. Amor é vida. É o mais elevado alimento para o nosso Espírito. Toda a existência é alimentada pelo amor.

2. O amor nos faz ver a beleza em cada ser humano, em toda a natureza. Nenum homem consegue ver a beleza se não tiver amor em seu coração. A beleza é a manifestação do amor verdadeiro. Podemos dizer também que o amor nos transforma e desperta a beleza adormecida em nós.

Se a qualquer tempo notarmos que estamos vendo mais beleza em outros seres humanos, isso significa que a energia do amor está aumentando dentro de nós. Inversamente, fazendo alguma coisa contra o amor perdemos energia.

3. O amor afasta do nosso ser os ciúmes ocultos. O amor os dissolve. O ciúme envenena todo o nosso sistema, sendo a causa de muitas doenças. Quando ele é retirado da nossa mente, do nosso coração, dos nossos músculos e ossos, sentimos a vida surgindo dentro de nós, nosso horizonte se expande além da imaginação e a energia da liberdade circula em nosso ser.

Onde há ciúme, o amor fica intoxicado e paralisa. Quando uma pessoa o subjuga, entra em contacto com o Amor Divino em todos os lugares e em todas as coisas. O ciúme faz a pessoa ansiar por posição ou posses às custas dos outros.

4. O amor nos impede de falar das fraquezas dos outros ou de revelar assuntos particulares de alguém. Se algo nos diz respeito, vamos diretamente à pessoa envolvida e a questionamos. Quando amamos, não nos tornamos juízes dos outros. Pelo contrário, se possível, ajudamos a quem está sob ataque, sem ferir ninguém. Quando ocupamos a mente com as imagens ruins que as pessoas criam em decorrência do ciúme, do ódio e da ignorância, essas imagens ficam impressas em nosso ser e, às vezes, as exteriorizamos. O amor é paciente, e com freqüência espera para ver a vitória da Alma, mesmo em condições adversas.

Um quadro feio escurece a nossa visão e cria um obstáculo entre nós e o nosso objetivo.

5. O amor nos torna humildes e extremamente respeitosos em relação a quem nos guia no caminho espiritual. O amor libera um profundo espírito de gratidão.

6. O amor nos torna intuitivos. Os que amam são os mais intuitivos. O fogo do amor purifica os planos mental e emocional, bem como as idéias, visões e revelações intuitivas ficam claramente impressas e refletidas sem distorção no espelho da mente superior.

O amor é a Presença Única em tudo. Quando somos amor, estamos verdadeiramente em tudo, em todos os lugares. Nada pode ser escondido de nós. O amor é o caminho real da onisciência e da onipresença.

7. O amor constrói um escudo protetor em torno de nós. Forças sombrias, formas de pensamento más, intenções destrutivas de outras pessoas não conseguem penetrar em nossos veículos, nem causar transtornos se construímos essa couraça. Ninguém pode possuir ou obcecar um homem que realmente ama ou que está cheio de amor. O amor inclui tudo. E quando é abrangente, não tememos a magia negra, as bruxarias, as críticas ou as más intenções e os planos dos outros.

8. O amor aumenta a nossa luta pela perfeição e o nosso entusiasmo em servir para o progresso e a evolução dos demais. Os que amam, aos poucos abandonam todas as ações, emoções e pensamentos que não estão em harmonia com a beleza, o bem e a verdade; eles têm sede de conhecimento, de realização, de compreensão e de serviço. Quanto maior o amor, maior o serviço. O servir verdadeiro é manifestação de amor. O amor impele à perfeição e fortalece o Espírito para guiar os outros no caminho da evolução.

Um dia, um menino me disse: "Eu vou ser cirurgião." "O que fez você se decidir?", perguntei a ele. "Meu irmão morreu e eu quero aprender a salvar a vida das pessoas. . ."

O amor nos impele a desenvolver atitudes destinadas a ajudar os outros.

9. **Quem ama não pode ser magoado nem ser suscetível.** Sempre que alguém se magoa ou se sente agredido, reconhecemos que não é perfeito em seu amor. Quando existe essa perfeição, ninguém pode nos magoar. Irradiamos amor e aceitamos as pessoas como são. Amamos e contactamos a Divindade nos outros. Mesmo que alguém nos cause problemas, vemos os resultados positivos que ele criou dentro de nós e nos sentimos agradecidos.

10. **O amor aumenta a nossa criatividade.** As pessoas muito criativas são grandes amantes. Irradiam amor para tudo. O amor as faz compreender as estrelas, o arco-íris, os oceanos e rios, as árvores e flores, os pássaros e animais, os seres humanos e a vida em geral.

A criatividade é uma tentativa de traduzir essa compreensão de todos os aspectos da Natureza, através da cor, da música, dos movimentos, das palavras, das formas e invenções. É um esforço para ajudar a Grande Vida a continuar se manifestando. O que cria é o amor. A Divindade dentro de nós se manifesta através do amor.

11. **O amor nos sintoniza com a Hierarquia.** Ninguém pode penetrar nos portões da Hierarquia, nos Ensinamentos dos Grandes Mestres, sem estar protegido e inflamado pelo amor. Este escudo nos protege no caminho para os portões, e a chama do amor o abre.

Os membros da Hierarquia são chamados de Senhores da Compaixão. A compaixão é o fogo, e ninguém pode passar pelo fogo sem que a chama do amor o purifique.

Mestre Djwhal Khul diz: "Com a luz pura do amor pelo seu semelhante, você pode se aproximar mais de mim e dos professores que estão no lado subjetivo da vida e chegar mais rapidamente ao Portão que se abre no Caminho Iluminado."[10]

12. **O amor nos torna co-autores do Cristo e uma fonte viva da corrente de amor que transborda do Coração do Sol.** Para trabalharmos junto com o Cristo, temos de ter um amor abrangente, que perdure, perdoe e ajude. Cristo é a personificação do Princípio do Amor Cósmico. Aqueles que vivem uma vida de amor são co-autores com Cristo. E, por permanecerem próximos a Ele, o Plano, o Propósito e a grandiosidade da Vida espiritual lhes são revelados gradualmente.

Cristo é o Engenheiro de um mundo único, de uma humanidade. Ele trabalha pela sua transfiguração e para a ressurreição dos seus associados.

Mestre Djwhal Khul, falando a respeito do amor, disse: "Quando Ele vier no final deste século e fizer sentir o Seu poder, virá como Mestre do Amor e da Unidade, e o aspecto enfatizado será a regeneração através do amor derramado em todos."[11]

10. Bailey, Alice A., *Discipleship in the New Age*, vol. I, p. 10.
11. Bailey, Alice A., *A Treatise on Cosmic Fire*, p. 755.

Como poderemos trabalhar com Ele se nossos pensamentos, emoções e ações não estiverem purificados pelo fogo do amor? Para ser um colaborador do Engenheiro maior da humanidade, é necessário submeter-se a uma purificação em cinco etapas, a saber:

motivos,
pensamentos,
emoções,
corpo físico, e
expressões.

Depois do Cristo falar sobre o amor, Ele libera energia e carrega os membros de toda a Hierarquia com o fogo de um amor maior, que compreenderemos quando nos tornarmos um com Eles.

Assim, a energia do amor é canalizada, ano após ano, para o lago poluído da vida humana. Nosso sistema de comunicação do mundo anuncia principalmente os fracassos do amor e da compreensão. Mas a energia do amor está criando milagres em milhões de pessoas e de grupos. Todos os que tentam ajudar os outros a se erguer, a servir, a iluminar, a unificar, a criar beleza, alegria e relações humanas corretas, são flores da corrente da energia do amor.

A comunicação da Nova Era começará mudando a tônica dos anúncios e das reportagens. Ao contrário do que é feito hoje, o trabalho criativo que a energia do amor está realizando em todo o mundo através de caminhos e formas ilimitados será revelado a todos.

O tópico do segundo dia é a ressurreição. Quando dizemos ressurreição, estamos nos referindo a uma energia especial. A energia da ressurreição capacita uma pessoa a se erguer das prisões das atividades física, emocional e mental involutivas.

Durante esta época, podemos cooperar com a energia da ressurreição e nos afastarmos de pensamentos, emoções e atividades que nos atam ao mundo do sofrimento e da matéria. A energia da ressurreição alimenta a semente do Espírito, a semente-Ser, e capacita que essa semente cresça para o seu destino. A energia da ressurreição nos torna sensíveis à inspiração de Shambala e do verdadeiro Eu interior.

A energia da ressurreição é o caminho para encontrarmos o nosso Eu. Começa com vislumbres, como lampejos refletidos num espelho; depois o espelho desaparece e somos o nosso Eu.

Os Grandes dizem que, se queremos nos encontrar com o nosso verdadeiro Eu, esta é a energia que temos de contactar. Ela O revelará a nós e poderemos ser colocados em contacto com o Centro maior, que nos ajudará não só a revelar o nosso verdadeiro Eu, no estágio humano, mas também o Eu Divino em escala planetária.

Primeiro, encontramos nosso eu em um espelho; vemos a outra face e depois os níveis emocional, mental e intuitivo; e depois no plano mais sutil, até que por fim encontramos o nosso Eu no nível mais elevado do Plano Físico Cósmico.

A revelação do Eu continua em outros planos Cósmicos, mas o importante é saber que é a energia da ressurreição que transporta o Espírito de glória em glória.

De uma maneira bem mística, São João disse: "Ainda não sabemos o que seremos. . . mas quando O virmos, seremos como Ele."

A energia da ressurreição nos faz ver a transitoriedade de todos os valores materiais e a vaidade de todos os apegos. Todos os que estiverem bem alimentados desaparecerão lentamente com a interferência da energia da ressurreição. Esta energia aumenta em ciclos que englobam o físico, o emocional e o mental. Quando passamos de um ciclo para outro, deixamos para trás nossos "ursinhos de pelúcia" e buscamos valores mais permanentes.

Há momentos em nossa vida nos quais não podemos viver sem o "ursinho de pelúcia". Quando completamos dezesseis anos, nós o jogamos na garagem e perdemos o interesse por ele. Mas descobrimos outros atrativos: namorados, namoradas... Depois vêm os valores financeiros: negócios, bens, terras, jóias, etc. Por fim, compreendemos que existem valores mais permanentes, ligados mais ao "ser" do que ao "ter", tais como: amor, paciência, gratidão, simplicidade, conhecimento e sabedoria.

Quando chegamos aos noventa anos e estamos prontos para partir, fazemos um inventário dos nossos bens e descobrimos que nenhum deles passa conosco pelo portal da morte, exceto os valores relativos ao ser. A energia da ressurreição atua, em certo grau, no momento da transição e revela grandes verdades à nossa Alma em relação aos "ursinhos de pelúcia".

Aqueles de nós que têm a sorte de estar informados sobre a energia da ressurreição e que são capazes de usá-la, não sofrerão tantos desapontamentos e conseguirão andar no caminho dos valores espirituais. Esta energia cultiva a necessidade, o impulso e a luta por conhecer e averiguar quem somos e o que somos. Isso encerra em si mesmo um valor supremo. Na escuridão e na luz, no fracasso e no sucesso, trataremos de descobrir esse mistério que está dentro de nós, e isso poderá ser conseguido através da energia da ressurreição.

Ela nos capacitará a atrair as energias liberadas por Gêmeos, por Touro, pelas Plêiades e pela Ursa Maior. Essas energias são encontradas somente num estado de avanço progressivo em direção ao verdadeiro Eu.

Logo que o Cristo tiver falado sobre o tema da ressurreição no nível Hierárquico, Ele entoará o segundo versículo da Grande Invocação, o versículo do Ressuscitado, e todos os membros da Hierarquia repetirão a Invocação inteira e celebrarão cerimônias ocultas.

No terceiro dia, o tema é o contacto. Esta energia criará uma sensibilidade maior com relação à irradiação do Cristo, e as pessoas entenderão melhor o Seu amor, o Seu plano e a Sua maneira de trabalhar.

Muitos santos, discípulos e líderes em todos os campos do empreendimento humano impressionam-se com o Cristo, e trabalham para melhorar a qualidade da vida e para o desenvolvimento dos valores espirituais. Deve-se notar aqui que as atividades dessas pessoas não são necessariamente religiosas, mas se dirigem progressivamente para uma compreensão e uma unidade maior.

Parece-nos que o Cristo só acolhe a nossa religião quando temos em nosso coração a religião suprema, que é uma vida dedicada à beleza, ao bem e à verdade.

A energia do contacto criará uma continuidade de consciência entre as mentes inferior e superior, entre a personalidade e a Alma, entre a personalidade infusa na Alma e o Eu verdadeiro. A energia do contacto é uma energia unificadora. Através da ponte que ela constrói, a pessoa desenvolve a continuidade de consciência de um plano a outro, até que esta consciência ou conhecimento inclua o Eu. É nesse estágio que as reencarnações e nascimentos se parecem como contas no rosário da continuidade da consciência.

A energia do contacto estabelecerá uma linha de comunicação entre a pessoa e os Sete Ashrams, e a seu tempo com toda a Hierarquia no Plano Intuitivo. Ela saberá de todas as atividades que se desenvolvem nos níveis hierárquico e dos "Ashrams".

Cristo vem trabalhando há dois mil anos para construir a continuidade de consciência entre a humanidade e a Hierarquia e, talvez, Shambala. Quando essa continuidade existir, o medo da morte estará derrotado e a Centelha trabalhará em Seu caminho infinito, consciente e livremente. Através da continuidade da consciência extrairemos nossa sabedoria das fontes superiores, das cerimônias e dos eventos que acontecem em níveis sutis, e enriqueceremos nossos anos mortais com valores imortais.

A continuidade da consciência organizará os corações e as mentes de todos os verdadeiros servidores, e eles trabalharão como uma equipe em todos os setores da vida pela salvação da humanidade.

A energia do contacto nos colocará face a face com o Cristo vivo. E nEle veremos nossa glória e realização futuras. Esta energia nos capacitará a tocar o coração e a alma dos homens e a nos relacionar com eles como Centelhas vivas de um Fogo universal, em vez de considerá-los como um conglomerado de minerais, emoções e pensamentos.

As pessoas convivem umas com as outras por um longo período de tempo sem terem nenhum contacto verdadeiro de Alma. O contacto de Alma é o instante de uma tremenda explosão de alegria. Um contacto desses nos ajuda a atingir níveis cada vez mais elevados. O contacto é um momento de fusão com uma freqüência superior correspondente, que está presente ou é evocada em uma pessoa ou centro.

A energia do contacto poderá nos conduzir a seu tempo à porta de Shambala. Nosso conhecimento será estendido a uma dimensão maior, e a partir desta data brilhará, em torno das nossas cabeças, uma auréola, com um outro símbolo inscrito nela.

Os quadros dos santos com belas auréolas que irradiam raios de luz em torno das suas cabeças não são um efeito de imaginação criativa, mas o reflexo de um fato. Os grandes santos possuem um campo energético em torno da cabeça, e alguns artistas criativos os pintaram como os viam. Essa auréola nos põe em contacto com fontes superiores, como uma antena magnética para impressões mais elevadas.

À medida que esse campo se expande, nosso contacto com o universo também se expande e se torna cada vez mais claro. Esse mecanismo transfere a energia da beleza, do bem, e da verdade das fontes Cósmicas para o nosso ser. Esses três assuntos são ensinados por Cristo nos três dias de lua cheia, com invocações e cerimônias apropriadas.

Mestre Djwhal Khul diz:

> ... *na época da lua cheia de junho*, a Hierarquia, sob a orientação de Cristo, liberará essa vontade de fazer o bem sobre a humanidade, originando sete grandes resultados, segundo os sete sub-raios do primeiro Raio da Vontade ou do Poder.

1. Será dado poder aos discípulos do mundo e aos iniciados entre os homens para que possam direcionar, com eficiência e sabedoria, o futuro processo de reconstrução.

2. A vontade de amor estimulará os homens de boa vontade em todos os lugares para que, gradualmente, o ódio possa ser suplantado e os homens procurem conviver em cooperação. Isso levará algum tempo, mas a necessidade interior existe e está sujeita à estimulação.

3. A vontade de agir conduzirá as pessoas inteligentes através do mundo levando-as a inaugurar as atividades que serão os alicerces para um mundo novo, melhor e mais feliz.

4. A vontade de cooperar também crescerá resolutamente. Os homens desejarão e exigirão relações humanas corretas – um resultado mais abrangente que o produzido pela atividade dos três primeiros aspectos deste raio, e que será uma conseqüência natural desta atividade.

5. A vontade de saber e de pensar correta e criativamente tornar-se-á uma característica marcante das massas. O conhecimento é o primeiro passo em direção à sabedoria.

6. A vontade de persistir (que é um aspecto da devoção e do idealismo) se converterá numa característica humana – uma sublimação do instinto básico da autopreservação. Isso conduzirá a uma crença persistente nos ideais apresentados pela Hierarquia, e uma demonstração da imortalidade.

7. A vontade de organizar fomentará um processo de construção que será levado adiante sob a inspiração direta da Hierarquia. O meio será a potência da vontade de fazer o bem do novo grupo de servidores do mundo e a sensível boa vontade correspondente da humanidade.[12]

Meditação em Gêmeos

1. Repita o primeiro versículo da Grande Invocação:
   Do ponto de Luz dentro da Mente de Deus,
   Deixai que o raio de Luz penetre na mente dos homens.
   Deixai que a Luz desça sobre a Terra.
2. O símbolo deste versículo é um sol nascente por trás de montanhas.
3. Visualize o sol dentro da cabeça, um sol muito pequeno que vai aumentando, penetrando em todas as células e átomos da sua personalidade, liberando sua luz latente, enquanto que a personalidade como um todo entra num processo de transfiguração.
4. Pensamento-semente para meditação:
   "Deixai que a Luz desça sobre a Terra."
5. OM
6. Repita este mantra:
   Que as Forças da Luz tragam iluminação para a humanidade.
   Que o Espírito da Paz se espalhe.
   Possam os homens de boa vontade em todos os locais se encontrarem em espírito de cooperação.

12. Bailey, Alice A., *The Externalisation of the Hierarchy*, pp. 440-441.

Possa o perdão de parte de todos os homens ser a tônica deste momento.
Que o poder assista aos esforços dos Grandes.
Assim seja, e que possamos realizar a nossa parte.

7. OM OM OM
8. Repita o segundo verso da Grande Invocação:
   Do ponto de Amor dentro do Coração de Deus
   Deixai que o raio de amor penetre no coração dos homens.
   Que Cristo retorne à Terra.
9. Visualize um rio, símbolo da vida mais abundante.
10. Repita:
    Saudações aos Mestres da Sabedoria.
    Saudações ao Cristo, à Cabeça da Hierarquia, ao
    Mestre da Era de Aquário.
11. Pensamento-semente para meditação:
    "Nosso amor é o caminho onde o Cristo reaparecerá."
12. Repita o mantra do Novo Grupo de Servidores do Mundo:
    Que o poder da vida única
    se derrame sobre o grupo de todos os verdadeiros servidores.
    Que o amor da Alma única
    caracterize a vida de todos os que buscam ajudar os Grandes.
    Que eu possa realizar minha parte no trabalho único
    através do auto-esquecimento, da inocência e da linguagem correta.
13. OM OM OM

NOTA: A relação a seguir ajudará a esclarecer as energias ativas nestas três principais luas cheias. Em **Áries** temos:

Áries	Primeiro Raio
Marte (regente exotérico)	Sexto Raio
Mercúrio (regente esotérico)	Quarto Raio
Regente Hierárquico	Sétimo Raio

Temos então **Touro**:

Touro	Quarto Raio
Vênus (regente exotérico)	Quinto Raio
Vulcano (regente esotérico)	Primeiro Raio
Regente Hierárquico	Primeiro Raio

A seguir, **Gêmeos**:

Gêmeos	Segundo Raio
Mercúrio (regente exotérico)	Quarto Raio
Vênus (regente esotérico)	Quinto Raio
Regente Hierárquico	Terceiro Raio

Em uma das Suas tabelas, o Mestre Tibetano mostra as seguintes relações:[13]

Shambala	o aspecto da Vontade de Deus	Wesak	Lua Cheia de maio	Touro
Hierarquia	o aspecto do Amor de Deus	Páscoa	Lua Cheia de abril	Áries
Humanidade	Inteligência divina	Boa Vontade	Lua Cheia de junho	Gêmeos

13. Bailey, Alice A., *The Externalisation of the Hierarchy*, p. 422.

Em outro momento, o Mestre comenta: "Neste dia (lua cheia de Áries), a Hierarquia Espiritual que Ele guia e dirige será reconhecida, e a natureza do amor de Deus será enfatizada."[14]

Com relação à lua cheia de Wesak, Touro, o Mestre Tibetano diz: "O Buda, (intermediário espiritual entre Shambala e a Hierarquia) é a Expressão da Sabedoria de Deus, a Personificação da Luz, e o Indicador do Propósito divino."[15]

Com relação à lua cheia de Gêmeos, o Mestre fala: "Este será o festival do espírito da humanidade – que aspira a Deus, que busca conformidade com a Vontade de Deus e se dedica à expressão da relação humana correta."[16] Desta forma, temos:

Áries O aspecto do Amor de Deus
Touro O aspecto da Vontade de Deus; Luz e Finalidade
Gêmeos Relação humana correta; Inteligência Ativa

Então, as energias que devem ser enfatizadas nestas luas são:

Em Áries Primeiro Raio e Amor
Em Touro Quarto Raio e Vontade
Em Gêmeos Segundo Raio e Inteligência Ativa.

A combinação de todos esses Raios forma a energia da Boa Vontade

A confusão desaparece quando compreendemos que:

A energia de **Áries**, que é o poder da vontade do Primeiro Raio, é canalizada através da Hierarquia, o centro do coração do planeta e transformada no Amor que ressuscita.

A energia de **Touro**, o Quarto Raio, passa através de Shambala, o centro da cabeça, e se transforma na energia do Primeiro Raio.

Gêmeos, que é a energia do Segundo Raio, funde-se com as energias acima mencionadas, passa através do centro planetário da garganta e se transforma em Inteligência Ativa e Boa Vontade.

14. *Ibid.*, p. 420.
15. *Ibid.*, p. 421.
16. *Ibid.*

SOL EM GÊMEOS: PARTE IV

Existem alguns anos nos quais celebramos duas luas cheias como, por exemplo, durante o mês de Gêmeos. Esta é uma grande bênção para a humanidade.

Na primeira lua cheia de Gêmeos, as energias de Touro, de Áries e de seus regentes se fundem com a energia de Gêmeos e de seus regentes e, através dos esforços da Hierarquia, se transformam na energia da Boa Vontade.

Na segunda lua cheia de Gêmeos, recebemos a energia de Gêmeos somente através da sua configuração, que tem uma química diferente e suscita resposta dos planos e centros no homem e no planeta.

A primeira lua cheia de Gêmeos é a Inteligência e a Boa Vontade divinas. A segunda é um fluxo de energia de Amor-Sabedoria, manifestando-se através do Quarto Raio da Harmonia através do Conflito e do Quinto Raio da Ciência Concreta.

O Quarto Raio afeta principalmente o público em geral, e o Quinto, neste caso, os discípulos mais adiantados da Terra. O Mestre Tibetano, Djwhal Khul, diz: "Esta (Gêmeos) é a força que provoca as alterações necessárias para a evolução da consciência de Cristo em qualquer ponto particular no tempo e no espaço."[1]

Gêmeos está relacionado com o Coração do Sol. "Em Gêmeos, algumas das influências zodiacais fundamentais – sintetizadas e coordenadas – se concentram no nosso planeta. Isso produz tensão, ação e reação, e o estado de uma forte luta e de dificuldade característico da nossa vida planetária, e que a seu tempo produz o despertar da humanidade para a plena consciência planetária, e, no caso do Logos planetário, para a plena consciência cósmica."[2]

A distribuição dessas energias provoca dentro de nós certas reações que podem ser identificadas como:

1. revelação,
2. expressão e expansão,
3. decisão,
4. mudança,
5. empenho à procura de novos níveis.

1. Bailey, Alice A., *Esoteric Astrology*, p. 345.
2. *Ibid.*, p. 357-358.

1. Revelação. A energia da primeira lua cheia nos revela um pouco mais da nossa natureza do que já sabíamos. Isso acontece simultaneamente em todos os veículos da nossa personalidade. As coisas vêm à superfície. Esqueçamo-nos das revelações de fatores negativos e olhemos quantos aspectos bonitos emergem dos quais nunca tivemos conhecimento. Grandes sonhos aparecem vividamente em nossa consciência; grandes visões se aproximam de nós, visões que estavam tão distantes. Na época da lua cheia, quase as tocamos, vemos, sentimos e estabelecemos com elas um contacto maior.

A grande beleza das outras pessoas nos é revelada, levando-nos a prestar atenção aos aspectos negativos e feios ocultos em nossa natureza.

Esses aspectos negativos não surgem através da energia do signo. Esta nada tem que ver diretamente com os aspectos negativos, mas quando revela e traz para a superfície os aspectos positivos, vemos o lado negativo e feio em nossa natureza à luz da beleza crescente.

2. Expressão e expansão. A lua cheia de Gêmeos revela visões, sonhos e beleza dos subterrâneos escondidos do nosso ser, que, uma vez liberados, se projetam na tela da nossa mente, das nossas emoções e em nosso corpo etérico como sensações da nova energia ou força. Desta forma, expandem-se em nosso espaço interior. Nós nos sentimos um pouco melhor e com um pouco mais de coragem para seguir essas visões e sonhos.

Expressão e expansão causam criatividade. Com criatividade queremos dizer uma ação através da qual nos construímos, reformamos ou recriamos à luz de uma nova visão. Ninguém pode se expandir sem criatividade. Neste ato tentamos mostrar o Ser verdadeiro e tocá-lo, procurando torná-lo vivo e ativo – uma força dominante em nossa natureza.

3. Decisão. O que faremos com essas revelações, expressões e expansões? Temos de tomar uma decisão – uma decisão para adaptar a nossa personalidade, o nosso lar e nossa vida social às condições das quais poderemos manifestar essas visões, idéias, sonhos e expansão para o bem de outros e de nós mesmos.

Decidiremos de que forma, de que maneira, em que plano e dosagem, e onde e quando revelar nossas visões, idéias e o nosso verdadeiro Eu, o conhecimento interior de que somos o Eu, a beleza, a personificação do Fogo Divino. O que faremos com isso tudo? O problema começa aqui. Muitos aspectos de nossa natureza deverão ser afastados antes de colocarmos em prática nossas visões. Este é o ponto crítico no qual tomamos decisões importantes. Por exemplo, se temos um grande senso de justiça, como introduziremos essa justiça em nossa vida quando as circunstâncias nos forçarem a ser menos honrados? As pessoas perguntam: "Como posso fazer negócios sem dizer mentiras?"

Digamos que você trabalha num mercado de carnes, e tem uma revelação sobre o valor da vida. Em conseqüência dessa revelação, cresce dentro de uma pressão. O que fazer? Prefere sepultar essa revelação ou tomar decisões novas e corajosas?

Uma outra pessoa não mantém um bom relacionamento com as pessoas e agora tem uma visão correta das relações humanas. Como fará ela para lidar com essa situação conflitante?

A energia de Gêmeos atinge a humanidade comum através de Mercúrio ou pelo Quarto Raio da Harmonia, através do conflito.

O homem se coloca entre a luz e as trevas, entre o real e o irreal, entre a morte e a imortalidade, entre o caos e a beleza. Qual o caminho que seguirá, física, emocional e mentalmente? Conhecendo as dificuldades do caminho, qual será a sua decisão? Este é campo conflitante entre os dois pólos de Gêmeos, entre a luz crescente e decrescente.

Nossas aquisições futuras estarão baseadas em nossa decisão. Decisão é uma forma de pensamento carregada de poder volitivo. Vive muito mais do que qualquer outra forma de pensamento, e ciclicamente se faz lembrada até que cumpramos as nossas próprias decisões. Eis por que precisamos ser cuidadosos e não decidir antes de conhecermos a seriedade da nossa decisão e estarmos prontos para executá-la. As decisões tomadas sob a influência de outra pessoa ou sob hipnose retardam o nosso progresso por muito tempo.

Nossas decisões são a base ou a causa sobre a qual repousa nosso sucesso futuro ou nosso fracasso temporário. Utilizo o termo "temporário" porque através de experiências em nossa vida aprendemos como viajar no caminho do sucesso. O Eu real dentro de nós, sendo parte do Fogo Onipotente, nunca fracassa. Nossa personalidade sim, mas não há fracasso para a Centelha, para o Eu **real**. Este poderoso mantra é um testemunho de que:

> Mais radiante do que o Sol,
> mais puro do que a neve,
> mais sutil do que o éter,
> é o Ser,
> o Espírito dentro do meu coração.
> Eu sou o Eu,
> este SER sou eu.

O Eu está além do fracasso, da névoa, da neblina, da poluição ou das nuvens geradas pela personalidade. A identificação com esse Eu nos afasta dos nossos fracassos. Mas, devido à nossa identificação com os veículos da personalidade dizemos: "Veja como sou feio, como sou sujo e negativo. Veja como sou confuso e complicado." Esta é uma situação na qual, em vez de olharmos para nós do ponto de vista do Espírito, nos vemos pela esfera da contaminação. Mas além dessa contaminação brilha o Sol, e isto somos nós. Tente ver-se do ponto de vista do Sol e diga: "Meu Deus, as condições dos corpos e suas esferas não me parecem belas, mas eu sou o Eu, e posso mudá-las."

O Mestre Djwhal Khul diz que a força de Gêmeos "produz as mudanças necessárias para a evolução da consciência de Cristo".[3] A consciência do Cristo individual engloba todas as Centelhas em seu coração. A consciência do Cristo vê somente a síntese e unidade planetária, solar, galáctica e Cósmica. Ela vê as coisas como realmente são, em seu próprio nível. A consciência de Cristo vê a vida do ponto de vista do eterno agora, da realização e do Infinito.

4. Mudança. Depois da decisão, somos desafiados pelas revelações e pelo conhecimento a mudar. O que mudaremos? Podemos mudar o modo de viver, de sentir, de pensar, de falar, de nos relacionar, de planejar e de criar. Podemos mudar a nossa consciência, os relacionamentos, o fluxo de energia e seu mecanismo, as relações geométricas dos nossos centros, nossos negócios, nossa localização e nosso país natal.

3. *Ibid.*, p. 345.

Nossa vida não poderá se adaptar às revelações se não fizermos as mudanças apropriadas. Não é fácil mudar. Podemos perguntar: "Estou trabalhando somente pela minha personalidade, pelo meu grupo ou pela humanidade? Penso em termos de uma humanidade única? Que obstáculos há no caminho para fazê-lo? Quais as mudanças emocionais e mentais necessárias? Estou preocupado com o futuro das crianças da humanidade, ou vivo apenas para meus prazeres e satisfações pessoais? Que exemplo estou dando ao mundo com esta vida que levo? Que mudanças preciso fazer se decidir viver como um Filho da Luz, do Amor e do Poder? Que níveis de polarização devo cultivar para conseguir contacto com os centros maiores?"

Você precisa mudar. Tente observar-se e à sua vida para ver se as coisas estão ocorrendo de modo mecânico ou conscientemente. Considere em quanto tempo serão feitas essas mudanças: em uma hora, uma vida, em muitas vidas? Mudanças requerem energia, planejamento e sabedoria. E aqueles cujas decisões são sinceras sempre descobrirão modos e maneiras para mudar e proporcionar para si mesmos uma maior harmonia com a senda da perfeição.

5. Empenho à procura de novos níveis. Depois de uma mudança, devemos lutar por níveis mais elevados, pois a mudança encerra um ciclo antigo, uma velha porta, e abre um novo ciclo, uma nova porta, um novo horizonte.

Nos primeiros estágios de desenvolvimento, sua vida está dando o primeiro passo, que é comer, beber e dormir. No segundo, descobrem novas aspirações, excitação e beleza, mas também é demasiado lenta para o nosso coração que voa. No terceiro, novas filosofias, visões e revelações. No quarto, cultivamos novas realizações, e uma autodeterminação mais profunda e uma grande auto-realização. No quinto, há mais serviço, sacrifício e criatividade, e liberdade.

Para que nível estamos lutando? Para os Ashrams, a Hierarquia, Shambala ou além desses? Pergunte a si mesmo em que nível sua mente está funcionando. Onde se concentram os seus interesses? Para onde se dirigem os seus pensamentos antes de dormir? Sexo? Crime? Orações? Maiores decisões para servir e sacrificar-se? Depois de ter deixado o corpo, somos atraídos pelo nível dos nossos pensamentos. Se você estiver interessado em coisas físicas, se verá freqüentando boates ou em níveis aonde os interesses físicos o conduzirão.

Gêmeos revela dualidade: os interesses humanos e divinos, os interesses materiais e espirituais. Pergunte a si mesmo quais interesses divinos temos em nós. Trabalhamos fisicamente para os interesses divinos ou humanos? Estamos emocional e mentalmente orientados para o serviço do Plano Divino? Como poderemos alcançar a mestria, se não superamos o nível humano, se não entramos na Divindade interior?

É assim que lutamos por novos níveis. Esta lua cheia é a culminação das três luas cheias principais. Esta é a maior oportunidade para rever a colheita das três luas e colocar nossa nova vida em relação com o mundo, com a humanidade, à luz da energia do Amor-Sabedoria de Gêmeos. Este é um aspecto muito interessante e importante. Nele iremos rever o curso que a humanidade está tomando e decidir como poderemos ajudá-la.

O Mestre Tibetano, Djwhal Khul, revela em Suas obras que Cristo recita a Grande Invocação na lua cheia de Gêmeos antes de liberar as energias das três luas cheias. Aqui há uma bela sugestão. A Grande Invocação não é somente uma prece, mas um transformador, um mecanismo de transmutação, através do qual as energias das três luas cheias são transformadas na energia da Boa Vontade.

A Grande Invocação foi liberada para a humanidade na lua cheia de Gêmeos em 1945, no dia em que Cristo tomou a decisão de reaparecer fisicamente na Terra. Isso significa que é um instrumento espiritual importante não apenas para transmutação da energia, mas para preparar o caminho para o reaparecimento de Cristo. Este é o motivo pelo qual o Mestre Djwhal Khul nos disse para ensinarmos aos homens a usar em grande escala a Grande Invocação, e enfatizou que "Este é o seu primeiro e maior dever". O Mestre Tibetano também revelou que os membros da Hierarquia a utilizam com "constância, exatidão e poder".

Neste momento de crise mundial, nosso maior esforço deve estar concentrado em tornar a Grande Invocação uma prece mundial, pronunciando-a com "constância, exatidão e poder". É interessante notar que a Grande Invocação sintetiza as energias das três luas cheias e dos três centros.[4]

Shambala	o aspecto da Vontade de Deus	Wesak	Lua Cheia de maio	Touro
Hierarquia	o aspecto do Amor de Deus	Páscoa	Lua Cheia de abril	Áries
Humanidade	Inteligência divina	Boa Vontade	Lua Cheia de junho	Gêmeos

Isto significa que as energias dessas três constelações são invocadas e combinadas com os três grandes centros no planeta, com o Cristo no centro como ponto focal e de distribuição. Tudo isso, no entanto, é realizado através do instrumento espiritual da Grande Invocação.

É através da Grande Invocação usada em formação triangular que a rede etérica do planeta passará para a forma triangular, e a forma quadrada será descartada. No momento em que o padrão quadrangular se modificar, a Terra e o sistema solar ficarão livres da influência limitadora do primeiro sistema solar e da influência limitadora da mente inferior concreta. Verificamos isso no interesse crescente pelo psiquismo, pelas estrelas e pelas galáxias. Através da formação triangular, a Vontade, o Amor e a Luz Divinos circularão mais abundantemente no ar. À medida que a energia da Vontade aumentar, ela nos orientará melhor na direção do Propósito. A energia do Amor unificará o mundo e os três grandes centros. A energia da Luz revelará os mistérios da Vida. A cada ano e cada vez mais, isso está acontecendo como resultado da Grande Invocação.

Meditação em Grupo em Gêmeos

1. Vamos criar um ritual. As pessoas serão dispostas em grupos de três. A primeira levantará as mãos e dirá o primeiro verso da Grande Invocação. Quando terminar, dará as mãos às outras duas e todas dirão simultaneamente:

   Deixai que a Luz desça sobre a Terra.

   A segunda pessoa dirá o segundo versículo e, dando as mãos, dirá:

   Que o Cristo retorne à Terra.

   A terceira dirá o terceiro versículo e, dando as mãos, dirá:

   Deixai que o Propósito guie as pequenas vontades dos homens.

4. Ver Bailey, Alice A., *The Externalisation of the Hierarchy*, p. 422.

Então, todos juntos repetirão o resto da Grande Invocação. Para tornar a fala solene e rítmica, as três pessoas dirão os versículos em uníssono, e a energia circulará de forma sincronizada.

NOTA: Depois que a terceira pessoa tiver terminado o seu versículo, todas permanecerão de mãos dadas até que se conclua a Grande Invocação. Imediatamente depois, inicia-se a preparação para a meditação sob a direção do mentor.

2. OM OM OM
3. Repetir a Grande Invocação:

   Do ponto de Luz dentro da Mente de Deus,
   Deixai que o raio de Luz penetre na mente dos homens,
   Deixai que a Luz desça sobre a Terra.

   Do ponto de Amor dentro do Coração de Deus,
   Deixai que o raio de Amor penetre no coração dos homens,
   Que Cristo retorne à Terra.

   Do centro onde a Vontade de Deus é conhecida
   Deixai que o Propósito guie a pequena vontade dos homens –
   O Propósito que os Mestres sabem e servem.

   Do centro que chamamos raça dos homens,
   Deixai que o Plano de Amor e de Luz se realize
   E sele a porta onde habita o mal.

   Que a Luz, o Amor e o Poder restaurem o Plano na Terra.
4. Visualize:

   A luz descendo sobre as mentes de todos os homens;
   O Amor descendo de Cristo em cada coração;
   A Vontade descendo para o Cálice de cada pessoa.

   Visualize, como resultado, um só trabalho, uma só humanidade e o reaparecimento de Cristo.
5. Pensamento-semente para meditação:

   O que posso fazer para tornar a mim e ao mundo repletos de luz, de amor e de poder, e para preparar o caminho para Cristo?
6. OM MANI PADME HUM
7. Repetir novamente a Grande Invocação.
8. OM OM OM

6

SOL EM CÂNCER

A tônica de Câncer que sintetiza a qualidade e o propósito do signo é:

Construo uma casa iluminada e nela habito.

O principal objetivo de um discípulo é construir uma casa iluminada e nela habitar. Mas é necessário material da melhor qualidade para construir uma casa dessas. Os materiais lhe foram apresentados nas três luas cheias anteriores. São as essências:

Vontade
Amor
Inteligência

e a fusão dessas três energias em Boa Vontade.

Nesta lua cheia e no mês de Câncer, o discípulo construirá sua casa iluminada. A casa a que nos referimos é feita dos veículos que constituem os corpos inferior e superior do ser humano.

O que faz o corpo? Cada corpo coloca a Centelha em contacto com o plano correspondente a sua vida. Cada corpo tem sete sentidos que relacionam o homem com sete formas da matéria ou substância no plano correspondente. Através desses sentidos, o homem recebe informações e estabelece mudanças no mesmo plano. Essas mudanças diferem à medida que ele toma contacto com planos mais elevados, no sentido de que impõe sobre os planos a harmonia que ele sente no Núcleo da sua Essência.

Cada corpo é uma casa que coloca o homem em contacto com o plano que a construiu. O primeiro corpo são os alicerces. Temos depois o segundo, o terceiro, o quarto, o quinto, o sexto e o sétimo.

É interessante saber que a Centelha leva milhões de anos para construir os corpos físico, astral e mental. As pessoas ficariam surpresas se soubessem que só recentemente se aperfeiçoou a construção do corpo físico.

Os outros corpos ainda não estão construídos. Eu diria que somente trinta por cento da humanidade possui corpo emocional e somente dez por cento o utiliza corretamente. Apenas uns quinze por cento da humanidade construiu seu corpo mental e pode usá-lo. Um em um milhão tem o seu corpo intuicional formado, e só um em um bilhão possui os corpos átmico, monádico e divino. Eis por que esses reinos superiores não existem conscientemente para nós, e somos observados pelos Seres Desenvolvidos como existindo somente no estágio animal da evolução, ligados à morte, ao dinheiro, às guerras, ao ódio, ao medo, etc.

Esses corpos têm outros deveres:

1. Nos relacionam com seu próprio plano e vida;
2. São usados por nós para provocar mudanças; e
3. São utilizados como alimento e nas batalhas.

Nossos corpos são usados para assimilar substâncias dos vários níveis para que o Senhor Interior construa corpos novos e mais sutis. Cada um começa a ser construído a partir da substância mais sutil do corpo inferior. Por exemplo, as virtudes criam substâncias muito raras e que são utilizadas pelo Eu para construir corpos superiores ou partes e mecanismos em corpos superiores. Então os corpos passam a ser utilizados nas batalhas nos planos físico, emocional, mental e superior. Eles ajudam a defender ou a atuar como armas. Combater significa repelir as forças ou entidades que impedem nosso progresso no caminho de volta para Casa. Os peregrinos querem voltar para Casa, mas em seu caminho há seres perversos que tentam impedi-los, destroem seus veículos e os fazem atrasar-se. E cada vez que encarnam como um viajante ou combatente especial, descobrem medos mais sutis para destruí-los ou escravizá-los. Desta forma, milhões de almas ficam aprisionadas – cativas do materialismo, do sexo, da luxúria e das riquezas – através das forças do ódio, do separativismo, da ignorância e das mentiras. O peregrino deverá lutar contra tudo isso em cada plano, enfrentando cada vez um inimigo mais forte. Por isso necessita de armas mais fortes e de corpos mais vigorosos, além de uma proteção maior.

Mestre Morya diz que "algumas pessoas não podem tolerar Nossos avisos freqüentes acerca do combate... mas... o Combate da Luz contra as trevas é incessante. Muitos guerreiros auxiliam nesta batalha, de outra forma... seríamos engolidos pelo caos...",[1] e:

> Muitos círculos pequenos são espalhados no planeta. As lojas negras sabem o que fazer, mas os servos da Luz, pela sua desorganização, com freqüência se prejudicam mutuamente. Estranhos não se aproximam das lojas negras, mas os servos da Luz, pela sua natureza boa, ou ignorância, constantemente estão prontos a abraçar o traidor mais perigoso. Devemos aparentar indiferença, que paralisa a melhor das forças. Na verdade, ficamos esgotados nem tanto pelos inimigos, mas pela indiferença dos amigos...[2]

São João revelou um grande mistério ao falar do Cristo dizendo que "Ele era a verdadeira luz que ilumina a todo homem que vem a este mundo".[3] Cristo disse a seus discípulos: "Vós sois a luz do mundo; que a vossa luz brilhe perante os homens".[4]

"A vida estava nEle, e a vida é a luz dos homens".[5]

1. Sociedade Ioga Agni, *Hierarchy*, par. 354.
2. Sociedade Ioga Agni, *Fiery World I*, par. 351.
3. João, 1:9.
4. João, 1:9, Mateus, 5:16.
5. João, 1:4.

"Eu sou a luz do mundo. Quem me segue não caminhará nas trevas, mas descobrirá para si a luz da vida".[6]

Esta é a luz que brilha no Plano Intuitivo e atrai as pessoas para construírem suas casas de luz. As energias de Câncer ajudam a construir essa casa com a substância distribuída pelo Cristo na lua cheia de Gêmeos.

Câncer nos proporciona a sabedoria do Terceiro Raio. É um raio construtor, um arquiteto. O Terceiro Raio é chamado de Construtor do Alicerce, ou o Grande Arquiteto do Universo.

É com essa energia que a substância da luz, do amor e do poder é reunida das esferas superiores e constrói nosso corpo de luz, preenchendo-o com a luz que brilha nas trevas – a presença de Cristo.

Quando o Sol entra em Câncer, podemos começar a pensar com mais seriedade na construção da nossa casa. Para que servirá essa casa? Ela dará proteção contra todos os tipos de ataque e nos proporcionará segurança. Quando nosso templo intuitivo estiver pronto, teremos:

continuidade de consciência,
compreensão da imortalidade,
conhecimento da Hierarquia,
contacto com o Cristo.

O grande Chohan, o Mestre Morya diz: "Colocamos as pedras no caminho do Templo resplandescente. Em nome do Cristo transportamos as rochas."[7]

As casas a que nos referimos são os corpos etérico, astral e mental. Elas devem ser continuamente construídas, vida após vida, e nelas a vida deverá aumentar progressivamente. Uma pessoa deve construir as casas que ainda não possui, como o corpo intuitivo, no qual brilha a luz de Cristo interior.

O Plano Intuitivo é a nossa casa, na qual brilha a luz de Cristo. É nela que estamos com Ele, porque na noite escura do mistério Cósmico, Ele é a Luz e o Caminho que conduz ao Lar – não a uma casa, mas ao Lar.

Todos os Grandes Seres capazes de construir Suas casas iluminadas as ofereceram como pedras para a construção de uma Casa maior – a Hierarquia como um todo, na qual Cristo é a Luz.

É na Hierarquia que as "pedras", ou Mestres individuais, tentarão construir mansões maiores em Seus seres com a substância dos éteres Cósmicos superiores, para usá-las a fim de construir a *Casa* maior, que desta vez se chama de a Casa do Pai – Shambala.

Os diplomados nas iniciações superiores são as rochas que constroem Shambala. Naturalmente, Shambala como um todo será a Rocha Sagrada sobre a qual será construído outro templo no sistema solar, e este é o processo que se inicia no signo de Câncer.

Câncer encerra também o Sétimo Raio, com freqüência chamado de:

O Criador da Forma,
Aquele que alimenta o Fogo Sagrado, ou
O Revelador da Beleza.

6. João, 8:12.
7. Sociedade Ioga Agni, *Leaves of Morya's Garden I*, par. 73.

O discípulo trabalha cientificamente e cria a forma. Tenta alimentar o Fogo Sagrado, ou a Luz Sagrada, procura manifestar a Luz como beleza.

A beleza em nossa vida é a manifestação do Cristo. É oportuno lembrar que, quando o homem se torna uma Alma viva e consciente, realiza-se um casamento, uma fusão mística com Cristo. Um dos discípulos revelou este segredo dizendo: "Eu estou crucificado com Cristo; daqui em diante não sou eu quem vive, mas o Cristo que vive em mim."[8]

Com esta energia do Sétimo Raio, criamos um campo de correspondente serviço. Alimentamos o fogo sagrado do entusiasmo e revelamos a Beleza Interior, o Cristo em nossa vida.

Há duas outras energias. Uma delas é o Sexto Raio de Netuno, um planeta sagrado, que é o regente esotérico. O Sexto Raio ajuda na construção da casa. Dois de seus nomes são: *Aquele que quebra as Pedras* e *Aquele que conduz ao Doze.*

A energia deste Raio, proveniente de um planeta sagrado, cria em nós a *vontade-de-causar.* "Causar" significa ser uma causa, não um efeito. Ser uma causa é ser o Eu, e não os corpos. Esta energia quebra as pedras da personalidade e libera o Espírito oculto ou cativo nelas. Uma vez quebradas as pedras, a Alma é conduzida por este Raio até os Doze. A pessoa torna-se conscientemente sensível às energias do Zodíaco e as utiliza para construir a sua casa no Plano Intuitivo.

A energia seguinte é a do Quarto Raio, simbolizada pela lua. O Quarto Raio desempenha um papel muito importante na construção. É chamado de *Trombeta do Senhor*, que adverte contra o inimigo, convoca para o trabalho e cria a vontade de se harmonizar e de se relacionar. Uma boa construção é o resultado da harmonia e da proporção correta.

A luz desta casa, que a princípio reluz, cresce cada vez mais à medida que o homem percorre a roda do Zodíaco, expandindo e enriquecendo sua consciência. Cada signo zodiacal oferece um matiz ou voltagem diferente para a sua consciência.

Em ÁRIES, há uma consciência subjetiva latente, uma luz opaca, uma semente de luz no homem e em qualquer coisa viva. Quando o Sol entra no signo de Áries, começa-se a meditar na semente de luz que existe em cada forma: "O que é esta semente de consciência? O que é consciência? Sou consciente? Como poderei levar minha consciência à perfeição? Como poderei descobrir a semente da consciência em cada forma? Quais serão seus efeitos em minha vida?" Esta meditação se estenderá por um mês lunar.

O segundo signo é TOURO. Em Touro temos a energia que nos conduz à consciência do Caminho. O Caminho é a distância entre a pessoa e sua visão mais elevada, entre ela e aquilo a que aspira, aquilo que ela será. O Caminho é a distância e a duração na qual a semente se converte em flor. Em Touro, meditamos na consciência do Caminho.

Devemos nos perguntar: "Tenho um Caminho? Para onde estou indo? Tenho alguma direção? Estou perdido na selva? Sou um barco perdido nas ondas do oceano? Como irei descobrir meu caminho e ser um caminho que conduza

8. Gal. 2:20.

outros à unidade, à síntese e à harmonia?" Se existe um caminho, ele deverá nos conduzir à sobrevivência, à alegria e à criatividade.

A consciência do Caminho é a compreensão de que existe um caminho que nos conduz à unidade. Qualquer outro caminho que não nos leve à sobrevivência, à alegria e à criatividade não é um caminho, mas um labirinto no qual a pessoa anda ao redor de si mesma.

Se não existe um caminho, não há possibilidade de sobrevivência ou de existência. O homem só pode existir se for ao encontro da sua Divindade, do seu futuro. Somente caminhando para o futuro, para o destino, o homem pode existir. A existência é um estado sempre crescente de consciência e um processo de desdobramento contínuo rumo à Divindade.

O próximo signo é GÊMEOS, que nos proporciona a oportunidade de pensar sobre a consciência da dualidade. Podemos nos perguntar: "Em qual direção deverei ir? Servirei às trevas, à deslealdade e ao crime, ou servirei ao amor, à luz e à beleza? Deverei cooperar, ser compreensivo e me sacrificar, ou servir à confusão, ao espírito do separativismo e ao egoísmo? Qual deles prefiro? Devo me drogar ou me construir? Devo ajudar as pessoas ou ser explorador? Em que direção caminho? Para a matéria ou para o Espírito; para os interesses pessoais ou para o serviço humanitário?"

A consciência da dualidade é o conhecimento de que existe um caminho dual e de que devemos fazer uma escolha. Cristo disse para escolhermos o caminho estreito, porque o largo é fácil e é para os preguiçosos, conduzindo às trevas e à morte. O caminho estreito conduz à vida.

O signo seguinte é CÂNCER. Em Câncer há uma consciência de massa, instintiva. A consciência de massa será o pensamento-semente para este mês. Pergunte-se: "Como posso desenvolver a consciência de massa, uma consciência com a qual possa penetrar na consciência das massas?"

Neste mês, a luz sobre as multidões deverá ser reforçada, e a casa de luz construída. Desenvolvendo-se uma relação de unidade com a humanidade, a face do mundo mudará e diminuirá a dor que existe neste planeta.

Em seguida, vem a consciência de LEÃO. É a consciência da individualidade. Sentimo-nos livres, autênticos, autodeterminados, ou reagimos como parte de um rebanho? Sabemos que temos o direito de existir e de criar, e que os outros possuem o mesmo direito? Uma pessoa não pode apreciar a individualidade dos outros se não conhece a sua própria.

Nesse conhecimento, compreendemos que somos indivíduos únicos. Somos uma rosa, e também sabemos que os outros são indivíduos únicos, um jasmim ou um lírio, igualmente belos. Nossa própria existência prova a existência dos outros. A existência dos outros prova a nossa existência.

Nossa existência os faz melhorar. A existência deles nos faz progredir. Na verdade, se houvesse somente um, este um não existiria porque não haveria ninguém para testemunhar a sua existência – por isso Deus não existe se não Se manifestar.

A consciência individual reconhece que é parte de uma grande máquina, mas também reconhece que as outras partes são absolutamente necessárias para tornar cada uma valiosa e se ajudarem mutuamente a desempenhar seu papel.

Certa vez um homem comprou um pequeno quadro de um grande artista por dois milhões de dólares. Anos mais tarde, o comprador soube que o artista tinha sido assassinado. Perguntamo-nos como algumas pessoas podem apreciar o trabalho de um grande artista enquanto outro o mata – sendo este outro também uma peça importante da Natureza. Talvez ele tenha os seus motivos. Há homens que pensam que podem matar porque sua religião, ou sua raça, ou sua cor são diferentes. Não faz sentido o fato de que, quando chegamos à maturidade, podemos usar todas essas "notas" diferentes para construir a sinfonia da humanidade? Se possuímos uma nota só, ficaríamos privados da nossa criatividade maior.

Em VIRGEM, desenvolvemos a consciência de Cristo. O que isso significa? Significa a razão pura, o pensamento claro, a pura expressão da unidade, a síntese, a harmonia, o ritmo, a dedicação absoluta ao bem-estar da humanidade, o compromisso total com o serviço, para o sacrifício e empenho invencível em busca da perfeição.

Em LIBRA devemos desenvolver a consciência do equilíbrio. O Equilíbrio é a conscientização de onde a pessoa se encontra no caminho da evolução. Ele se posiciona de tal forma que, onde quer que esteja, é o equilíbrio entre Espírito e matéria, entre a pergunta e a resposta, entre a luz e as trevas, entre o início e a realização. A consciência do equilíbrio deve atingir níveis inferiores e superiores sem perder a luz ou o contacto com a realidade.

Equilíbrio é o esforço para fazer com que uma pessoa conheça igualmente o inferior e o superior em qualquer nível que esteja. É a consciência da Divindade e a capacidade de viver em forma humana.

Uma pessoa equilibrada traz consigo paz, compreensão e cooperação perenes. Cria equilíbrio, reconhece os valores e os direitos humanos, e estabiliza a beleza, a bondade e a verdade. Não se atinge um estado de equilíbrio sem a consciência divina e humana ao mesmo tempo. É preciso segurar a mão de Deus e a necessidade da humanidade simultaneamente.

Em ESCORPIÃO desenvolve-se a consciência da Hierarquia. Lembro-me de que uma vez meu pai me perguntou se eu acreditava na existência de seres sobre-humanos avançados. Eu disse que sim. Então ele perguntou por quê. Respondi:

– Se eu percorro dois quilômetros por hora e outra pessoa anda duzentos quilômetros no mesmo tempo com luta e dedicação, essa pessoa estará muito mais avançada do que eu, e em próximas encarnações será meu professor ou orientador, se nos encontrarmos novamente.

– Sim, sim – repetiu meu pai. Não esqueça nunca disto.

Em Escorpião tentamos desenvolver o contacto com esses Seres Avançados e reconhecer Sua existência coletiva no nosso planeta.

O próximo signo é SAGITÁRIO, no qual desenvolvemos a consciência da Alma através da primeira e da segunda iniciação. Neste estágio, o homem começa a despertar para a realidade de que é imortal, de que é uma existência eterna.

O signo seguinte é CAPRICÓRNIO, que encerra a mesma consciência da Alma, mas continua até a Terceira Iniciação.

Neste mês, a pessoa constrói a consciência da Alma elevando-se das naturezas física, emocional e mental transitórias, tornando-se capaz de a seu tempo vislumbrar a existência e a natureza, da sua Alma, criando gradualmente um diálogo ou comunicação com Ela.

AQUÁRIO vem em seguida, e nele tentamos desenvolver a consciência de grupo. Esta consciência é a capacidade de unir todas as consciências e fazê-las trabalhar para um objetivo comum – de maneiras diferentes, se necessário, mas com a mesma finalidade. A consciência do grupo conduz à suprema cooperação, harmonia e compreensão.

O último signo é PEIXES, no qual desenvolvemos a consciência de Shambala, a consciência divina. Dá-se asas à imaginação criativa e pensa-se continuamente sobre o que será a consciência divina. Pergunta-se: "Existe uma maneira de entrar em contacto com ela ou de desenvolver esse tipo de consciência?"

Cada vez que uma pessoa encarna num signo, enriquece sua aura com a consciência desse signo, até atingir o estágio em que começa a viajar pelo Zodíaco no sentido contrário ao dos ponteiros do relógio.

A viagem pelo Zodíaco tem o propósito de construir a nossa casa. Nossa casa é a nossa aura na qual Cristo reluz. À medida que nossa aura é alimentada com substâncias superiores, torna-se um círculo luminoso com doze raios que provêm do centro e que irradiam doze cores. Nossa aura corresponde ao nível em que estamos construindo a nossa casa.

O signo de Câncer capacita o homem a "responder aos contactos vindos de 'todos os pontos da circunferência, . . .de todos os ângulos da roda zodiacal, e tanto dos que estão contidos nela bem como dos que estão fora. . .' "[9]

No mês de Câncer, ficamos receptivos às energias de todos os signos zodiacais. No mês seguinte, no signo de Leão, recomeçamos a desenvolver nossa consciência individual.

Câncer está relacionado com a personalidade, e também com a Alma. A pessoa comum é influenciada pela sua personalidade; se for um discípulo, a influência advém da Alma. Aqueles que estão no nível da personalidade, usarão a energia para seu instinto de conservação; os discípulos, na construção de grandes formas-pensamento que servirão para a elevação e a segurança humanas.

Câncer é parte da Cruz Cardinal: Áries, Câncer, Libra e Capricórnio. O canceriano recebe energia direta dos outros cinco planetas. "O canceriano torna-se responsável pelo uso do conflito (Marte), ao desempenho da luz da intuição (Mercúrio) e à atração Cósmica de Urano, além do intelecto de Vênus e da apresentação da oportunidade (Saturno)."[10]

Essas influências não atingem o homem comum, mas aqueles que conquistarem suas naturezas física e emocional e que agora trabalham em suas mentes superiores.

O objetivo do discípulo no mês de Câncer é construir a casa de proteção e contacto e, a seu tempo, torná-la um instrumento a serviço das massas.

Como construir a casa? Com as nossas ações, reações emocionais, pensamentos, visões, palavras e luta dirigidos ao serviço e à perfeição.

Os Grandes Iniciados constroem suas casas de maneira tão aprimorada que são capazes de lutar contra o mal Cósmico e proteger-se dos dardos venenosos das trevas, dos pensamentos destrutivos e das ilusões.

Meditação em Câncer

1. Relaxe o corpo. Acalme as emoções. Clareie a mente.

9. Bailey, Alice A., *Esoteric Astrology*, p. 322.
10. *Ibid.*, p. 323.

2. OM OM OM
3. Repita a Grande Invocação:

Do ponto de Luz dentro da Mente de Deus,
Deixai que o raio de Luz penetre na mente dos homens.
Deixai que a Luz desça sobre a Terra.

Do ponto de Amor dentro do Coração de Deus,
Deixai que o raio de Amor penetre no coração dos homens.
Que Cristo retorne à Terra.

Do centro onde a Vontade de Deus é conhecida,
Deixai que o Propósito guie as pequenas vontades dos homens –
O Propósito que os Mestres sabem e servem.

Do centro que chamamos de raça dos homens,
Deixai que o Plano do Amor e da Luz se realize
E sele a porta onde habita o mal.

Que a Luz, o Amor e o Poder restaurem o Plano na Terra.

4. Pensamento-semente para meditação:

Qual o tipo de casa que construirei, e com qual propósito?

Nota: Cada pensamento, emoção, ação e cada palavra saída de nossa boca constroem a nossa "casa". Ela é a nossa personalidade, o nosso Cálice, os nossos corpos superiores, ou qualquer forma na qual ou pela qual agimos.

5. Repita o Mantra da Unificação:

Os filhos dos homens são um e eu sou um com eles.
Procuro amar, não odiar;
Procuro servir, não exatamente executar um serviço;
Procuro curar, não ferir.

Deixai que a dor traga a recompensa devida de luz e amor.
Deixai que a alma controle a forma exterior,
a vida e todos os acontecimentos
e revele o Amor
que sustenta os acontecimentos do tempo.
Deixai que a visão venha e esclareça.
Deixai que o futuro seja revelado.
Deixai que a união interior se revele
e que as rupturas externas desapareçam.
Deixai prevalecer o amor.
Deixai que todos os homens amem.

6. OM OM OM
7. Abençoe o mundo.

7

SOL EM LEÃO

Nosso Sol entra no campo energético de Leão aproximadamente em 23 de julho aí permanecendo até 23 de agosto, quando passa para o campo de Virgem. As transmissões energéticas aumentam da lua nova para a lua cheia, quando, por doze horas, o fluxo de energia é mais intenso.

Na época da lua cheia, discípulos e Iniciados se reúnem no mundo todo para contactar a energia de Leão, transmitida a todos através do Sol. Leão possui uma relação direta com o Sol, com o Coração do Sol e com o Sol Espiritual Central. Por isso, transfere para nós a energia trina do fogo pela fricção — o Sol; do fogo solar — o Coração do Sol; do Fogo Elétrico — o Sol Espiritual Central. Essas energias são recebidas por aqueles que, através da devida preparação, se tornam sensíveis à impressão, absorção e assimilação.

Aprendemos que "Leão, signo da autoconsciência individual, é potente no seu efeito sobre a massa, e hoje, através da tensão das circunstâncias e dos graves resultados de determinados eventos, milhares de homens e mulheres se desviam das fileiras do grupo de consciência de massa e se afastam do sono profundo da irresponsabilidade, tornando-se cientes de si mesmos como entidades separadas e ativas."[1]

À medida que purificamos nossos veículos, expandimos nossa consciência e agimos nos planos superiores do nosso ser, recebemos mais energia e transmitimos mais energia para o mundo.

O resultado da energia de Leão é muito simples: ela nos impele a ficar mais próximos do nosso Ser essencial. Atravessamos vários estágios de desenvolvimento, vencendo identificações com os mundos físico, emocional e mental. Através desta energia, os três veículos da personalidade se alinham e se integram.

Mais tarde, quando as energias superiores de Leão forem recebidas, a pessoa atinge a fusão da Alma. Torna-se uma Alma amorosa e viva. Bem mais tarde, quando se registra o Fogo Elétrico, a pessoa entra na esfera da sua Tríade Espiritual, tornando-se uma individualidade. A Centelha Divina brilha no sistema da beleza. Assim, estágio após estágio, o grupo de consciência de massa e o animal humano irresponsável tornam-se uma entidade autoconsciente, uma pessoa responsável e cumpridora dos deveres.

1. Bailey, Alice A., *Esoteric Astrology*, p. 485.

A constelação de Leão transmite a energia do Primeiro Raio através do Sol trino. Isto significa que a energia do amor se expressa como:

a. vontade inteligente ou boa vontade;
b. vontade de amar;
c. vontade de fazer o bem.

Mestre Djwhal Khul diz que Leão é:

> ... a constelação através da qual a vontade de realização ou de lucro se derrama sobre a humanidade e sobre o planeta. É essencialmente o espírito da autodeterminação. Em primeiro lugar, é a determinação do pequeno eu, da personalidade, da autoconsciência individual. Em seguida, é a determinação do Ser, da Alma, a consciência individual do grupo, o conhecimento do Todo maior e de si mesmo como parte, integrada e basicamente identificada.
>
> Essa vontade de fazer o bem (conseguida através da realização) opera, no que se refere ao ser humano, através de três clímax:
>
> 1. A vontade de fazer o bem, demonstrada pela obtenção da consciência de si. Esta é a primeira etapa da realização divina completadas. Tem a conotação de corpo, aparência. É a expressão do terceiro aspecto.
> 2. A vontade de fazer o bem demonstrada na terceira iniciação quando a consciência de si cede lugar à consciência do grupo. Esta é a segunda etapa da realização divina. Tem a conotação de alma, de qualidade. É a expressão do segundo aspecto.
> 3. A vontade de fazer o bem, demonstrada nas iniciações superiores quando se atinge a consciência de Deus. Esta é a terceira etapa da realização divina. Tem a conotação de Mônada, de Vida. É a expressão do primeiro aspecto.[2]

O Coração do Sol revela a natureza da Alma e do amor. O Sol Espiritual Central conduz ao santuário da Centelha elétrica, o Eu, e revela a Vontade.

O regente esotérico, hierárquico e exotérico de Leão é o Sol. O oposto polar é Aquário. Nosso sistema solar está penetrando no signo de Aquário e aqueles que possuem seu signo solar ou ascendente em Leão terão uma oportunidade única de participar do campo de energia apresentado por Aquário. Os que penetram nesse campo energético apresentam duas grandes características: universalidade e um sentido de distribuição imparcial.

É o indivíduo de Leão quem, acima de tudo, tentará promover o espírito de universalidade e de participação ou distribuição imparcial, porque o "intercâmbio de energias entre essas duas características é muito mais potente do que em qualquer tempo anterior na história das raças".

O pólo oposto pode ter papéis diferentes. Pode ser, por exemplo, um equilíbrio, um objetivo, uma visão. Pode ser um desafio, uma energia que ativa as energias latentes no signo oposto, e poderá agir como o Eu Superior. Os papéis são trocados quando os discípulos viajam pela roda invertida.

2. *Ibid.*, p. 619-620.

Nos círculos esotéricos, Cristo é chamado de Aquário. A razão para isso é que há dois mil anos Ele demonstrou as duas características principais da Nova Era: universalidade e distribuição imparcial. Numa oportunidade, ele disse: "Eu estou em vós, vós estais em Mim, e somos um com o Pai."

Numa outra vez, ele falava à multidão e já era tarde. Os discípulos, ainda presos aos conceitos antigos, chegaram e disseram: "Mestre, libera a multidão para que possam ir e comer." Ele respondeu: "Dai de comer a eles." Os discípulos ficaram aflitos: "Temos somente alguns peixes e um pouco de pão." "Traga-os para Mim", disse o Cristo.

Ele rezou e abençoou os peixes e o pão, e os discípulos os distribuíram à multidão. Todos foram alimentados e ainda houve sobra. Estas são características da Era de Aquário, exemplificada pelo Cristo há dois mil anos.

Em outra ocasião, ele disse: "Se alguém pedir a sua túnica dá-lhe também a sua capa."

Cristo queria romper o espírito do isolamento através do espírito da universalidade, e o espírito de avareza e de materialismo através da doação e da partilha. No apocalipse Ele é chamado de Leão.

Devemos também lembrar que Leão está relacionado com o átomo astral permanente. Através desse átomo, a energia da vontade atua no plano físico e se manifesta como desejo, mudando gradualmente para aspiração, vontade espiritual, propósito e intenção. É bom lembrar que um átomo permanente é o elo de ligação entre a pessoa e uma grande Vida que serve como centro no corpo de um Senhor Solar.

Nosso Zodíaco é um Ashram de uma Vida maior. Nesse Ashram as constelações, como grandes Iniciados Cósmicos, funcionam em vários níveis do Plano Mental Cósmico e nos níveis superiores do Plano Astral Cósmico.

O Zodíaco maior funciona principalmente no plano mental superior através de estrelas como Sirius, de constelações como a Grande Ursa, e outras.

Leão está polarizado nos níveis superiores do Plano Astral Cósmico. Esse Plano é um reservatório de amor, e o amor está relacionado com a Hierarquia. Uma pessoa de Leão pode demonstrar um amor abrangente e poderoso.

Leão é o "lugar de nascimento do indivíduo" equipado com a vontade de realização com forte autodeterminação.

O átomo astral permanente está intimamente relacionado com os átomos monádico e búdico permanentes, e exerce um efeito poderoso na vida da pessoa, pois canaliza a vontade e a intuição quando o corpo astral está purificado dos encantamentos.

Na lua cheia de Leão é possível receber uma carga em nosso átomo astral permanente, o que pode levar a uma nova orientação e a uma nova vontade de realização.

Leão é um dos signos da Cruz Fixa; os outros três são Aquário, Touro e Escorpião.

Mestre Djwhal Khul diz:

> A Cruz Fixa é a cruz da luz. E percorrendo esta cruz todo o tempo, e *emanando de Leão*, estão os "fogos de Deus" – cósmico, solar e planetário – gerando purificação, intensificação da lei e uma eventual reve-

lação para o homem purificado que está na luz. De Áries provém o fogo cósmico; de Sagitário, o fogo planetário e de Leão o fogo solar. Cada um desses fogos "clareia o caminho mediante a combustão" através da expressão dos três aspectos divinos: o espírito (Áries), alma (Leão) e corpo (Sagitário). Essa é a base científica para o ioga do fogo. . .[3]

Para os nascidos em Leão, ou que o têm como ascendente, a época de Leão é extremamente importante. De modo especial neste mês eles atingem seus objetivos e visões espirituais através de:

1. purificação,
2. transmutação,
3. comunicação, e
4. mestria.

Estes são quatro efeitos do fogo que podem ser gerados se o discípulo se abrir conscientemente para as energias de Leão. Aqueles que não possuem Leão em destaque em sua carta natal podem submeter-se à sua influência através da devida preparação, de acordo com os quatro pontos acima relacionados.

Esses quatro pontos afetam a pessoa segundo o seu estágio de evolução. Por exemplo, se uma pessoa for um aspirante, ou um iniciado do primeiro ou segundo grau, esses pontos estarão relacionados com o seu corpo físico, com sua natureza emocional e com sua vida social diária. Quando se trata de um Iniciado do Terceiro Grau, eles se relacionam com a sua natureza da Alma, com a mente superior e com o Plano. Quando estiver acima do Iniciado de Terceiro Grau, a relação será com a Tríade Espiritual, com seu Propósito e com a evolução planetária e solar.

Consideremos a **purificação.** Quando somos um Iniciado de grau superior, a purificação é aplicada aos obstáculos que permanecem no caminho da execução do Propósito Divino. Nesse caso, o Fogo Elétrico é utilizado principalmente através da Tríade Espiritual e do aspecto da Vontade. O fogo lida em especial com o obstáculo chamado de Guardião do Portal numa escala global. Iniciados de graus inferiores usam o Fogo Solar para purificar as ilusões mundanas e clarear o caminho para a compreensão correta do Plano. Os discípulos trabalham para dissipar os encantos e "maya", para que o plano se manifeste em Sua forma divina no plano físico. Os aspirantes trabalham para purificar sua natureza a fim de ser capazes de tomar contacto com os fogos superiores e descobrir o seu lugar a serviço no Plano.

Nesta época, podemos nos ocupar com a tarefa de purificação nos níveis onde estamos, enquanto ao mesmo tempo conferimos o funcionamento de todo o mecanismo e efetuamos as alterações purificadoras necessárias.

O ponto seguinte é a **transmutação.** Transmutação não é o mesmo que purificação. Como explicação simbólica, pode-se dizer que podemos purificar o chumbo, mas ele permanecerá chumbo. Somente quando se transforma em ouro é que o chumbo terá sido transmutado. A purificação está relacionada com a substância de um determinado plano. A transmutação transforma a substância em uma outra, de um plano superior.

3. *Ibid.*, p. 293.

O homem pode manifestar tanta energia quanto a que recebe. A energia que você dá equivale à energia que você recebe. Ninguém escapa a essa lei. À medida que damos, recebemos. Tal como recebemos, daremos.

As constelações obedecem à mesma lei. Leão tem sua personalidade, sua Alma e natureza espiritual. Sua personalidade é formada por estrelas de magnitudes diferentes. Sua natureza anímica é uma constelação que age como a Sua individualidade, como Seu Eu verdadeiro – Leão, a Mônada em Seu próprio nível.

"Assim como em cima, é embaixo." À medida que se desenvolve, absorve mais fogo do Primeiro Raio e irradia a mesma quantidade para o Espaço – para o Sol e o nosso planeta. Assim, quando evolui na personalidade, irradia mais fogo por atrito. Quando evolui em sua natureza anímica, irradia mais Fogo Solar, e ao atingir os aspectos superiores, irradia mais Fogo Elétrico.

Se uma pessoa deseja receber mais "fogo por atrito, tem de purificar e transmutar seus veículos de personalidade; tem de aprimorar esses veículos. O corpo físico é purificado mediante uma dieta correta, luz solar, repouso, sono e exercício. O corpo emocional é aprimorado através da obediência à Lei do Amor. O corpo mental é aprimorado quando é usado como instrumento para o bem maior da humanidade. Quando a personalidade é aprimorada, a luz e a sabedoria do Sol são absorvidas em nosso sistema e irradiadas como serviço aos outros. A personalidade se realiza quando expressa a energia do Sol em seus três níveis. A poluição nesses veículos bloqueia a transmissão desta energia e cria vários problemas.

Quando a natureza da Alma está ativa e a pessoa permanece na consciência da Alma com vestes puras e brancas, recebe a energia que procede do Coração do Sol e a irradia como compaixão, sabedoria ou Plano. Quando permanece na Tríade Espiritual como Ser Transfigurado, recebe o Fogo Elétrico e o transmite através de todos os seus contactos e expressões.

Assim, através da purificação e elevação do seu nível, a pessoa entra em contacto com as energias superiores. Isso explica por que quando a lua cheia se aproxima os discípulos do mundo executam as disciplinas da purificação e da transmutação.

Estrelas, galáxias e pessoas estão inter-relacionadas através de uma rede de energias. As partes da manifestação como um todo se relacionam umas com as outras como tubos eletrônicos num aparelho de televisão. Globos, sistemas solares, zodíacos e galáxias são como tubos eletrônicos no Espaço, recebendo e transmitindo energia. O homem é uma parte da natureza, estando todos inter-relacionados. A maioria das pessoas sabe disso, mas o importante é que esses "tubos eletrônicos" manifestem tanta energia quanto recebem. Eles funcionam segundo sua própria capacidade.

"Capacidade" é a aptidão de receber energia e de irradiar energia. Quando verificamos nosso relacionamento com o Cosmo, transcendemos nossas atividades autocentradas e separatistas e cooperamos com todos os outros "tubos" para fomentar o objetivo da manifestação.

A energia só é criativa através de veículos purificados. Cada plano tem sua estação de força nos subplanos superiores. Essas estações de força, que transmitem a energia ígnea da força de vontade, não podem entrar em atividade se os veículos não estiverem purificados. *A energia se manifesta através da pureza.*

Atinge-se a transmutação através do fogo, e nesse processo a substância dos corpos é substituída pela matéria de alto grau, substância de nível superior, cujos átomos estão muito mais avançados do que os da substância dos corpos anteriores. Desta forma, os novos veículos têm material de qualidade superior. À medida que a qualidade melhora, aumenta a capacidade de receber e de transmitir o fogo; quando o processo se aprimora, a pessoa se aproxima do sistema maior do qual está recebendo energia.

A transmutação também significa que as correspondências superiores dos centros inferiores estão em atividade e produzindo uma energia mais aprimorada que os centros inferiores. Nos Iniciados, a transmutação move-se do Cálice para a Tríade Espiritual; nos discípulos, do centro cardíaco para o da cabeça. Nos aspirantes, sobe do centro sacro para os centros do plexo solar, do centro do coração e da garganta.

A terceira tarefa é a **comunicação** com os sete estados da consciência. A comunicação sempre é feita com a intervenção do fogo. Significa admitir as necessidades e visões dos três grandes centros: humanidade, a Hierarquia e Shambala.

Os sete estágios de consciência com os quais o nativo de Leão entra em contacto são os seguintes:

1. da consciência coletiva para a consciência individual;
2. do eu para o Eu;
3. do indivíduo para o grupo;
4. da vontade-de-dominar os outros para a vontade-da-automestria;
5. da personalidade sensível à percepção da Alma. (Aqui começa a perder o eu isolado);
6. da auto-afirmação para a aquisição desinteressada da liderança verdadeira e da confiança sagrada da relação correta. (Aqui ele é o Eu como manifestação da individualidade); e
7. ele é o Eu em fusão com o Eu do universo, perdido como uma nota na sinfonia.

À medida que a pessoa muda o seu nível de consciência, o campo da sua comunicação se expande e a sua capacidade de servir aumenta. Através da comunicação, ela toma contacto com idéias mais elevadas, visões superiores, centros mais altos de beleza e poder, e nos convertemos numa força benévola da humanidade.

O processo de comunicação é gradual. Primeiro a pessoa deverá comunicar-se com seus corpos físico, emocional e mental. A maioria de nós não tem uma comunicação verdadeira com os nossos veículos da personalidade, e algumas das causas de nossos problemas físicos se devem a essa falta de comunicação. Por isso drogas ou técnicas que provocam a perda de comunicação com nossos corpos, emoções e pensamentos são prejudiciais para a nossa sanidade mental, saúde e serviço.

Devemos nos comunicar não apenas com o nosso corpo, mas também com nossas emoções. Observe-as mais de perto. Toque-as. Toque seus pensamentos. Tente saber o que se passa na sua mente. Comunique-se desta forma com seus veículos. Quando a comunicação correta com eles estiver estabelecida, será fácil utilizá-los como canais de luz, de amor e de energia.

A comunicação prossegue em níveis mais elevados; no nível das idéias, das visões e da força de vontade. À medida que construímos veículos melhores, contactamos níveis mais elevados, adiantando nosso progresso no caminho do contacto.

No futuro, será possível usar conscientemente os centros etéricos e as glândulas endócrinas como tubos eletrônicos para contactar e transmitir energias do Espaço. Na maioria dos casos, o sistema glandular que agora transmite a energia etérica transmitirá mais tarde as energias mentais, intuitivas e superiores, pois funcionará de modos multidimensionais.

À medida que nosso contacto se expande para campos maiores e mais elevados, nosso mecanismo transmite uma visão maior das fontes solar e galáctica, através das quais organizamos nossa vida e nossas ações futuras. Esse progresso é conseguido quando o Sol atravessa o campo energético de Leão.

A próxima tarefa do discípulo é exercer a **mestria.** Leão concede todas essas energias através das quais podemos reger nossa personalidade e nossa vida, e permanecer como indivíduos liberados. O discípulo atravessa as seguintes etapas:

1. Ele pensa que é o centro do universo;
2. Ele tolera, pelo Plano e pelos mestres, condições que são empecilhos no caminho da manifestação do Plano;
3. Mais tarde, o filho de Leão permanece no centro da Vontade de Deus, no centro do Seu propósito, e desenvolve a universalidade.

Todas estas são etapas de domínio para os leoninos levadas a cabo pelo espírito da autodeterminação.

Leão transmite a vontade de fazer o bem, que está relacionada com o Propósito, a energia de Shambala e a Mônada. Ele gera poder e domínio.

Existem três constelações as quais, como uma tríade, transmitem o fogo do Primeiro Raio: Áries, Leão e Capricórnio. A energia de Áries "é a própria luz da Vida". A de Leão é a luz da Alma. A energia de Capricórnio é a luz da iniciação. Esta trindade age como tríade para manifestar os aspectos da vondade, do amor e da inteligência do Senhor do Primeiro Raio.

Por cem anos, a influência de Leão tem provocado alterações significativas na humanidade devido ao crescente número de seres humanos que nascem com uma grande sensibilidade para a energia de Leão. Essas pessoas agem inconscientemente com distribuidoras da energia de Leão.

A energia de Leão é sintetizada pela criação da sensibilidade dentro das unidades das massas. Essas unidades sensíveis formam aos poucos unidades maiores, até que todas sejam sintetizadas num todo.

Na família humana, esse processo é traduzido através das seguintes formações:

a. personalidade;
b. cooperativas de vários tamanhos;
c. personalidade infusa na Alma;
d. grupos de serviço;
e. individualidades, e
f. Ashrams.

No campo das massas, a energia de Leão cria:

a. nacionalismo,
b. racismo e
c. independência.

e os efeitos resultantes dessas formações.

A característica mais interessante dessa energia é que, depois de criar as unidades, ela as mantém coesas para formar outras maiores. As unidades passam por um processo de conflito, de renúncia, de adaptação e, finalmente, se fundem nos interesses de grupos maiores.

Todo o conflito que vemos nos campos nacional e internacional são preparações e adaptações para a energia de Leão formar totalidades maiores.

A humanidade avança na direção da síntese e da unidade, pois esse é o seu futuro. Este antigo futuro é a sua maior necessidade agora. Leão, como um grande ímã, desperta a sensibilidade nas unidades e gera o conhecimento do "eu sou, meu, nossos, nossa nação, nossa raça, nosso planeta, nosso. . ." Ocasionalmente, essas unidades passam por um processo de desintegração a fim de formar uma parte de um todo maior. Assim se constroem famílias e nações. Este processo pode conduzir todas as nações do mundo à concretização de uma humanidade.

A energia de Leão é uma energia integrada. Os que têm Leão como signo solar ou ascendente demonstram um forte individualismo que trabalha em prol do universalismo.

O processo de síntese não é fácil. É um processo doloroso. As unidades são fincadas na consciência de massa, e somente uma crise pode levá-las para a individualização. Todos os fenômenos do conflito humano – a amargura, a dor e o sofrimento – nada mais são do que o processo de desintegração das pequenas unidades e de integração das unidades maiores.

A energia de Leão exerce uma influência psicológica poderosa sobre os seres humanos. Suscita a fusão da Alma e arranca o Ser para fora do Seu nível anterior de identificação rumo a um nível mais elevado, conduzindo-o da personalidade para a Tríade Espiritual, e desta para a Ciência Monádica, onde reside o verdadeiro Leão.

Em cada nível de desenvolvimento, o Ser atravessa intensas crises de renúncia e de adaptação. Este conflito se reflete em Seus relacionamentos individuais e em Sua vida social, religiosa, educacional e política.

A escravidão conduz à independência, e esta à interdependência e à fusão. As nações são muito orgulhosas de serem independentes, mas gradualmente concluem que a interdependência é a base de todas elas. Este conhecimento e modo de agir, baseados na compreensão, pouparão muita energia, tempo e sofrimento para a humanidade.

Sendo Aquário o pólo oposto de Leão, a energia deste conduz todas as unidades na direção do objetivo de Aquário – o universalismo, que é a capacidade de ver todos os fenômenos do ponto de vista de Um Ser que reside em cada unidade, sem estar separado. Assim, é possível dizer que o egoísmo, o interesse pessoal, o amor à raça e o nacionalismo são estações que conduzem à abnegação e à universalidade. À luz desse processo, a pessoa pode obter sabedoria nos assuntos e acontecimentos do mundo.

Leão cria sensibilidade. Esta produz relacionamentos, comunicação e, oportunamente, a comunhão. A Última Ceia foi uma representação simbólica do futuro da humanidade, quando todas as nações se sentarão juntas em torno da mesa da Comunhão com o Senhor da Síntese. Esta comunhão sagrada revelará uma nova era de maior trabalho, que a seu tempo conduzirá a humanidade ao portal da ressurreição.

Numa antiga cerimônia mística, os mortos eram ressuscitados usando-se a pata de um leão. O nativo de Leão tem uma excelente oportunidade de se elevar das massas e dedicar-se ao propósito do grande Senhor do Primeiro Raio.

Como a energia de Leão é ígnea produz o solo ardente de um ser humano. Através desse solo ardente é que se leva adiante a tarefa de purificação, transmutação, comunicação e domínio. Um solo em chamas é um plano no qual se derramam os fogos do plano Monádico.

Se o solo ardente estiver no nível da personalidade, há principalmente dor, sofrimento, renúncia e penitência. Quando está no nível da Alma, produz grande alegria, porque a alma Se manifesta através do fogo que purifica e expande os horizontes. Se estiver nos níveis triádicos, a pessoa é inundada de felicidade porque sua essência monádica, que é a bem-aventurança, a envolve trazendo visões Cósmicas e dando oportunidade para a Mônada irradiar-se como um sacrifício vivo.

Não nos esqueçamos de que o objetivo último de um leonino é submeter-se à vontade do seu Guia Interior e, posteriormente, à Centelha Divina, ao Eu.

Através do solo ardente a pessoa de Leão descentraliza-se e universaliza-se, tornando-se parte da grande síntese Cósmica. A descentralização traz a oportunidade de servir num grupo. A universalização destrói todas as paredes raciais, nacionais, tradicionais e separativistas, tornando-a um cidadão do mundo e do Cosmo. A síntese a faz viver uma vida de sacrifício com inteligência, sabedoria e poder para benefício de todas as vidas. A divisa do leonino pleno é: **"Eu sou Isso, e Isso sou Eu."** Esta é a afirmação da unificação com a vontade do Uno "de Quem todas as coisas procedem, para Quem tudo retornará."

Meditação em Leão

1. Deve haver um silêncio absoluto na sala de meditação.
2. OM MANI PADME HUM
3. Repetir a Grande Invocação:

Do ponto de Luz dentro da Mente de Deus,
Deixai que o raio de Luz penetre na mente dos homens.
Deixai que a Luz desça sobre a Terra.

Do ponto de Amor dentro do Coração de Deus,
Deixai que o raio de Amor penetre no coração dos homens.
Que Cristo retorne à Terra.

Do centro onde a Vontade de Deus é conhecida,
Deixai que o Propósito guie as pequenas vontades dos homens –
O Propósito que os Mestres sabem e servem.

Do centro que chamamos raça dos homens,
Deixai que o Plano de Amor e Luz se realize
E sele a porta onde habita o mal.

Que a Luz, Amor e Poder restaurem o Plano na Terra.

4. Saudações ao Leão da Hierarquia, o Cristo.
   Saudações a todos os servos em todo o mundo.
5. Pensamento-semente para meditação:
   Tive este mês a experiência de um solo ardente, ou devo primeiro queimar os vários obstáculos do meu caminho? Quais são eles?
   Enumere cinco deles.
6. Repita o Mantra da Unificação:
   Os filhos dos homens são um e eu sou um com eles.
   Procuro amar, não odiar;
   Procuro servir, não exatamente executar um serviço;
   Procuro curar, não ferir.

   Deixai que a dor traga a recompensa devida de luz e amor.
   Deixai que a alma controle a forma exterior,
   a vida e todos os acontecimentos
   e revele o Amor
   que sustenta os acontecimentos do tempo.

   Deixai que a visão venha e esclareça.
   Deixai que o futuro seja revelado.
   Deixai que a união interior se revele
   e que as rupturas externas desapareçam.
   Deixai prevalecer o amor.
   Deixai que todos os homens amem.
7. OM
8. Repita a Grande Invocação.
9. OM

8

SOL EM VIRGEM

O hábito da meditação na lua cheia está crescendo ano após ano por todo o mundo. As pessoas vêm fazendo não apenas suas meditações individuais, mas engajando-se em grupos durante a lua cheia. Está escrito que será estabelecida por todo o mundo uma meditação sincronizada e unânime para contactar a energia do signo e a Hierarquia e servir como transmissor das energias zodiacais e do Plano Hierárquico.

Este será o alicerce básico da Religião do Novo Mundo. Mestre Djwhal Khul diz: "Do ponto de vista da verdade esotérica as constelações, signos zodiacais e planetas são simplesmente vidas personificadas – vidas que se manifestam sob a forma de planetas e constelações – e a expressão da Vida, da qualidade, do propósito e da intenção dos Seres trazidos à manifestação." Somente através da preparação consciente podemos entrar em contacto com esses grandes Seres e dirigir e usar Suas energias para o Plano da Hierarquia.

A preparação consciente envolve, entre outros pontos, os seguintes:

1. uma atitude de serenidade espiritual e mental;
2. a existência de notas que se afinarão com o acorde das constelações. Estas notas são aspirações e orientações elevadas sobre as energias radiais das constelações.

Por isso é tão importante que os discípulos de todo o mundo se harmonizem com as configurações energéticas das luas cheias, para canalizar, como um grupo o fluxo das energias zodiacais para todas as esferas do empreendimento humano.

Virgem é chamada de útero do tempo no qual as sementes dos grandes valores são plantadas, protegidas, nutridas e reveladas. É o trabalho de Virgem que, a seu tempo, gera a manifestação do princípio Crístico dentro do indivíduo e da raça dos homens. Cada idéia, plano, indivíduo ou grupo que entrar em contacto com a energia de Virgem pode desenvolver, a seu tempo, a universalidade e uma profunda natureza de sacrifício.

"Em Virgem, o propósito para o qual existe uma forma de vida começa a se concretizar. . ."[1] O propósito da formação da vida é misticamente chamado de "Cristo em ti, a esperança de glória". Cristo simboliza o espírito de universalidade e de sacrifício.

1. Bailey, Alice A., *Esoteric Astrology*, p. 259.

A energia de Virgem trabalha para manifestar o Cristo em vários níveis:

o princípio Crístico no homem,

o Cristo histórico,

o Cristo Solar, e

o Cristo Cósmico.

Cristo é o princípio que liga o inferior ao superior em todos os fragmentos da manifestação e que expressa a necessidade de servir e a disposição para o sacrifício.

Aprendemos que, na tradição antiga, Virgem foi a fundadora do matriarcado, que dominou e controlou as civilizações antigas. Virgem é conhecida por vários nomes, incluindo os de Eva, de Ísis e de Maria.

É interessante notar que a Virgem é a Mãe do princípio Crístico, e que a formação e maturidade desse princípio são realizadas em três estágios. Primeiro Eva, símbolo do plano mental; Ísis simboliza o plano emocional, e Maria o símbolo do plano etérico-físico.

No plano mental, escuda-se o princípio Crístico; no astral, ele é nutrido; no plano físico, ele é revelado ou nasce. Esta é a evolução do princípio Crístico. No plano mental, ele é concebido quando há contacto entre a personalidade e o Ser Transpessoal; no emocional, ele é nutrido pela grande aspiração e, no físico, ele se manifesta através de atos motivados pela vontade de servir.

É interessante o fato de o Cristo nascer de uma Virgem. Ela não o concebe de fontes externas; Ele está dentro dela. Cristo está presente nela eternamente. Ele é o Seu verdadeiro Ser. Virgem é o símbolo da matéria, que é o pólo oposto do Espírito. A matéria dá forma à vontade criativa do Espírito, que se manifesta através da matéria. Mas o Espírito não é reconhecido, exceto pelo Filho. É o elo entre o Pai e a Mãe. É a *anima mundi* – a Alma universal ou princípio Crístico, a ponte entre Espírito e matéria.

Por isso, a constelação de Virgem é um campo energético no Espaço que impulsiona o sistema solar, o planeta e cada ser humano a realizar o objetivo da evolução em escala humana, planetária e solar. O princípio colocado nesses níveis é chamado, em linguagem mística, de princípio Crístico. É a semente da vida, do amor e do poder colocada em cada forma, átomo, planta, animal, homem, planeta e sistema solar. Esta Divindade dentro da forma atravessa em todos os séculos um processo de evolução, de desdobramento e de florescimento, sendo a energia de Virgem que a traz à manifestação.

Essa energia sustenta não só a revelação e a manifestação desta Divindade Interior, mas também tudo o que é belo, bom e verdadeiro. Por exemplo, as artes, a música, a pintura, as ideologias e os movimentos em qualquer campo do empreendimento humano são mantidos e alimentados pela energia de Virgem.

Ela também alimenta o plano de cada Alma. Cada pessoa possui um plano. Cada Alma tem um plano. Sua Alma possui dentro dela um protótipo: o projeto de um templo, uma beleza que irá se manifestar. A semente que está dentro dele torna-se uma grande flor; sua humanidade será divinizada. O Plano está dentro de cada pessoa, alimentado pela energia de Virgem.

Assim, a humanidade tem um Plano, e esse Plano também está dentro do ventre de Virgem. A energia de Virgem alimenta, sustenta, protege e revela o Plano dentro do indivíduo, da humanidade, do globo e do sistema solar. O Plano está em processo de expansão para que individual e globalmente, e em escala solar e galáctica, o Plano possa Se manifestar. Há um grande Engenheiro, um grande Arquiteto por trás de toda manifestação, e Ele possui um plano que está em cada semente, em cada forma viva, em cada planeta, em cada sistema solar e galáxia – e esse Plano está sendo realizado.

O Plano existe para que a Divindade se manifeste da melhor maneira possível. Por isso diz-se que Virgem serve à matéria e ao Espírito. O Espírito apropria-se da matéria, e a matéria luta para manifestar o poder, a beleza e o mistério do Espírito. Quando estes dois se juntam com a máxima harmonia, realiza-se a beleza.

O propósito da evolução nada mais é do que manifestar a beleza. A matéria se eleva e o Espírito desce e esses dois aspectos se completam e se compreendem, atingindo um misterioso acordo espiritual, de modo que o Espírito não é mais estorvado pela matéria, sendo capaz de manifestar-se de maneira mais pura através da forma.

Virgem dá à luz a Divindade. É o símbolo da Santa Maria que deu à luz a Cristo. Isso significa que o Espírito apropriou-Se da personalidade para que nasça um Homem Perfeito, uma expressão perfeita da Divindade.

O mesmo fenômeno existe em escalas mais elevadas. É chamado de Cristo Planetário, Cristo Cósmico, Cristo Galáctico. Cristo é a Centelha Divina do homem, do planeta, do sistema solar, da galáxia e está construindo uma ponte entre os planos inferior e superior, entre os estados de conhecimento e de consciência. Na verdade, "Cristo" é um termo que significa unir o Pai e a Mãe, a matéria e o Espírito, a Hierarquia e a humanidade, o nosso planeta com outros planetas, o nosso sistema solar com outros sistemas solares, a nossa galáxia com outras galáxias, para que, a seu tempo, cada forma criada no universo torne-se uma parte consciente da sinfonia Cósmica.

Visualizemos todas as partes do universo como músicos. Por exemplo, cada homem, estrela, sistema solar e galáxia é um músico; esses músicos ainda não se entrosaram uns com os outros, ainda não atingiram uma harmonia. Não sabem como tocar numa orquestra ou em sinfonia.

Através do processo evolucionário, todas as manifestações estão se harmonizando tão bem que a seu tempo haverá uma sinfonia Cósmica na qual cada indivíduo, nação, globo e sistema solar estarão em harmonia com a sinfonia total.

Virgem tem três grandes características: protege, alimenta e revela a Divindade dentro da forma. Podemos usar a energia de Virgem para proteger, alimentar e revelar a Divindade dentro de nós e dos outros.

Para proteger a Divindade dentro de nós e dos outros devemos tentar:

1. confirmar a Divindade dentro da humanidade, incluindo nós mesmos;
2. rejeitar todos os sentimentos de ciúme e ódio com relação a qualquer pessoa;
3. não murmurar e nem criticar as pessoas, nem criar dúvidas em suas mentes sobre os poderes criativos nelas latentes;
4. criar na vida boas condições, de modo que a Divindade Interior não sofra ataques;
5. não provocar, na medida do possível, reações de índole pessoal;
6. evitar as condições existentes que retardam o desenvolvimento e evolução da Centelha Divina em cada um.

Para alimentar a Divindade em nós e nos outros, devemos tentar:

1. ver a beleza nos outros e em nós mesmos;
2. apreciar a expressão das virtudes;
3. inspirar pessoas com idéias e visões elevadas e com o exemplo de nossa própria vida;
4. expressar beleza, harmonia, bem e verdade em todas as nossas ações, expressões e pensamentos;
5. elevar o nível de moralidade e educação;
6. fornecer música e literatura escolhidas e outras artes criadas em níveis superiores de consciência capazes de comunicar vitalidade espiritual e a necessidade de servir e de sacrificar-se.

Para revelar a Divindade dentro dos outros e de nós mesmos, devemos tentar:

1. confiar e mostrar fé em nossa luz interior;
2. criar as condições nas quais florescerão livremente como seres espirituais;
3. inspirá-los para o serviço no mundo;
4. desafiá-los para atos heróicos;
5. mostrar as necessidades do mundo;
6. cooperar com todas as suas atividades criativas e construtivas;
7. criar oportunidades para que vejam sua própria beleza, seu próprio Eu.

Podemos proteger, alimentar e revelar a Divindade em nós e nos outros utilizando a energia que se irradia da constelação de Virgem.

Há um belo mantra que diz:

Mais radiante do que o Sol,
mais pura do que a neve,
mais sutil do que o éter,
é o Ser,
O Espírito dentro do meu coração.
Eu sou esse Ser,
esse SER sou Eu.

Em Virgem temos as seguintes combinações energéticas:

O regente exotérico é Mercúrio, um planeta do Quarto Raio. Ele relaciona Espírito e matéria e os adapta mutuamente, criando beleza. Mercúrio está também ligado à intuição.

O regente esotérico é a lua que, neste caso, encobre Vulcano. Este transmite energia do Primeiro Raio e inicia ações e ciclos de criatividade.

O raio da Alma de Virgem é o Segundo Raio de Amor-Sabedoria; o raio da personalidade é o Sexto Raio da Devoção.

É interessante saber que, no primeiro sistema solar, Virgem canalizava o Terceiro Raio, o da Inteligência Ativa; por isso é considerada o terceiro aspecto da Divindade. Assim, temos:

Pai – Espírito – Vontade
Filho – Alma – Amor
Mãe – Personalidade/Matéria – Inteligência

O Credo de Nicéia reza: "... e se encarnou do Espírito Santo e da Virgem Maria." O Espírito Santo é a Luz, o terceiro Logos, o princípio da Inteligência Ativa que criou o primeiro sistema solar. Na literatura ocultista, ele é chamado de

Terceiro Raio. A Virgem Maria do primeiro sistema solar era associada ao Terceiro Raio da Inteligência Ativa. No segundo sistema solar, Ela foi associada ao Amor-Sabedoria, o Segundo Raio. E no terceiro, se associará ao Primeiro Raio – o poder da Vontade.

No primeiro sistema solar, Ela defendeu, alimentou e revelou o princípio inteligente da matéria. Na humanidade, isso gerou os Grandes que personificaram o princípio da inteligência e executaram a pesada tarefa de realizar o propósito do Terceiro Raio.

No segundo sistema solar, a constelação de Virgem e a Virgem protegeram, alimentaram e revelaram as Centelhas do Deus que vieram no Segundo Raio para personificar os princípios do Amor-Sabedoria. Elas continuarão Seu trabalho até que o propósito deste Raio atinja o seu ápice.

No próximo sistema solar, a Mãe se deslocará para o Raio da força de Vontade e dará a luz àos Avatares que trabalharão na linha do Primeiro Raio e tudo farão para realizar o propósito deste Raio.

O Espírito Santo foi identificado com a Mãe no primeiro sistema solar. No segundo, Ele atua como agente do Segundo Raio, e no terceiro será o agente do Primeiro Raio. É no terceiro sistema solar que o equilíbrio entre as duas forças, masculina e feminina, será alcançado, surgindo o Hermafrodita Divino. Este será o matrimônio celeste, entre a Virgem Maria e o Senhor do Primeiro Raio.

Através desses três sistemas solares, Ela revelará a seu tempo o Propósito que está por trás do nosso esquema. Dará a luz ao princípio que será fruto desses três sistemas solares – um princípio que preparará o aparecimento de uma evolução superior no Cosmo.

Assim, a Mãe Divina será a Mãe, o Filho e o Pai – Um só. É a consumação dos três Logos em Um.

A combinação do Raio em Virgem é simbolizada pelo drama do nascimento do Cristo. Houve a Virgem Maria, a Mãe Sagrada, a Substância, o Aspecto da Inteligência. José dramatiza o Quarto Raio ao tomar conta da Virgem Sagrada quando Ela estava grávida. Ele A levou para Belém e procurou um lugar para ficarem à noite.

Houve também o nascimento de Jesus; os pastores; o cântico de paz e boa vontade e o plano de matar todos os meninos. Vemos José fugindo para o Egito com Maria para proteger a Criança. Em toda a vida de José, houve conflito e harmonia.

Jesus expressou a qualidade do Sexto Raio através da Sua devoção à sabedoria, ao Pai que está no céu e aos valores do mundo espiritual.

Cristo, "a Esperança de Glória", estava agindo como o Primeiro Raio. Todos esses acontecimentos conduziam à ressurreição, rompendo todos os obstáculos simbolizados pela pesada pedra que cobria a entrada do túmulo. Lembremo-nos de que "... o amor que Ele demonstrou foi um aspecto da vontade vindo através do segundo raio..."[2]

A Virgem Maria é o símbolo de qualquer ser humano capaz de dar a luz a si mesmo. Assim, ele se torna um homem nascido duas vezes, ou um "renascido".

2. *Ibid.*, p. 623.

Observando as combinações das energias a partir do aspecto da vontade, temos o seguinte quadro:

Primeiro Raio vontade de iniciar;
Segundo Raio vontade de unificar;
Quarto Raio vontade de harmonizar;
Sexto Raio vontade de causar.

Há quatro objetivos que uma pessoa deve cultivar, especialmente quando o Sol entra em Virgem:

- **Vontade de iniciar** novas idéias, nova visão e a vontade de iniciar-se em níveis mais elevados e mais profundos de consciência ou conhecimento. Vontade de iniciar-se na Hierarquia e mesmo nas esferas de atividade de Shambala.
- **Vontade de unificar** o abstrato e o objetivo, o centro do coração e da cabeça, a personalidade e Tríade Espiritual.
- **Vontade de harmonizar** nossa vida com a planetária, a solar e a zodiacal através da distribuição e assimilação energética cíclica e pela observação das luas cheias e de outras ocasiões de configurações zodiacais especiais. Isso harmonizará a recepção e a expressão, a voltagem e a carga. Harmonizará todos os raios e os campos de suas atividades.
- **Vontade de provocar** novas causas para produzir novos efeitos em vários planos da existência.

Virgem é um excelente mês para trabalhar para a perfeição. É um dos signos de crise devido aos regentes do Quarto Raio. Os sete signos de crise são: Câncer, Áries, Gêmeos, Sagitário, Escorpião, Virgem e Leão, como vemos abaixo:

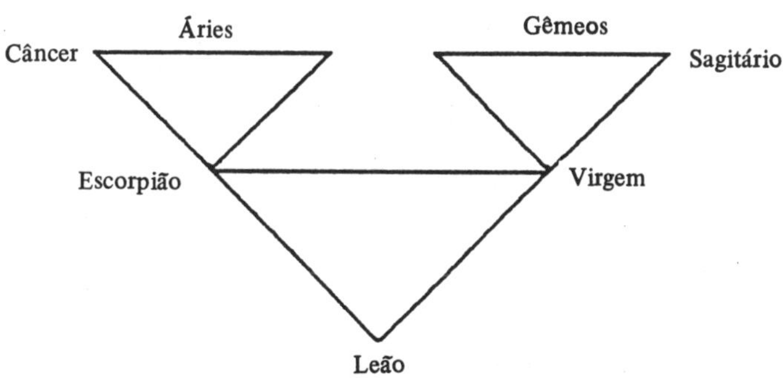

Estamos agora numa crise de nascimento. Cristo se manifestará novamente. A humanidade está no limiar de um nascimento espiritual; uma nova raça, uma nova cultura, uma nova civilização e um novo mundo estão emergindo. Neste ciclo de crise, há uma excelente oportunidade de ajudar no processo de um novo nascimento através da meditação em grupo e da nossa luta individual.

O que é uma crise? É o ponto de encontro de duas energias, um confronto. Não existirá crise se houver apenas um fluxo unidirecional de energia. Ela só existe quando há conflito entre duas energias: uma está no processo de cristalização; a outra, no de rompimento dessa cristalização.

O Mestre Tibetano diz:

> Estas sete crises acontecem outra vez durante o processo de auto-iniciação no mundo do significado e da realidade. Elas constituem o ponto-chave ou a causa de cada uma das sete iniciações. Elas permitem o ingresso no estado de consciência divina em cada um dos sete planos de experiência e expressão divinas.
>
> A influência dessas sete constelações são simbolizadas por três triângulas e uma síntese final ou ponto focal. . .
>
> Uma crise pode surgir devido a um determinado hábito mental, desenvolvido no veículo; ela só é superada no tempo por outro hábito e ritmo do conteúdo espiritual da natureza do homem. É o estabelecimento de um certo ritmo *objetivo* que produz a crise; é o aparecimento de um determinado ritmo *subjetivo* que capacita um homem a superar a crise e capitalizar a oportunidade.[3]
>
> Há uma tríade de energia cósmica de suprema importância em nosso planeta, e a influência unida das suas três constelações é que faz acontecer a iniciação do Logos planetário; isto assegurará que qualquer expressão planetária futura da Sua vida seja chamada de "planeta sagrado".
>
> Estas três constelações são Leão – Virgem – Peixes. Elas são. . . "as Produtoras do que conhece, as Informantes do que está desperto e as Construtoras das modalidades de fusão da Sabedoria. Elas criam a unidade. Elas destroem o que foi produzido para reproduzi-lo novamente com maior beleza e em maior plenitude."[4]

Qual é a crise de Virgem? "Virgem é o 'ventre do tempo' onde o plano de Deus. . . amadurece lentamente e. . . se manifesta no seu devido tempo."[5]

Este é o plano para o sistema solar, o planeta e o homem. A constelação de Virgem dá à luz o Deus imanente no homem e nos níveis planetário e individual. O Deus imanente no homem é o Ser, a Centelha, a Mônada. O Deus imanente no planeta é o princípio Crístico. O Deus imanente no sistema solar é a Alma do sistema solar em evolução. O Cristo no homem, no planeta, no sistema solar está em processo simultâneo de

gestação,
evolução, e
iniciação.

É o aspecto do Filho, a alma humana em evolução, a alma em evolução do planeta e do sistema solar que está em processo de gestação, evolução e iniciação.

A energia de Virgem protege este processo, alimenta-o, revela-o. A crise cria um ritmo subjetivo e destrói o ritmo objetivo dos veículos num sentido individual, global e solar. Imaginemos o tipo de oposição que surgirá quando destruirmos um ritmo objetivo nestas três áreas de tempo e espaço.

3. *Ibid.*, p. 474-475.
4. *Ibid.*, p. 469.
5. *Ibid.*, p. 260.

Mercúrio é a estrela do conflito e também o planeta principal do relacionamento. "... em Virgem ele produz a luta interior entre o não-ser exotérico e o ser esotérico, entre a consciência das formas (planetária, humana e sub-humana) e a alma dentro de todas as formas."[6]

Quando o Sol entra em Virgem, os membros do Novo Grupo de Servidores do Mundo podem dirigir seus discípulos e atividades nesse sentido. Podem usar o Primeiro e o Segundo Raios, e em especial o Quarto, que é a nota mais forte da energia de Virgem. Mas, independentemente do que fizerem, o objetivo deverá ser fazer nascer uma nova consciência que cause, inicie, unifique e harmonize.

Em nossa vida individual, podemos usar o poder energético de Virgem como uma mãe para proteger, alimentar e revelar a Divindade em nós mesmos e nos outros. É muito interessante lembrar que nossa Divindade Interior é alimentada, protegida e revelada quando fazemos o melhor para alimentar, proteger e revelar a Divindade nos demais. Com esta finalidade, podemos usar amor-sabedoria, harmonia através do conflito, crise e síntese, ou a autoridade do aspecto da Vontade.

Há dois Quartos Raios em Virgem. Um deles é esotérico, e afeta somente os Planos Intuicional, Átmico e Monádico. O outro é exotérico, e afeta a personalidade. Na verdade, o raio esotérico, que se inicia nos Planos Búdico, Átmico e Monádico cria um conflito na personalidade e a desafia, apresentando-lhe visões e lutas maiores. A personalidade luta dentro de si mesma, dentro dos planos físico, emocional e mental para captar o desafio vindo dos níveis mais altos e dar-lhes uma resposta.

Nesta época há um desafio de paz e harmonia universal, e as personalidades das nações estão em conflito entre si. Mas, a seu tempo, eles responderão ao desafio que chega dos Reinos Superiores.

O raio da personalidade de Virgem, o Sexto, cria estabilidade e dedicação orientadas para a sublimação e o sacrifício. Em Virgem, sentimos uma espécie de dedicação ou aspiração voltada para uma grande beleza. Esta aspiração vem do Sexto Raio de Virgem que faz com que nossos átomos físicos, emocionais e mentais dêem o melhor de si para responder ao chamado superior que vem da Fonte de Glória que está dentro de nós.

O Primeiro Raio destrói os obstáculos que existem dentro da personalidade e cria aí uma síntese. Relaciona, ainda, a pessoa com o Vínculo Maior, Shambala, e grava nele, lentamente, o Propósito desse Grande Centro.

Assim, Virgem simboliza o escudo ou o poder protetor da matéria e da substância que recebe a Centelha da Vida. Através dos tempos, Virgem protege essa Centelha dos ataques das forças cujo propósito é evitar sua evolução e aparecimento. No grande Espaço, a Mãe Virgem é um grande escudo contra as forças involutivas, que tentam impedir a evolução da Centelha.

Nós cooperamos com todas as forças de Virgem para proteger a Chama da Vida quando conscientemente recebemos, assimilamos e irradiamos a sua energia. Isto acontece especialmente quando o nosso Sol entra no campo energético de Virgem.

6. *Ibid.*, p. 358.

Virgem também é o símbolo da alimentação da Chama da Vida. Ela alimenta cada Centelha com a Sua própria essência. A Mãe do Espaço é o mecanismo cósmico de transmutação através do qual a substância de luz se transforma na substância do amor, e a Chama da Vida é alimentada pela substância do amor. A luz se converte em amor através do poder alquímico da Mãe.

Virgem simboliza também o véu que oculta e, a seu tempo, revela a Chama da Vida já amadurecida, quando a chama reflete a semelhança do aspecto do Pai. O processo de revelação do Filho é a retirada, o sacrifício e o rompimento do véu.

A Mãe dá à luz a Criança e desaparece. A luz se funde com o Amor e Este se une com a Vontade – com a Chama da Vida – e existe somente Vida.

Meditação em Virgem

1. OM
2. Saudações à Virgem no céu, a grande constelação de Virgem.
   Saudações à Mãe Sagrada de Buda, de Krishna e de Cristo.
   Saudações a todos os que protegem, alimentam e revelam a beleza.
3. OM OM OM
4. Repita a Grande Invocação:

   Do ponto de Luz dentro da Mente de Deus,
   Deixai que o raio de Luz penetre na mente dos homens.
   Deixai que a Luz desça sobre a Terra.

   Do ponto de Amor dentro do Coração de Deus,
   Deixai que o raio de Amor penetre no coração dos homens.
   Que Cristo retorne à Terra.

   Do centro onde a Vontade de Deus é conhecida,
   Deixai que o Propósito guie as pequenas vontades dos homens –
   O Propósito que os Mestres sabem e servem.

   Do centro que chamamos raça dos homens,
   Deixai que o Plano de Amor e de Luz se realize
   E sele a porta onde habita o mal.

   Que a Luz, o Amor e o Poder restaurem o Plano na Terra.
5. O pensamento-semente para meditação é:

   Cristo em nós, Esperança de Glória.

   Pensemos como podemos proteger, alimentar e revelá-Lo.
6. Repita o Mantra da Unificação:

   Os filhos dos homens são um e eu sou um com eles.
   Procuro amar, não odiar;
   Procuro servir, não exatamente executar um serviço;
   Procuro curar, não ferir.
   Deixai que a dor traga a recompensa devida de luz e amor.

Deixai que a alma controle a forma exterior,
a vida e todos os acontecimentos
e revele o Amor,
que sustenta os acontecimentos do tempo.
Deixai que a visão venha e esclareça.
Deixai que o futuro seja revelado.
Deixai que a união interior se revele
e que as rupturas exteriores desapareçam.
Deixai prevalecer o amor.
Deixai que todos os homens amem.

7. OM OM OM

9

SOL EM LIBRA

Na época de cada lua cheia, nossa Entidade Solar, o Logos Solar, entra em contacto com a Vida maior de um dos signos zodiacais. Podemos imaginar o Zodíaco como um grande relógio cujos ponteiros simbolizam o Sol. A cada mês, um ponteiro se desloca de um signo para outro, canalizando energia desse signo para os planetas ou para as vidas do sistema solar. O outro, que é mais lento, viaja de um signo para o seguinte em dois mil e quinhentos anos. Podemos imaginar ainda um terceiro, mais lento ainda, que completa uma revolução em torno do Zodíaco a cada vinte e cinco mil anos. Há ainda outro ponteiro que viaja em torno do Zodíaco Maior a cada cento e cinqüenta mil anos. Essa é a polarização espiritual do nosso Sol e seu contacto com a luz maior para captar inspiração, energia e orientação a serem ofertadas a todas as vidas sob seu alcance.

A cada lua cheia por três dias – o dia anterior, o próprio dia e o posterior – os raios do Sol transmitem diretamente a energia do signo para o campo energético que o Sol está atravessando. Essa precipitação atinge todos os subplanos do Plano Físico Cósmico e inspira, encoraja e desafia as vidas nessas esferas a prosseguirem no caminho rumo à perfeição.

Durante cada lua cheia, uma combinação diferente de energias se irradia para a Terra, proporcionando-nos uma oportunidade de aperfeiçoar nossa evolução e de crescer harmoniosamente. Iniciados e discípulos são convidados a seguir os passos do Sol todos os meses, fazendo meditações especiais e tentando contactar as energias da constelação em que o Sol se encontra. Assim, recebem uma inspiração consciente e vivem uma vida mais profunda e mais criativa.

Libra canaliza a energia do Terceiro Raio. Essa energia nos atinge através de dois regentes: Urano e Vênus. O raio energético que vem de Libra é dividido em duas partes: o aspecto superior vai para Urano e as energias do Terceiro e do Sétimo Raios se misturam e se combinam; o aspecto inferior do Terceiro Raio se combina com a energia do Quinto Raio proveniente de Vênus, e os Terceiro e Quinto Raios formam uma nova combinação.

A combinação do Terceiro e Sétimo Raios oferece uma grande oportunidade à humanidade de usar inteligentemente a energia para favorecer o Plano Divino na Terra.

A combinação do Terceiro e Quinto Raios oferece grande oportunidade à humanidade para preencher o hiato entre as mentes inferior e superior, entre o pensamento abstrato e o concreto, e fazer novas investidas no campo da educação.

O Terceiro Raio, da Inteligência Ativa ou da Adaptação Seletiva, é o Raio da filosofia e da comunicação. **As virtudes do Terceiro Raio são**:

sinceridade de propósito;
capacidade de concentração em estudos filosóficos;
reserva;
precaução; e
ausência de tendência a se preocupar ou a preocupar os outros com frivolidades.

Os defeitos são:

orgulho intelectual;
frieza;
isolamento;
inexatidão de detalhes;
abstração;
egoísmo; e
críticas excessivas aos outros.

As virtudes a serem cultivadas são:

simpatia;
tolerância;
devoção;
precisão;
energia; e
bom senso.

Quando o Sol entra no signo de Libra, os librianos e aqueles que desejam desenvolver-se cientificamente devem meditar sobre as virtudes a serem cultivadas e precaverem-se contra os defeitos.

Também é importante lembrar que o raio da personalidade do nosso Logos Planetário é o Terceiro, que promove um auxílio adicional à energia libriana, afetando bastante a vida do planeta.

O regente exotérico canaliza a energia do Quinto Raio. **As virtudes do Quinto Raio são**:

precisão,
justiça,
perseverança,
bom senso,
integridade,
independência, e
inteligência aguçada.

Os defeitos são:

criticismo rígido,
mesquinhez,
arrogância,
temperamento implacável,

ausência de simpatia e respeito, e
preconceito.

As virtudes a serem cultivadas são:

respeito,
simpatia,
devoção,
amor, e
abertura da mente.

O estudante da sabedoria pode utilizar a lista de virtudes a serem cultivadas como pensamentos-semente para meditação e captar a energia de Vênus. O desdobramento é a chave para fazer a energia fluir em nossa aura.

O regente esotérico é Urano. Urano canaliza a energia do Sétimo Raio. **As virtudes do Sétimo Raio são:**

força,
perseverança,
coragem,
cortesia,
cuidado extremo com os detalhes, e
autoconfiança.

Os defeitos do Sétimo Raio são:

formalismo,
fanatismo,
orgulho,
mesquinhez,
julgamento superficial, e
grande indulgência com as opiniões próprias.

As virtudes a serem cultivadas são:

amor,
realização da unidade,
abertura da mente,
tolerância,
humildade, e
gentileza.

Se as virtudes a serem cultivadas do Terceiro, Quinto e Sétimo Raios forem devidamente consideradas, poderemos melhorar em três aspectos. A *vontade-de-evoluir* é o presente do Terceiro Raio, que está relacionado com o centro da garganta. A *vontade-de-agir* é a oferta do Quinto Raio, relacionado com o plexo solar. A *vontade-de-expressar* é o dom do Sétimo Raio, que está relacionado com a base da espinha.

É interessante notar que, durante os três dias de contacto do Logos Solar com a constelação, a essência espiritual de todas as formas de vida encontra-se polarizada com o signo.

A pessoa comum, assim como qualquer forma de vida inferior, não sabe disso. Mas, à medida que prossegue no caminho, abstrai-se dos seus problemas e sente uma polarização na direção do signo zodiacal através do Sol.

O contato do Sol com o signo é uma forma de abstração que cria um grande vácuo magnético no qual estão polarizadas todas as Centelhas, ou dirigidas para o ponto de contato do Sol. Astrologicamente, uma pessoa está dividida em doze aspectos. Essas doze virtudes devem, por fim, atingir seu ponto máximo de expressão na vida dessa pessoa. Cada aspecto é tocado pela energia de um mês e, se forem conscientemente assimilados e criativamente expressados, esses aspectos desenvolvem e florescem. Assim, mês após mês, todos os aspectos são tocados, e a vida espiritual do discípulo ou Iniciado avança como uma espiral.

Quando as lições de todos os signos forem aprendidas, em vez de uma viagem na direção dos ponteiros do relógio através da influência dos signos, a pessoa muda sua direção e inicia o caminho no sentido inverso. Isso a afasta e a liberta de todos os logos passados, e a faz ingressar numa nova dimensão de compreensão e de comportamento com a Vida Cósmica.

No caminho da evolução, há pontos no tempo em que um Iniciado é um ser totalmente novo, como se nunca tivesse vivido em nenhum outro plano. Isso não significa a existência de um hiato na linha de continuidade da consciência, mas que todas as suas interpretações, explicações e compreensão da vida anterior e seus planos se desvaneceram, e tudo é novo. Os antigos valores desapareceram, as antigas maneiras de interpretar e de explicar os objetivos e relacionamentos sumiram como uma nuvem no céu.

A vida inteira existe, não mais a sua explicação anterior. Quando uma pessoa muda de direção, todas as avaliações anteriores se dispersam ou são destruídas para deixá-la penetrar numa nova dimensão.

Libra, ou o equilíbrio, é um símbolo de progresso contínuo. Em *Astrologia esotérica* lemos que "a Luz de Libra impele ao repouso". É interessante pensar a respeito. A Luz de Libra impele ao descanso porque Ela não pára nunca, nunca descansa. O equilíbrio é um estado temporário de aquisição no qual prossegue uma batalha misteriosa para romper sua cristalização.

É mais difícil romper a cristalização do equilíbrio do que atingi-lo. A aquisição é fácil, porque há mais Espírito e menos matéria – e assim a pessoa o atingirá. Mas, num estado de equilíbrio, as duas forças do Espírito e da matéria são iguais, sendo mais difícil romper o equilíbrio. Por isso é necessária a intervenção do Anjo Solar, e posteriormente do Mestre, da Hierarquia, ou de Shambala para romper a cristalização do equilíbrio.

Equilíbrio significa usar as energias positiva e negativa – ou Espírito e matéria – na proporção em que a Centelha se move sem perder Sua direção. É como um pássaro que utiliza a asa esquerda ou a direita para prosseguir. À medida que avança, a Centelha necessita de um novo nível de equilíbrio. O equilíbrio é a lei de harmonia na cor, na forma, no movimento e no som.

Há equilíbrio numa pintura quando usamos as cores corretas e colocamos o simbolismo de forma a que o significado não seja difícil de ser revelado.

O dançarino cujos movimentos estão em harmonia com a música revela a história e o motivo da dança, e também o mistério da música. Os símbolos abaixo podem ajudar mais na compreensão do mistério de Libra:

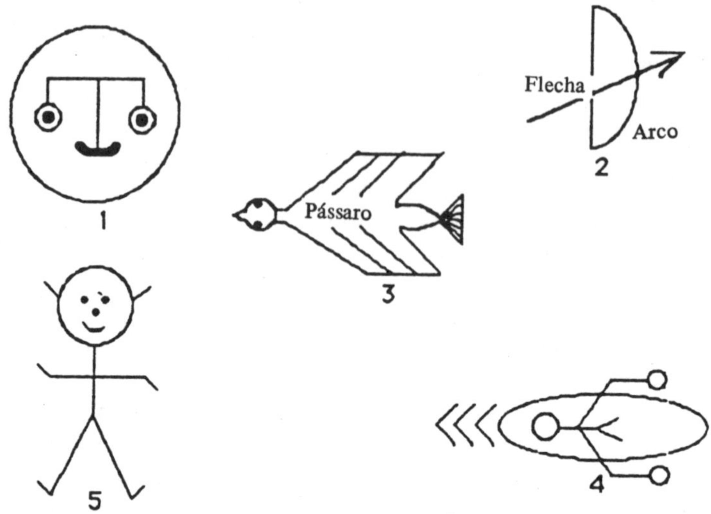

O equilíbrio é a condição necessária para empurrar a Centelha para a frente. Ele não é um objetivo, mas um meio de perpetuar o movimento na sua direção. Quando uma pessoa tenta atingir o equilíbrio através do seu objetivo e não dos seus meios, ocorre a cristalização, a queda e a morte. Caminhos e meios devem estar tão sincronizados a ponto de permitirem firmemente a expansão do objetivo para a frente. A interação Espírito e matéria está assim sincronizada e equilibrada para que a Centelha possa prosseguir.

O equilíbrio é atingido através do desenvolvimento da vontade, e substituído por outro maior pelo poder da vontade. O poder da vontade é a linha vertical que carrega o segredo do equilíbrio. Os pratos da balança são as energias que chegam e que vão, e que quando se equivalem atingem o equilíbrio.

O verdadeiro equilíbrio é um estado progressivo e mutante dos veículos que buscam se harmonizar com a velocidade e altura crescentes da Centelha Interior. Quando o equilíbrio não satisfaz as necessidades da Centelha que prossegue, podemos dizer que o equilíbrio está cristalizado e a Centelha, aprisionada.

Grandes exemplos de equilíbrio são os globos, as estrelas, os sistemas solares ou as galáxias mantidos num estado de compensação através das forças de atração e repulsão. Não é inércia, mas um estado de intensa atividade de forças, centros e seres.

É neste estado de equilíbrio que a flecha da evolução pode descobrir a oportunidade de lançar-se para o Infinito. Paz e equilíbrio têm uma grande afinidade. A paz, como a verdade, não pode ser tocada nem trazida por alguém. É a flor do estado-de-ser. Não podemos adquirir paz, mas podemos estar em paz. Não podemos comprar a verdade, mas tornarmo-nos a verdade. A paz cria um estado de consciência onde é formada a maioria das atividades criativas. Cria tam-

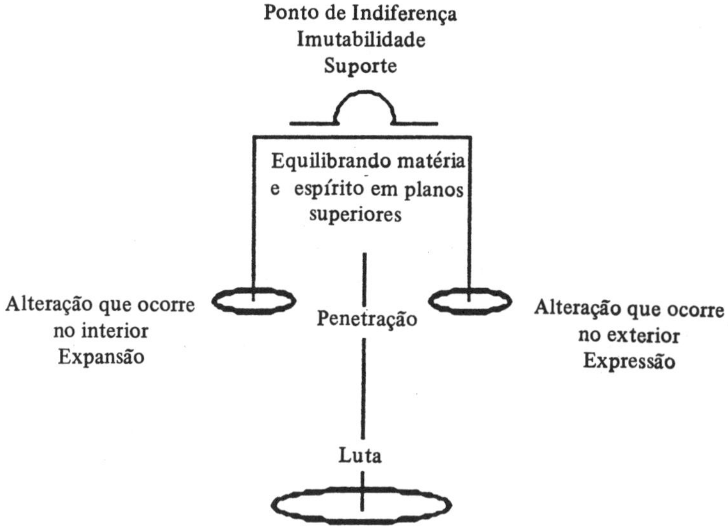

bém a base sobre a qual os dois pratos da balança se movem, ou as duas asas do pássaro, ou o suporte sobre o qual os remos são colocados em movimento.

Através da assimilação e da vivência das energias de Libra, somos admitidos no "centro onde a Vontade de Deus é conhecida". É interessante que Shambala, sendo um local de atividade intensa das energias, seja chamada de Cidade da Paz.

Quando Cristo disse que Ele não tinha vindo para trazer a paz e sim a espada, proclamou uma grande verdade. Ninguém consegue ter paz sem atingir um estado de equilíbrio, no qual seu progresso espiritual não seja impedido por problemas físicos, emocionais, mentais, pessoais ou sociais.

A espada a que Ele Se referia é o símbolo do poder da vontade e da decisão. A paz só é alcançada através do poder da vontade, da decisão, e da utilização deste poder único, desdobrando-o ao máximo grau possível no nível da Centelha em progresso.

Os braços da balança são equilibrados pela inspiração recebida e pela expressão da criatividade. Quando existe uma inspiração poderosa mas nenhum meio ou caminho para expressá-la de forma criativa, o homem fica paralisado. Por outro lado, quando não há nenhuma inspiração e somente esforços e ações para criar, o resultado ou expressão é sem vida e ineficaz.

Quando inspiração e expressão, Espírito e matéria, pensamento abstrato e científico, idealismo e praticidade estão equilibrados dentro de nós, podemos dizer que a energia libriana está ativa na nossa natureza, elevando o caminho para a perfeição.

Libra também simboliza a sensibilidade – por isso a importância do manuseio dos pratos da *balança*. O menor aumento ou decréscimo das virtudes ou defeitos afeta os pratos. Uma coisa mínima perturba o equilíbrio de uma pessoa. O menor aumento ou decréscimo da dosagem de qualquer elemento altera a química, impedindo ou ajudando o nosso progresso.

A sensibilidade está relacionada com a recepção e com a doação. A energia libriana cultiva a nossa sensibilidade em relação às energias sutis, às mensagens e chamados das fontes superiores. Porém, não será benéfica se não a cultivarmos para as necessidades das pessoas, do tempo e do Plano. A sensibilidade controla a ação de receber e dar, mantendo a natureza da pessoa em equilíbrio.

Libra também simboliza a ação de avaliar. Os que estudam o caminho de Libra devem entender claramente que devemos pesar nossas ações e todas as expressões em qualquer plano pelos padrões do plano em que nos encontramos. Isso se refere à evolução do Ser. Um discípulo ou Iniciado avalia seu serviço pela medida da sua visão de futuro e não pelas aquisições do seu passado.

Um prato da balança de Libra é o olho da Alma; o outro é o valor da pessoa. É aconselhável, quando o nosso Sol entrar em Libra, que pesemos nossos valores à luz do nosso Guia Interior para verificar se eles estão aumentando ou diminuindo. Durante este mês, devemos pesar nossa:

amizade,
coragem,
adaptação,
sensibilidade,
sinceridade,
tolerância, e
compreensão,

e conferir se estão aumentando ou diminuindo. Através desta revisão, fazemos novas escolhas e descobrimos novos direcionamentos para nos tornarmos melhores instrumentos para o serviço.

O prato da balança libriana é útil quando em ação, quando serve à finalidade de pesar. Um dos pratos mantém os pesos padrão; o outro segura os objetos a serem pesados. Também representa o processo de iniciação, quando os níveis padrão devem ser alcançados para qualificar o aspirante.

É o padrão que certifica, avalia e pesa. Os pesos e os objetivos a serem pesados não são enfatizados no simbolismo do prato, pois são os valores subjetivos que controlam toda a operação. Na verdade, sem o peso padrão e os objetos, um prato de balança não tem nenhuma utilidade.

Os pesos que servem de padrão são as virtudes, as realizações espirituais e a existência. São parâmetros para determinados estados de conhecimento.

O objetivo simboliza nossos planos, ações e serviço.

Também devemos notar que, na medida em que o prato pesa objetos cada vez mais pesados, o nível da balança sempre se mantém o mesmo. Refere-se isso por acaso ao fato de o valor não estar relacionado com o tempo, mas com o espaço? Tempo é manifestação, mudança, objetividade; espaço é o não-manifesto, a subjetividade.

Notamos, ainda, que os braços estão no mesmo nível:

a. quando estão vazios;
b. quando estão equilibrados com um peso;
c. e quando novamente estão vazios.

Refere-se isso ao fato de a liberdade – o vácuo – poder ser atingido somente quando uma pessoa *se esvazia* – do mundo, servindo então "em seus níveis", e novamente renunciando?

Também é interessante notar que, quando colocamos coisas a serem pesadas nos pratos, os pesos se acumulam até ser atingido um equilíbrio. Nesta operação, o prato que contém os objetos abaixa e aquele que contém os pesos se eleva. Isto pode sugerir que é o peso do nosso serviço que eleva o nosso padrão de valores, e que nosso serviço deverá ser igual ao nosso padrão de valores?

É possível pensar que um dos braços é o refúgio do Guia Interior e o outro a posição e o valor da alma humana em desenvolvimento.

A alma humana em evolução deve aumentar seu controle sobre a personalidade, ou o seu peso pela beleza e espiritualidade, até equilibrar a certo ponto o Guia Interior. E quando essa alma deseja elevar-se a uma altura espiritual maior, deve esvaziar-se de matéria e de tempo.

Interpretações diferentes de um mesmo símbolo não se contradizem. Um símbolo não tem apenas uma dimensão, nem é limitado por um ou dois níveis, ou por alguns pontos de vista. Esta é a sua beleza e utilidade.

Não podemos padronizá-los, pois estão sempre se aprofundando e se expandindo à medida que elevamos o nosso nível ao do Espírito. Um símbolo satisfaz as necessidades do nosso nível e mostra o caminho.

Diz-se que Libra rege a profissão das leis e mantém o equilíbrio entre:

certo e errado;
negativo e positivo;
Leste e Oeste.

A energia de Libra proporcionará a correta relação entre o Leste e o Oeste através da legalidade. Libra é o responsável pela lei. Mestre Djwhal Khul diz que, à medida que Libra fica mais forte, "não há necessidade de uma verdadeira ansiedade", porque gradualmente a justiça será estabelecida, bem como as condições corretas para um grande progresso espiritual. "Libra é o símbolo da mente judicial – que pesa a causa e o efeito e descobre a solução correta."

Também se diz que Libra está intimamente relacionada com o sexo, mais do que com qualquer outra constelação. Através da energia de Libra os problemas sexuais devem ser resolvidos harmoniosamente, atingindo-se o equilíbrio entre os dois sexos.

A balança é o símbolo de:

manifestação,
evolução,
intercâmbio,
beleza,
expressão,
ação, e
legislação

A ausência de equilíbrio é a ausência de existência, ou o caos.

O lema de Libra para os discípulos é: **"Eu escolho o caminho que fica entre as duas grandes linhas de força."** É o caminho sobre o fio da navalha ao qual Se referiu o Senhor Buda. Existe uma flutuação nos pratos, mas finalmente descobre-se o ponto de imutabilidade, que é o esteio no qual os dois braços estão suspensos para equilibrar-se um ao outro.

Libra também é o signo da pessoa que não perde o caminho nem a sua direção quando o mundo a engrandece ou a denuncia, pois ela habita no sustentáculo do Ser.

Temos três grandes problemas no mundo de hoje: o sexo, o dinheiro e a poluição. Estes três problemas serão resolvidos pela energia de Libra.

A energia do Terceiro Raio penetrará nas camadas subjetivas do *problema sexual*, formulando-se uma legislação adequada. O Quinto Raio revelará os efeitos físico-etéricos subjetivos, providenciando respostas para o problema. O Sétimo Raio proporcionará caminhos e modos de sublimação, o uso correto da matéria para expressar o Espírito e a distribuição correta dos recursos da natureza.

No futuro, não será permitido às pessoas terem filhos se não houver condições de criá-los, se os pais não tiverem as necessárias qualificações físicas, emocionais, mentais e espirituais.

Advogados, metafísicos e médicos trabalhando sob a orientação da Hierarquia protegerão o processo do nascimento. O motivo de tudo isso é sublimar a raça humana em todos os seus aspectos. Não devemos nos esquecer que o nascimento é uma iniciação e que será tratado sob essa luz.

Os *problemas financeiros* estão intimamente relacionados com o Terceiro, Sétimo e Quinto Raios. No futuro, teremos estabilidade monetária e uma única moeda para o mundo inteiro. As pessoas serão pagas de acordo com as necessidades do seu nível de evolução. No momento, existem muitos que recebem pagamento segundo seus desejos, avidez ou prazer. Os Iniciados do Sétimo Raio descobrirão os caminhos e os meios para resolver o problema do dinheiro com a ajuda da legislação do Terceiro Raio e a tecnologia do Quinto.

Poluição é o terceiro maior problema. As pessoas prestam muita atenção às fontes físicas de poluição. É aconselhável medir sua profundidade e extensão na Terra, mas talvez devamos considerar que a poluição do solo, da água e do ar se originam daquela existente na nossa natureza física, emocional e mental. A poluição exterior é um mero reflexo da interior. Não teríamos tanta poluição se a avidez, o ódio, o medo e a ira não obcecassem as pessoas em todo o mundo.

A purificação da Natureza pode ser conseguida através da purificação da nossa natureza física. Os encantos, ilusões, necessidades e premências cegas produzidas pela avidez, pelo ódio, pelo medo e pela ira serão dissipados, dissolvidos e purificados através da energia de Libra, através do pensamento abstrato e claro, objetivo e científico, e da obediência às leis espirituais e físicas.

Servir é a chave e o objetivo das observações desta lua cheia. Nossa intenção é receber e assimilar as energias dos signos através das naturezas física, emocional, mental e espiritual, e distribuí-las de um modo inteligente, sábio e belo.

Este serviço é dedicado à Fonte da grande Vida — o Sol Espiritual Central, de Cujo corpo somos células ou átomos que O assistem para prosseguir na Sua evolução Cósmica, abrindo caminho para a possibilidade da nossa futura evolução.

Meditação em Libra

1. OM OM OM
2. Saudações ao Senhor do Mundo, o Observador Silencioso.
3. OM
4. Saudações ao Senhor Cristo, a Ponte entre a humanidade e o Pai de Todos.
5. OM
6. Saudações a todos os que trabalham pela paz.
7. OM
8. Pensamento-semente para meditação:
   Entoe forte a palavra criadora e traga os mortos para a vida.
9. Repita o Mantra da Unificação:
   Os filhos dos homens são um e eu sou um com eles.
   Procuro amar, não odiar;
   Procuro servir, não exatamente executar um serviço;
   Procuro curar, não ferir.
   Deixai que a dor traga a recompensa devida de luz e amor.
   Deixai que a alma controle a forma exterior,
   a vida e todos os acontecimentos,
   e revele o Amor
   que sustenta os acontecimentos do tempo.
   Deixai que a visão venha e esclareça.
   Deixai que o futuro seja revelado.
   Deixai que a união se revele
   e que as rupturas exteriores desapareçam.
   Deixai prevalecer o amor.
   Deixai que todos os homens amem.
10. Repita a Grande Invocação:
    Do ponto de Luz dentro da Mente de Deus
    Deixai que o raio de luz penetre na mente dos homens.
    Deixai que a Luz desça sobre a Terra.

    Do ponto de Amor dentro do Coração de Deus,
    Deixai que o raio de amor penetre no coração dos homens.
    Que Cristo retorne à Terra.

    Do centro onde a Vontade de Deus é conhecida,
    Deixai que o propósito guie as pequenas vontades dos homens –
    O propósito que os Mestres sabem e servem.

    Do centro que chamamos raça dos homens
    Deixai que o Plano de Amor e Luz se realize
    E sele a porta onde habita o mal.

    Que a Luz, o Amor e o Poder restaurem o Plano na Terra.

10

SOL EM ESCORPIÃO

A energia de Escorpião fica diretamente ativa aproximadamente entre 24 de outubro e 23 de novembro; mas na lua cheia sua energia se derrama sobre a Terra sem a interferência da Lua.

A energia de Escorpião é uma mistura da energia do Quarto Raio – Harmonia através do Conflito – e da do Sexto Raio – o Raio da Devoção. Escorpião canaliza a energia do Quarto Raio vinda das fontes Cósmicas. Seu regente esotérico e exotérico é Marte, um planeta do Sexto Raio. O regente hierárquico é Mercúrio, um planeta do Quarto Raio. Na verdade, temos dois Raios muito poderosos: o Quarto e o Sexto. O Quarto manifesta a vontade de harmonizar, e o Sexto, a vontade de causar.

Também temos a influência do Segundo Raio no fluxo energético de Escorpião, que é o Segundo Raio vindo de Sirius. Sirius está relacionado com Escorpião e aprendemos que o seu Logos é o Anjo Solar do nosso Logos Solar.

"O Sol Sirius é a fonte da Mente Logóica." Sirius, as Plêiades e o Sol formam um triângulo Cósmico. Somos governados pelo Senhor do Carma de Sirius. As vibrações vindas de Sirius nos atingem no plano mental. Aprendemos que somente uma vez um grande Ser de Sirius visitou nosso planeta, na época da individualização. Esses grandes Seres aparecem em geral na cerimônia de iniciação de um Logos Solar.

Sirius é a estrela da iniciação. "Nossa Hierarquia... está sob a supervisão ou controle magnético espiritual da Hierarquia de Sirius."[1]

Sirius também é chamada de estrela da sensibilidade que governa a Hierarquia. Uma relação desse teor entre Escorpião, a Hierarquia e a humanidade sugere que na época da lua cheia em Escorpião há uma grande oportunidade para a iniciação e a expansão da consciência.

Conseguimos isso através da meditação. Na meditação em grupo, essas energias são recebidas de modo seguro e expressas de maneira criativa. A meditação não é apenas um processo de transmutação, mas também um serviço no qual grupos atraem as energias conscientemente e as distribuem de maneira criativa para a humanidade.

O Mestre Tibetano Djwhal Khul diz:

1. Bailey, Alice A., *Esoteric Astrology*, p. 197.

> É meu grande desejo que, nestes dias em que a influência de Escorpião e do planeta Marte é percebida de maneira tão intensa nos assuntos mundanos, se cultive um discernimento verdadeiro, se desenvolva o otimismo e a compreensão e que a natureza das provas a que o discípulo do mundo, ou seja, a humanidade, está sendo submetida hoje possa ser avaliada em seu verdadeiro valor, e que a luz verdadeira se derrame sobre o caminho do homem.[2]

Ele também diz: "Pela primeira vez, tanto na história da humanidade como na dos discípulos, a energia de Sirius, ao derramar-se sobre os sete grupos que formam a Hierarquia planetária, suscita uma resposta."[3]

Isso realmente significa que a humanidade está entrando no caminho do discipulado e passará nas provas apresentadas por Escorpião, porque "Escorpião, neste estágio particular da evolução humana, governa a Senda do Discipulado."[4]

É interessante saber que Sirius é a estrela da iniciação e que a sua energia se derrama sobre o signo de Escorpião. Assim, Escorpião se converte no acesso à porta de iniciações cada vez maiores.

Uma das tarefas dos discípulos e da humanidade é estabelecer a comunicação consciente com fontes mais elevadas de energia: inteligência, amor e poder.

Todas as energias das constelações, do Zodíaco Maior e Menor, se derramam sobre o nosso sistema solar e sobre o nosso planeta, mas, pela nossa inabilidade em registrá-las, parecem não existir.

Era após era, os seres humanos se desenvolvem e entram aos poucos em contato com essas energias e, à medida que expandem o caminho, recebem mais energia, mais orientação, e entram em iniciações maiores.

O importante é nos desenvolvermos, suplantar nossas limitações, superar nossos interesses egoístas e trabalhar em favor da humanidade. À medida que o homem se descentraliza, entra num contacto mais íntimo com essas energias superiores. Energias superiores se concentram em indivíduos ou grupos que se tornam cada vez mais humanitários.

Em Escorpião, os discípulos são preparados para avançar nas iniciações. Cada uma é o resultado de uma vitória sobre a natureza inferior, passando por nove testes. Esses testes estão divididos em três grupos.

Os **testes físicos** estão relacionados com:

sexo,
conforto físico,
dinheiro.

Os **testes emocionais** estão relacionados com:

medo,
ódio,
ambição.

2. *Ibid.*, p. 203.
3. *Ibid.*, p. 198.
4. *Ibid.*, p. 195.

Os **testes mentais** estão relacionados com:

orgulho,

separativismo,

crueldade.

Os **símbolos do signo de Escorpião** são em número de três:

a serpente,

o escorpião,

a águia.

O símbolo da **serpente** em Escorpião representa o homem aprisionado em sua natureza inferior. O **escorpião** simboliza o homem que já é bastante avançado e está servindo à personalidade com uma luz ocasional dos Reinos Superiores. A **águia** em Escorpião simboliza um discípulo triunfante que agora sobrevoa a Terra, e sua moradia fica nas altas montanhas. Sua consciência está focalizada no plano mental superior, e até no Plano Intuitivo. Esta é a transformação pela qual o discípulo passa em Escorpião.

Como primeira prova, o escorpiano deve exercitar o *controle do sexo* durante toda a sua vida, com esforço especial quando o Sol estiver em Escorpião. No mês de Escorpião, temos a oportunidade de usar a energia sexual mais criativamente através da sublimação.

Na segunda prova, o *conforto físico* será sacrificado para servir aos outros. Os escorpianos têm uma inclinação natural para o conforto físico, que muitas vezes os leva à inércia e aos prazeres. Gostam de relaxar, de deixar-se levar pelo lado mais fácil e pelos lugares e pessoas onde e com quem possam sentir-se à vontade. Os escorpianos desenvolvem o espírito dos guerreiros.

O lema de Escorpião é um desafio e um objetivo:

"Guerreiro eu sou, e da batalha saio triunfante."

Um verdadeiro escorpiano harmonizado com o Quarto Raio é um comandante de exércitos, mas que detesta lutar, até que grandes problemas o obrigam a entrar na luta com força total. Os escorpianos expressam cuidado e desleixo extremos.

Os escorpianos têm uma tendência natural para não se envolver em batalhas e manter-se quietos e confortáveis. Mas se se decidem a ser "guerreiros do Espírito", tornam-se grandes reformadores, comandantes e agitadores para o Bem Comum. Combatem não só as limitações da sociedade, mas também as limitações interiores. O escorpiano luta contra o seu eu inferior, sendo esta luta o que o torna um discípulo triunfante. Os escorpianos devem evitar o conforto para poder expressar seu forte impulso para servir.

O **terceiro teste** está relacionado com *dinheiro e avareza*. Pelos talentos demonstrados por Escorpião e pelo seu magnetismo natural, ele atrai dinheiro. As pessoas confiam-lhe sua riqueza, e se Escorpião não estiver desperto e atento cairá nas armadilhas da cobiça, tornando-se obcecado pelo dinheiro. Esta obsessão poderá conduzi-lo a atividades não justificáveis pelos padrões espirituais.

Aprendemos que a maioria dos nativos de Escorpião é presa na armadilha da forma e dos valores materiais. Não têm consciência disso, pois essa vida lhes parece normal. Estas são as *serpentes*.

Há outras pessoas que sabem que são seduzidas por valores e formas. Sabem da existência de valores superiores na vida, mas ainda não têm força de vontade suficiente para se afastarem deles. Estes são os *escorpiões*.

O terceiro grupo é formado pelas pessoas capazes de usar a matéria e a forma para manifestar a Vontade de Deus, ou para manifestar a Divindade essencial escondida em seus corações. Estas são as *águias*.

Durante o mês de Escorpião, todas as pessoas podem trabalhar cientificamente sobre si mesmas para dominar esse seu desejo pela forma e pela matéria, libertando-se desta atração e utilizando a energia para um propósito mais elevado e mais criativo.

No estágio da serpente, um escorpiano é uma pessoa muito ambiciosa. Aliás, sente-se feliz até quando está privando alguém da sua parte que lhes corresponde.

No estágio da águia, ele ganha dinheiro, utiliza-o de maneira inteligente, e até generosamente, para o progresso do Plano Hierárquico. A águia é generosa.

A quarta prova é o *medo*. Os escorpianos vivem num medo constante no estágio da serpente. O escorpiano começa a se defender com a luz da mente e a coragem do coração. A águia não tem medo. Durante o mês de Escorpião o medo pode ser levado para a luz da Alma e dissipar-se.

A quinta prova é o *ódio*. A pessoa de Escorpião está cheia de ódio. Seu ódio não se baseia em animosidade pessoal, mas é direcionado contra a injustiça. Literalmente, elas odeiam os que exploram os demais, impedem a evolução espiritual e fazem dos outros seus escravos. Este ódio algumas vezes se transforma em violência.

Quando uma pessoa de Escorpião se torna uma águia, ela não odeia, mas busca as causas. Compreende as condições e tenta consertá-las, anulando as causas. Este trabalho requer uma luta organizada com os agentes da matéria, com as trevas e com o separativismo. Durante o mês de Escorpião, as pessoas devem lutar contra o ódio e substituí-lo por compreensão e compaixão.

A sexta prova é a *ambição*. Ambição é o desejo de poder, de posição, de reconhecimento – e toda serpente possui esse desejo. Essas pessoas querem dominar; querem alcançar uma posição elevada e que as outras pessoas reconheçam sua "grandeza".

Quando são águias, são pessoas humildes que trabalham arduamente sem esperar reconhecimento ou compensação. Sua alegria e recompensa é o trabalho criativo que fazem pelos outros. É por essa vida de serviço que atingem luz e beleza maiores.

A sétima prova é o *orgulho*. É um estorvo mental, muitas vezes violento, especialmente no estágio da serpente. Não queira ferir o orgulho de um escorpiano. Eles não lutam abertamente, e o magoarão de várias maneiras sutis. Nunca esquecerão os atos praticados contra as suas idéias, planos, propriedades. No momento certo, tirarão a desforra levados pelo orgulho. Quando crescem e evoluem, o orgulho lentamente se apaga, e no estágio da águia se estabelece em seus corações uma profunda humildade.

O oitavo teste é da *separatividade*. As serpentes de Escorpião são muito desligadas e sectárias em seus campos nacional, religioso e ideológico. À medida que crescem e evoluem, a separatividade torna-se amor, unidade e síntese. Uma águia representa a humanidade e luta pela unidade de todas as nações. Possui um senso inato de harmonia, de paz e síntese. Pode conciliar grandes opostos e criar a unidade.

Durante o mês de Escorpião, e em especial na época da lua cheia, o poder de unificação e síntese deve ser cultivado através da meditação e de atividades criativas.

O nono teste é o da *crueldade*. As serpentes de Escorpião são pessoas fisicamente cruéis mas, à medida que evoluem para o estágio da águia, usam esse poder para esmagar a injustiça e a exploração social, política e ideológica. Lutam até a morte para defender o inocente e o fraco com grande audácia e espírito de sacrifício. Com freqüência retornam triunfantes de suas batalhas, e a estrela da iniciação brilha sobre suas cabeças.

É bom lembrar que Marte é o planeta da guerra e Escorpião é o signo do conflito e da harmonia.

Escorpião representa a vitória. Tem nove oportunidades de obtê-la através das nove provas a enfrentar. Deve passar por todas, tornando-se um discípulo triunfante.

Aprendemos que, durante o mês de Escorpião, a Hierarquia espiritual coloca Sua mão sobre uma pessoa que está pronta para o Caminho, e põe à prova sua Divindade essencial.

O discípulo de Escorpião passa por três crises enquanto se submete às provas. Estas crises estão relacionadas com:

novas decisões;
novas orientações; e
novas ações.

É somente através dessas crises que sua natureza se revela a ele. Obtém uma vitória sobre a sua natureza inferior quando passa nas provas à medida que toma decisões novas e corretas, quando descobre as orientações certas e pratica as ações corretas.

Na verdade, essas nove provas são os nomes de nove obstáculos que impedem a irradiação da luz do Núcleo espiritual do discípulo. À medida que são superadas, a luz do Eu Superior brilha mais.

Aprendemos que Hércules passou por essas nove provas ao enfrentar a hidra de nove cabeças. Tentou cortá-las uma a uma, mas foi impossível, pois cresciam novamente. Hércules teve uma idéia brilhante. Deixou de lado sua clava, ajoelhou-se, segurou a hidra com as mãos e levantou-a acima de sua cabeça até que a força dela diminuiu e ela morreu.

Há grandes idéias neste belo simbolismo:

1. um discípulo deve ser um guerreiro intrépido;
2. deve pôr toda a sua fé nos próprios recursos;
3. deve dominar o orgulho da sua personalidade e ajoelhar-se diante do Eu Superior e dos valores superiores;
4. não deve permitir que os vícios cresçam no seu Eu inferior;
5. deve elevar todos os problemas à luz do seu Eu espiritual e vencê-los.

Quando nossos defeitos são vistos à luz do Eu Transpessoal, eles deixam de ter o poder de nos afetar. Depois dessa vitória, o discípulo de Escorpião vive, movimenta-se e cria sob a luz do Plano Hierárquico.

Quando supera os nove obstáculos das suas nove provas, ele desenvolve as nove virtudes do discípulo: três físicas, três emocionais e três mentais.

As *virtudes físicas* são: afinidade-calor-magnetismo, trabalho contínuo e generosidade. As *emocionais* são: intrepidez, alegria de amar e abnegação. As *mentais* são: humildade, unidade e inocência.

O nativo de Escorpião é o filho pródigo que retorna à casa. Durante o seu mês ele tem mais oportunidade para despertar e pensar sobre o retorno. Sente-se descontente com o sexo, o dinheiro e a posição, e procura por realidades e valores duradouros que, a seu tempo, revelarão uma realidade ainda maior com a qual sonha há muito tempo.

As pessoas que nascem no mês de Escorpião ou que o têm como ascendente com freqüência questionam tudo o que está acontecendo: nascimento, crescimento, doença, morte, miséria, glória, dor, alegria, sentindo-se ansiosas em saber se toda a sua tragédia ou comédia as está conduzindo a algum lugar. Ponderando sobre isso, o Escorpião desperta. Algumas vezes a pessoa sente que é muito tarde para alcançar a meta ou que há muita carga e obstáculos no caminho, mas o desejo de retornar à casa prevalece.

É no signo de Escorpião que começa o sentido inverso da roda zodiacal. Por isso ele é chamado de signo da morte, pois traz consigo o sopro mortal para todos os obstáculos que mantêm o homem escravizado por milhares de anos. Causa a morte de doutrinas, dogmas, tradições, superstições, ilusões e encantos obsoletos. Dispersa as limitações dentro da esfera física da pessoa que a tornam escrava da escuridão, do crime e do separativismo.

O escorpiano é uma pessoa que está moldando uma nova vida às vezes diametralmente oposta à que ela viveu enquanto atravessava o Zodíaco no sentido horário.

O Quarto Raio, chamado de Raio da Harmonia através do Conflito, é o Raio da humanidade. É interessante notar que todas as nossas conquistas, sucessos e expansão são resultado de determinados conflitos, confrontos e batalhas.

Assim como Escorpião possui três símbolos, o conflito da humanidade ocorre em três níveis. No *nível da serpente* temos a guerra, a revolução e a matança; no de *escorpião* é o confronto com a lógica, a razão, a prova e os testes, e, se não for encontrada uma solução, com a guerra; no *nível da águia*, o conflito ainda existe, mas há uma compreensão intuitiva e um poder de adaptação decorrentes da educação e do desenvolvimento da intuição.

A águia é um grande harmonizador. Pode criar beleza mesmo com extremos opostos. Algumas vezes sua criação é maior quando retira de cada um dos opostos uma combinação harmoniosa.

O Quarto Raio relaciona os extremos e cria harmonia e beleza. Faz o Espírito lutar contra a matéria, e a matéria contra o Espírito. Nesta luta, a matéria se desenvolve e se desdobra, e o Espírito manifesta-se através da matéria.

A energia do Quarto Raio interfere também quando as idéias estão cristalizadas e se tornaram ídolos. Ela cria condições nas quais a idéia original se confronta com o ídolo. Neste processo de confronto, a idéia obtém controle e o ídolo se torna um símbolo da idéia.

A energia do Quarto Raio cria conflito dentro do nosso próprio ser. O auto-exame e a revisão são sistematicamente aplicados pelo escorpiano. Ele olha para o passado e para o futuro, e descobre a melhor maneira de agir no presente.

Se a pessoa estiver no estágio da serpente, desenvolve um forte complexo de inferioridade porque se critica continuamente. Quando se encontra no estágio do escorpião, não se critica, mas justifica-se através da racionalização inteligente. Mas quando entra no estágio águia, consegue rever sem críticas e autojustificativas, como um observador isolado.

Os escorpianos não podem progredir a menos que criem uma crise e saiam dela triunfante. São os mensageiros da paz. Paz para eles não é inércia, mas relações corretas, foco e polarização.

Possuem uma capacidade natural para compreender o inferior e o superior, o individual e o universal. Vêem os denominadores comuns em muitos problemas, projetos e objetivos. Isso lhes dá capacidade de penetrar no núcleo do problema e de propor as soluções diretas.

Marte é o governante esotérico e exotérico de Escorpião, o que significa que este planeta condiciona o aspecto da personalidade dos escorpianos. Marte despeja a energia do Sexto Raio sobre o nosso planeta, a energia da devoção. O Sexto Raio possui força e vontade de causar. Ele cria as causas através das quais introduz grandes alterações na vida.

A serpente usa esta energia como a força do fanatismo. O escorpiano usa o Sexto Raio como devoção e culto religioso. A águia usa essa força como consagração a uma grande causa através do sacrifício verdadeiro.

A águia de Escorpião luta principalmente no plano mental. Sua batalha é feita com pensamentos e idéias. Cada luta é a expressão de uma batalha interior sem fim para ela. Ela luta contra seus problemas físicos, emocionais e mentais. Cresce e se desenvolve somente através da luta consigo mesma. O interessante é que ela é sempre introduzida e conduzida à vitória pelo seu Eu Superior. Essa luta continua até o confronto com a força combinada de todo o exército inferior em sua personalidade. Essa força é chamada de "Habitante do Portal".

O Habitante do Portal é o poder acumulado de todas as tendências e impulsos, todos os encantos e ilusões com os quais uma pessoa se identifica através dos tempos. Quando a pessoa luta para livrar-se das limitações do Eu inferior, estas se reúnem como uma entidade e tentam bloquear a passagem para a Alma e para o Plano Intuitivo.

Na verdade, o Habitante do Portal é a soma total dos elementos dos corpos físico, emocional e mental. Quando a alma humana evolutiva em desenvolvimento está pronta para afastar-se das garras dessas entidades, estas tentam aprisioná-la com todos os erros e enganos cometidos no passado, com suas ligações e identificações. O discípulo se confronta com um bloqueio real, mas, a seu tempo, com a ajuda das suas virtudes acumuladas e boas ações, ele subjuga o Habitante e se torna um discípulo triunfante, um vitorioso sobre o seu Eu inferior.

Um homem é sua própria barreira, e também a sua própria saída. Ele bloqueia o caminho. Quando elimina suas limitações, liberta-se para prosseguir no caminho da evolução.

O outro Raio que desempenha um papel de destaque na vida de Escorpião é o Segundo, que vem de Sirius. O Segundo Raio traz a sabedoria para o discípulo. H. P. Blavatsky diz: "Quando você se liberta da serpente da matéria, pelo auxílio da serpente da ilusão, você se converte numa serpente de sabedoria." Estas três serpentes podem ser comparadas com os símbolos de Escorpião da seguinte maneira:

1. A serpente de Escorpião é a serpente da matéria.
2. O escorpião é a serpente da ilusão.
3. A águia é a serpente da sabedoria.

O estágio da serpente é aquele no qual o homem se identifica com a matéria e vive uma vida materialista. O estágio do escorpião surge quando a pessoa se sente seduzida pela matéria e tenta libertar-se deste engano e ilusão. O estágio da águia emerge quando uma pessoa, através da discriminação e da compreensão da própria Divindade, se afasta da ilusão e habita nos reinos superiores da consciência.

Escorpião é o oposto polar de Touro. O oposto polar é o signo que apresenta um objetivo a ser atingido. Neste caso, Touro representa a força do desejo. Este desejo é estimulado pelo Plano Intuitivo Cósmico sendo, na verdade, um apelo do Espírito. No arco involutivo, o desejo atinge nosso plano mental através da influência de Gêmeos e toma forma em Câncer. Em Escorpião, o discípulo deve entender as características divinas do seu desejo e mudar sua direção para o arco da evolução. É a sua prova final. Ele deve ser capaz de, com toda a sua força, voltar à corrente do desejo rumo à Casa. Poderá realizar isso quando realmente compreender a natureza da ilusão, quando transcender o desejo da sua personalidade com o desejo espiritual e desenvolver um melhor sentido de proporção.

Meditação em Escorpião

1. Repita o seguinte mantra:
   Que o poder da vida única possa
   derramar-se sobre o grupo de todos os verdadeiros servidores.
   Que o amor da Alma única possa
   caracterizar as vidas de todos os que buscam auxiliar os Grandes.
   Que eu possa cumprir minha parte no trabalho único
   através do auto-esquecimento, da inocência e da palavra reta.
2. OM OM OM
3. Visualize uma águia voando em grande altitude com uma estrela de cinco pontas em sua fronte.
4. OM OM OM
5. Pensamento-semente para meditação:
   Guerreiro eu sou, e da batalha saio triunfante.
   a. Descubra três obstáculos em sua vida que devam ser enfrentados e superados.
   b. O que significa para você o termo "guerreiro"?
   c. Onde fica o seu campo de batalha?
   d. O que "vitória" significa para você?
6. Visualize três raios de luz de cores diferentes criando algo belo de sua escolha. Então diga:
   Na beleza estamos unidos.
   Com beleza, oramos.
   Através da beleza, conquistamos.
7. OM OM OM

Meditação Diária para o Mês de Escorpião

1. Repita a Grande Invocação:
   Do ponto de Luz dentro da Mente de Deus,
   Deixai que o raio de luz penetre na mente dos homens.
   Deixai que a Luz desça sobre a Terra.

Do ponto de Amor dentro do Coração de Deus,
Deixai que o raio de amor penetre no coração dos homens.
Que Cristo retorne à Terra.

Do centro onde a Vontade de Deus é conhecida,
Deixai que o propósito guie as pequenas vontades dos homens –
O propósito que os Mestres sabem e servem.

Do centro que chamamos raça dos homens,
Deixai que o Plano de Amor e Luz se realize
E sele a porta onde habita o mal.

Que a Luz, o Amor e o Poder restaurem o Plano na Terra.

2. OM OM OM
3. Repita em voz alta a tônica:
   Guerreiro eu sou, e da batalha saio triunfante.
4. Medite sobre a tônica, e responda as seguintes perguntas:
   a. O que é um guerreiro? Quais suas características?
   b. Qual é a minha batalha? Com o que lutarei, ou gostaria de lutar?
   c. Qual o significado espiritual da palavra "triunfante"?
   d. Saí vitorioso de algumas batalhas travadas no interior do meu ser? Quais são elas? Estarei pronto para vencer as nove provas?
5. Repita novamente a Grande Invocação.
6. OM OM OM

11

SOL EM SAGITÁRIO

O Sol entra no campo da energia sagitariana aproximadamente em 23 de novembro, permanecendo até 22 de dezembro. Durante esses dias o Sol canaliza a energia de Sagitário através dos regentes das constelações.

Sagitário canaliza as energias do Quarto, Quinto e Sexto Raios, além do Segundo Raio do seu regente exotérico, Júpiter, e do Terceiro Raio do regente esotérico, Terra. O regente é Marte, um planeta do Sexto Raio. Encontramos todos os Raios neste signo, já que o Primeiro e o Sétimo expressam sua influência através do regente hierárquico, Marte.

O Quarto Raio da Harmonia através do Conflito se relaciona com as artes. Este campo será afetado neste período. O segundo campo a ser atingido é a ciência, e o terceiro, a religião. Júpiter, o planeta sagrado, inspirará amor-sabedoria nestes três campos. A Terra, como regente esotérico, aumentará a "comunicação" entre esses três campos, e Marte estimulará a energia do fogo de Sagitário na religião.

Hércules, o grande guerreiro, deveria executar um trabalho em Sagitário. Quando estava pronto, seu Mestre apareceu e disse: "Você terá de enfrentar o nono trabalho. Em Arcádia existem pássaros antropófagos, com garras afiadas e bicos cruéis, ocultos em arbustos. Eles atacam todos os que cruzam seu caminho. Hércules, vá e extermine-os."

Ele foi para Arcádia e observou os pássaros. Havia milhares deles, e lhe disseram que quando todos voavam juntos cobriam o sol.

Alguns pássaros o atacavam, mas Hércules lutou com sua clava e matou uns poucos. Tentou matar outros com flechas, mas eles se esconderam nos arbustos.

Enquanto pensava sobre como exterminá-los, ocorreu-lhe usar grandes címbalos para assustá-los e fazê-los sair de seus esconderijos.

Reuniu todas as suas energias e tocou todos os címbalos ao mesmo tempo. O som foi tão alto e penetrante que todos os pássaros voaram imediatamente. Atingindo o objetivo, Hércules montou em seu cavalo alado, e, enquanto voava, foi matando os pássaros com suas flechas.

Este mito tem um belo significado. No mês de Sagitário devemos agir como Hércules. Temos de exterminar os pássaros antropófagos, símbolo das nossas ilusões, emoções negativas e descontroladas e da depressão ou inércia escondidas por trás das recusas repetidas. Tudo isso deve ser exterminado se quisermos transpor os portais das maiores expansões da consciência.

Hércules não conseguiu matar os pássaros com sua clava, que representa os meios da personalidade. Não foi capaz de expor e matar os pássaros com flechas enquanto estavam no chão, porque as flechas que usou enquanto estavam no chão eram símbolos dos pensamentos gerados por interesses da personalidade.

Os dois címbalos são a personalidade e a Divindade Interior. Devem se unir para que o *som* exponha todos os obstáculos escondidos em nossa natureza, tornando-os visíveis a nossos olhos. Estes obstáculos obscureceram nosso Sol Interior por muito tempo.

O Fogo Elétrico, que é *som*, é liberado quando os dois pólos da natureza humana se fundem; quando espírito e forma se unem, em vez de flechas, surge a "seta de Luz" que revela tudo o que está escondido em nossa natureza. A "seta" é a flecha que Hércules utilizou quando voava em seu cavalo alado.

O *som* é também a nota da Centelha dentro de nós, liberada somente quando a personalidade atinge um estágio de desenvolvimento no qual possui sua própria nota e está pronta para fundir-se com a da Centelha.

O cavalo alado é Sagitário, o veículo intuicional ígneo do qual Hércules libera a "seta de Luz" da visão do seu grande futuro.

O objetivo é atingir o Sol Interior, anulando tudo que o obscurece. "Direção" é o esforço firme voltado para o Sol, o Eu Interior, o Eu Único.

Pensamentos baseados em interesses separatistas e em crimes, os pensamentos que estão presos à Terra, devem todos ser eliminados para que possamos ver o Sol.

A tônica para os discípulos sagitarianos é: **"Vejo o objetivo. Atinjo o objetivo e já vislumbro um outro."**

O maior problema de indivíduos, de nações e da humanidade é descobrir um objetivo e então estabelecer um mais elevado ainda. Para que vivemos? Como podemos descobrir nosso objetivo? Ele será físico, emocional, mental ou espiritual? Será pessoal, nacional, global? Qual será?

Uma pessoa olha seu objetivo através da selva da vida da personalidade afetada pelas tradições, pela sociedade, pelos hábitos, pelas religiões, pelas filosofias e pelos amigos. Mergulhada nesta selva, ela tem de fazer uma escolha. Qual será seu objetivo?

Um objetivo é parte do plano da Alma, ou a síntese de todas as melhores aspirações de uma pessoa. A pessoa comum o descobre durante um pequeno intervalo de tempo e depois o perde. Um aspirante o encontra para uma vida, e então persegue outro para a próxima. Um discípulo descobre-o e cresce com ele. Um Iniciado é um objetivo vivo e em expansão.

O símbolo de Sagitário mudou através dos tempos. Na época da Atlântida era o centauro, meio homem, meio cavalo. Neste símbolo, a natureza animal do homem é o fator de controle.

Na civilização ariana, o símbolo mudou para um cavalo branco com um cavaleiro. A natureza humana está separada do animal, havendo a possibilidade de se controlar os instintos animais.

Na era de Aquário, o símbolo se transforma numa flecha voando rumo ao Sol. A flecha é a Centelha Divina voltando para a sua origem. Será o objetivo supremo de cada discípulo na Nova Era. A Centelha Divina em movimento se transforma numa flecha que se dirige ao Infinito, ao seu Eu verdadeiro. É o desafio da Nova Era inspirado pela energia de Sagitário.

Há um belo diálogo em *Astrologia esotérica*. O Mestre diz:

– Onde está o animal, ó Lanu? E onde está o Homem?
– Unidos em um, ó Mestre da minha Vida. Os dois são um. Mas ambos desapareceram e nada restou senão o profundo fogo do meu desejo.
– Onde está o cavalo, o cavalo branco da alma? Onde está o cavaleiro deste cavalo, ó Lanu?
– Foram para o portão, ó Mestre da minha Vida. Mas alguma coisa insinuou-se entre os pilares de uma porta aberta, algo que eu mesmo perdi.
– E o que te restou, ó sábio Lanu, agora que os cavalos de dois tipos o deixaram, e o cavaleiro, solto, permanece livre? Agora, o que restou?
– Nada, a não ser meu arco e minha flecha, ó Mestre da minha Vida, mas é o suficiente, e quando chegar o tempo devido, eu, teu Lanu, irei rápido atrás da seta que lancei. Os cavalos que deixei perto da porta, não mais necessito deles. Entro livre, recupero a flecha que lancei e volto no meu caminho, passando de porta em porta, e a flecha vai sempre à frente.[1]

A cada lua cheia há uma grande oportunidade para todos se abrirem e receberem as energias daquele signo específico. Somente através da assimilação consciente destas energias podemos transformar nossas vidas e servir aos outros. Somente através do esforço consciente é possível a assimilação das energias zodiacais.

A energia de Sagitário era utilizada nos antigos templos de mistério para iniciar candidatos em níveis mais elevados de conhecimento. As cerimônias da primeira e segunda iniciações eram em geral executadas na lua cheia de Sagitário.

A energia sagitariana estimula o desejo de se atingir um objetivo. Sempre que há contato com ela, fazemos um esforço para descobrir o nosso objetivo de vida. Quando observamos a vida de milhões de pessoas, vemos que não possuem um objetivo nobre e andam de um lado para outro sem direção. A primeira expansão de consciência é atingida quando descobrimos o objetivo que nos permite obter uma direção planejada na vida.

Um objetivo é um centro magnético estabelecido no reino do futuro. É este centro que impulsiona a pessoa e estabelece uma direção. É este impulso magnético do objetivo que permite à pessoa avançar no caminho da sua evolução e chegar à iniciação. A primeira é o momento em que a pessoa se volta para a direção correta.

Descobriremos nosso objetivo de vida somente se purificarmos nossa tríplice natureza, de modo que as impressões originadas pelo Guia Interior cheguem até nós.

Os objetivos podem ser de várias magnitudes: físicos, emocionais, mentais ou espirituais. São partes do nosso plano de vida através do caminho da evolução. Cada vez que vemos uma parte deste plano, temos um objetivo maior. Muitas vezes parece que não temos um objetivo porque o plano de vida está obscurecido pelos encantos, ilusões e pela inércia.

1. Bailey, Alice, A., *Esoteric Astrology*, pp. 176-177.

Nossos objetivos são como raios de luz projetados do santuário interior. A primeira iniciação acontece quando a pessoa é capaz de perceber um desses raios vindo deste santuário, derramando luz no caminho.

Quando purificamos nossa tríplice personalidade, o objetivo brilha mais claramente, e organizamos nossa vida de tal maneira que tudo o que fazemos é adequado ao objetivo. A purificação do corpo físico é conseguida através da conduta e da ação corretas. A do corpo emocional é atingida pela aspiração e pelo culto.

O culto é um ato de desdobrar-se e chegar a ser o que procuramos no fundo do nosso próprio ser. No caminho da adoração, tudo o que é torpe na vida emocional cai e desaparece. A purificação do corpo mental é obtida quando se tenta pensar à luz da verdade e da realidade.

A mente é tentada várias vezes por dia a ouvir fraudes, mentiras e histórias distorcidas dos outros e a repeti-las. Quem deseja purificar a mente deve lutar para pensar à luz da verdade e da realidade. Este esforço eventualmente purificará o veículo mental e permitirá que a pessoa veja o plano da sua vida. Um objetivo é uma estação no caminho da vida que conduz ao Plano.

É necessário que todos os três corpos se submetam simultaneamente à purificação, porque se a mente pensar com clareza mas o corpo emocional estiver coberto de encantos, as emoções poderão afetá-la e a utilizarão em proveito próprio.

A purificação dos veículos da personalidade torna uma pessoa sensível à direção do seu Guia Interior. Qualquer contato com Ele revela uma parte do objetivo, o próximo passo no caminho. Não haverá um objetivo real a menos que haja contato com o Guia Interior. É possível que algumas vidas se passem antes de se conseguir este contato e de ver claramente qual o próximo passo. Uma vez estabelecido, a pessoa nasce com a consciência do seu objetivo, que pode se manifestar até com pouca idade. Muitos gênios, talentos e líderes mundiais nasceram sabendo qual era o seu objetivo e missão.

O interessante é que assim que alguém tenha contactado o objetivo, não há outra escolha para ele. Pode acontecer de o objetivo causar dor, sofrimento e dificuldade na vida, mas isso não o impede de fazer aquilo que deseja. O objetivo aumenta sua força de vontade e ele continua, independentemente do que aconteça no mundo da sua personalidade.

Cada sofrimento e cada vitória no caminho revelam mais claramente o objetivo, aumentam a força de vontade para abençoar os obstáculos e também a alegria. À medida que prossegue, a pessoa torna-se a personificação do objetivo. Torna-se um ideal para aqueles que a vêem como um farol. Não tenta impressionar com sua imagem, mas evoca o esforço em busca de seus próprios objetivos.

Os aspirantes no caminho estão instintivamente orientados para o seu objetivo. Os discípulos o conhecem e trabalham por ele. Os Iniciados tornam-se seus objetivos. Durante os cinco dias do período da lua cheia quando o Sol está em Sagitário, nossa intenção será tentar descobrir o nosso.

É importante compreender que nossos objetivos de vida não estão em mútuo conflito. Na verdade, cada objetivo projetado do Guia Interior para o nosso aparelho mental é uma peça de um grande jogo de paciência no universo. A imagem ou quadro se completará se todos nós descobrirmos as peças – os objetivos –

e as colocarmos no lugar certo no quebra-cabeça, ou desempenharmos o nosso papel verdadeiro na vida. Uma vida adequada ao objetivo ajudará a completar o quadro. A energia sagitariana nos auxilia a vê-lo e a viver uma vida condizente.

A energia de Sagitário inspira idealismo. Idealismo é uma necessidade e impulso de nos unirmos com o objetivo. O sagitariano diz: "Eu vejo o objetivo, atinjo o objetivo e já vislumbro um outro."

Existem objetivos físicos, emocionais e mentais; depois temos os de grupo, nacionais e mundiais. Cada objetivo fica uma oitava acima do anterior. Não devem se contradizer, mas se complementar.

Aprendemos que a energia de Sagitário inspira ou evoca o idealismo e um sentido de direção. O idealismo é uma direção de vida decisiva para atingir um objetivo mais abrangente. É um impulso vigoroso para viver segundo as normas do nosso ideal.

A consciência de um artista focaliza-se no plano mental abstrato, onde entra em contato com os impulsos espirituais que estão em processo de tomar forma como idéias no plano mental. Podemos encontrar idealismo em qualquer um dos Sete Raios.

O *senso de direção* é a capacidade de orientar e polarizar tudo o que temos, somos e fazemos na direção do objetivo. Isso está indicado no simbolismo da flecha, do homem e do cavalo. O cavalo e o homem devem seguir a direção da flecha, ou o bem não poderá ser alcançado, isto é, a personalidade – o cavalo, o homem – (o discípulo esforçado e a flecha), a percepção intuitiva devem mover-se sincronizadamente se quisermos alcançar o objetivo.

O idealismo é o poder de contemplar a visão e direcionar os passos com determinação e alegria.

Sagitário suscita "o fogo do planeta que apresenta a revelação ao homem purificado, que permanece na Luz". Esta energia gera um sentido de direção para guiar o cavalo e atirar a flecha. O objetivo pode ser descoberto neste signo de unidirecionamento, aspiração, dedicação, determinação e de atitude e poder focalizados e intuitivos para vê-lo.

Idealismo é a capacidade de manter o objetivo puro e esforçar-se para harmonizar a vida.

A flecha simboliza a Centelha carregada de força de vontade. Esta Centelha só pode ser compreendida através do desenvolvimento e tornando-se ela mesma.

Na lua cheia de Sagitário podemos entrar em contacto com a força de Shambala. Shambala é a Cidade da Paz e o sustentáculo de todos os Raios e energias. Quando um discípulo contacta a sua força, inicia-se um processo de reorientação no âmago do seu coração.

Os discípulos de Sagitário são portadores do fogo. Transportam o fogo planetário. Brilham como tochas na humanidade para conduzi-la ao seu destino.

Na antigüidade e nas escolas de mistério o signo de Sagitário era chamado de signo do silêncio. Os três passos mais importantes para atingir o estado de silêncio eram mencionados nos livros antigos. **O primeiro é** ***eliminar a conversa fútil.*** Aprendemos a tagarelar com o rádio, a televisão e o cinema. Sagitário diz: "Não tagarele à toa!", porque, quando o fazemos, perdemos o objetivo. Falemos de coisas belas. O objetivo é encontrado somente no silêncio.

O segundo passo é *não falar sobre si mesmo. Isto deve ser eliminado.*

O terceiro é *não atirar pérolas de sabedoria e idéias diante daqueles que não estão prontos para aceitá-las*, porque eles pisarão sobre elas e voltar-se-ão para devorá-las.

Essas três atividades concernentes à fala devem ser observadas com cuidado. Sagitário deve sobretudo dar grande ênfase ao silêncio mental para que nem mesmo mentalmente expresse uma frase prejudicial.

Durante este mês devemos exercer uma disciplina severa sobre a nossa fala. À medida que aprendemos a manter o silêncio e a dizer as palavras corretas no momento oportuno para a pessoa certa, devolvemos um sentido mais claro de direção, do que fazer e de para onde ir.

Meditação em Sagitário

1. Repita a Grande Invocação:

   Do ponto de Luz dentro da Mente de Deus,
   Deixai que o raio de luz penetre na mente dos homens.
   Deixai que a Luz desça sobre a Terra.

   Do ponto de Amor dentro do Coração de Deus
   Deixai que o raio de amor penetre no coração dos homens.
   Que Cristo retorne à Terra.

   Do centro onde a Vontade de Deus é conhecida
   Deixai que o propósito guie as pequenas vontades dos homens –
   O propósito que os Mestres sabem e servem.

   Do centro que chamamos raça dos homens
   Deixai que o Plano de Amor e Luz se realize
   E sele a porta onde habita o mal.

   Que a Luz, o Amor e o Poder restaurem o Plano na Terra.
2. OM MANI PADME HUM
3. Saudações àqueles que permanecem no caminho do servir com dedicação e trabalho.
4. Medite dez minutos sobre:

   Qual o meu principal objetivo nesta vida?
5. Repita o Mantra da Unificação:

   Os filhos dos homens são um e eu sou um com eles.
   Procuro amar, não odiar;
   Procuro servir, não exatamente executar um serviço;
   Procuro curar, não ferir.

   Deixai que a dor traga a recompensa devida de luz e amor.
   Deixai que a alma controle a forma exterior,
   a vida de todos os acontecimentos,
   e revele o Amor
   que sustenta os acontecimentos do tempo.

Deixai que a visão venha e esclareça.
Deixai que o futuro seja revelado.
Deixai que a união se revele
e que as rupturas exteriores desapareçam.
Deixai prevalecer o amor.
Deixai que todos os homens amem.

6. Repita a Grande Invocação.
7. OM OM OM

12

SOL EM CAPRICÓRNIO

Tudo para o qual um ser humano é criado, tudo para o qual todas as formas de vida são criadas é o resultado da resposta ou reação às energias que nos chegam. Elas são ciclicamente derramadas sobre o nosso sistema solar e planeta, e acendem os fogos latentes dentro das formas de vida. Estas energias nos trazem o plano e o propósito, e polarizam nossos passos para uma vida voltada para um objetivo.

A forma de civilização ou cultura que temos é o resultado da cooperação consciente com as forças que ciclicamente são derramadas sobre o nosso planeta, abrindo uma oportunidade para nós. Se cooperarmos conscientemente com estas forças em níveis gradualmente mais elevados, o resultado será uma cultura e uma civilização melhores.

A energia capricorniana é muito potente, e através dos tempos os Filhos da Luz cooperam conscientemente com a execução de grandes alterações revolucionárias no planeta.

Esta energia não traz somente bênçãos concretas de vida, prosperidade e abundância, mas também bênçãos espirituais, novas idéias, contacto com freqüências mais elevadas, novas expressões e pontos de vista criativos e maiores expansões de consciência. O principal objetivo da energia de Capricórnio é conduzir as pessoas à transfiguração, ao verdadeiro esclarecimento.

Quando o nosso Sol está em Capricórnio, e especialmente na época da lua cheia, temos uma oportunidade maior de receber as energias desta constelação e de utilizá-las para transfigurar nossa personalidade e nossa vida.

Os que nasceram em Capricórnio têm uma boa oportunidade de iluminação, e os que nasceram em outros signos possuem a mesma oportunidade quando o Sol está em Capricórnio.

Os capricornianos encontram-se em três níveis, como é indicado pelos três símbolos de Capricórnio. Os do primeiro nível são as cabras. Sobem em todos os locais e fazem de tudo para alcançar fins materiais. São muito materialistas e procuram a satisfação material em todos os relacionamentos. Educam-se para produzir dinheiro. Fazem amigos com finalidades materialistas.

A tônica para o capricorniano comum é: "E a Palavra disse: Que governe a ambição."

Capricórnio rege os joelhos e diz-se que enquanto a cabra não se ajoelhar diante de uma grande visão, não prosseguirá no caminho da sua evolução superior.

O estágio seguinte é do crocodilo. Crocodilos vivem tanto na água como na terra. Neste nível, o crocodilo deve tentar não só dominar sua vida física mas também viver nos planos emocional e mental, e investir no Plano Intuitivo, ou no plano da consciência Crística.

No estágio do crocodilo, o capricorniano é aprisionado por uma grande beleza relacionando-a com seus mundos da personalidade e transformando-os. Neste estágio, o capricorniano deve enfrentar cinco testes:

1. Deve dominar a matéria, o dinheiro, o sexo e as posses materiais.
2. Deve expandir sua consciência além da sua personalidade e incluir o Plano Intuicional, além de viver uma vida criativa.
3. Deve suplantar o medo e os sentimentos de solidão.
4. Deve dominar seu orgulho e suas ambições mundanas.
5. Deve desenvolver uma tensão espiritual para manter o nível de contato com as forças superiores.

No **primeiro teste**, ele domina os poderes do sexo, do dinheiro e das posses, e ganha sua liberdade. Essas três forças não conseguem mais suborná-lo ou retardar sua evolução.

No **segundo teste**, ele contacta um nível superior – o das idéias e visões – expressando-as em sua vida criativa. Muda inteiramente sua natureza e recria-se como uma nova pessoa.

A arte verdadeiramente criativa é a simples manifestação da natureza interior de uma pessoa que *renasceu*. Após uma transformação espiritual total, ela passa a ser uma fonte criativa de beleza.

Abaixo deste estágio, as artes e as faculdades criativas das pessoas são prostituídas por interesses egoístas vendendo ódio, sexo, drogas, vingança, objetos materiais, separativismo, sectarismo, prazer, excitação emocional ou inércia.

A arte verdadeiramente criativa desdobra e desenvolve nossa consciência, aprimora as emoções e cura nossos corpos. A arte criativa real constrói pontes entre pessoas, cria amor e compreensão, e cultiva valores mais abrangentes.

No **terceiro teste**, ele suplanta o medo da solidão. Os capricornianos muitas vezes caem em depressão. A vida da personalidade os engolfa, cobre seus olhos com a fumaça da incerteza, da dúvida e do medo. No estágio do crocodilo, eles dominam a sensação de solidão porque iniciam o contato com o Guia Interior.

Uma pessoa sempre está só, não importa quantos amigos a rodeiem, se ela não tiver contato com seu Guia Interior. Com este contacto a solidão desaparece porque ela vê que solidão é uma ilusão, que na verdade não existe. Compreende que há contacto permanente com a vida em todos os momentos, em todos os lugares. Quando se liberta da ilusão da solidão, descobre que a chamada vida social consome tempo e energia, e que ela precisa de tempo e de energia para criar e viver uma vida mais abundante em companhia do seu Senhor Interior.

Quando o crocodilo domina a solidão, passa para o **quarto teste** no qual deve suplantar seu orgulho e as ambições mundanas. O orgulho do crocodilo baseia-se na ilusão de que possui grande poder, e que por este poder é altamente respeitado.

Ele suplanta o orgulho descobrindo que as pessoas são belas em sua essência. Uma pessoa orgulhosa pensa que é o centro do universo. Quando entra pela primeira vez no estágio do crocodilo, compreende que o oceano da existência é vasto, e ela, uma forma separada, relativamente insignificante. Substitui o orgulho pela humildade. A humildade proporciona uma oportunidade de expansão e crescimento. O crocodilo suplanta o orgulho desenvolvendo um sentido de relatividade.

Após superar o orgulho, o crocodilo enfrenta o **quinto teste**, que é desenvolver a capacidade de sustentar um alto nível de freqüência espiritual. É um grande teste e muito difícil. O crocodilo deve manter o seu êxtase, a bênção espiritual, sua visão intacta tanto quanto possível, sem cair em valores comuns e nas selvas obscuras da vida. Quando atinge um nível verdadeiro de amor, deve ser capaz de sustentá-lo. Quando atinge um alto nível de compreensão, deve ser capaz de mantê-lo. Quando atinge um nível de auto-realização e contacta camadas mais profundas do seu ser, deve ser capaz de compreendê-las tanto quanto possível, e assim viver no nível que atingiu.

Muitos de nós temos elevações momentâneas de consciência, grandes amores, grandes visões, mas no momento seguinte uma nuvem os afasta e caímos no nosso nível comum de vida.

Todos os capricornianos devem intensificar seus esforços para passar nestes testes, e os outros devem tentar enfrentá-los quando o Sol entrar em Capricórnio.

Quando o crocodilo passa nos testes, torna-se um **unicórnio**. O unicórnio é o símbolo do Iniciado do Terceiro Grau. A Terceira Iniciação sempre ocorre em montanhas elevadas. O unicórnio sobe os píncaros com determinação, e através da força de vontade domina as dificuldades. O chifre no meio da testa é o símbolo da determinação decisiva e unidirecionada. É o sinal do guerreiro transfigurado. Um grande sábio disse: "Podemos ver uma pequena espada acima da testa do guerreiro do espírito."[1]

Com a espada à frente da testa, a direção é clara. Ele conhece seu objetivo e ninguém consegue desviá-lo dele. É a uma pessoa deste tipo que Cristo se referiu quando disse: "Toma o reino do céu pela *violência*." Violência significa um grau extremo de esforço e trabalho.

Assim o capricorniano transcende a si mesmo e se torna um grande guerreiro, um grande servidor da humanidade.

A tônica do unicórnio é bela. Ele permanece no alto da montanha do seu ser e diz: **"Perdido eu estou na luz sobrenatural, embora me vire de costas para ela."** Isto é feito para servir à humanidade. Ele permanece na luz sobrenatural, mas volta a sua face para as necessidades do mundo e irradia a luz para ajudar a humanidade.

Uma profecia espiritual declara que, no próximo século, serão dados os passos para eleger todos os altos dirigentes entre aqueles que estão trabalhando intensamente na transfiguração de sua natureza. Somente os que se encontram neste caminho podem oferecer um serviço de alta qualidade para a humanidade – serviço não contaminado pela corrupção, pelo suborno, pelos interesses egoístas, pela exploração e separativismo tão comuns agora no serviço público. O povo exigirá dos seus dirigentes um serviço de alta qualidade.

A montanha é o símbolo da Tríade Espiritual; somente aqueles que contactaram uma fonte de pureza, beleza e integridade podem servir à nação, à humanidade.

1. Sociedade Ioga Agni, *Heart*, par. 157.

Os eleitos para as altas posições abaixo deste nível nos darão grandes desapontamentos, aumentarão nossos problemas, nos prepararão para outras guerras com mais poluição e crime, embora façam promessas de uma vida melhor.

No mês em que o Sol entra em Capricórnio, todos os aspirantes e discípulos devem se esforçar no sentido da transfiguração. Os nascidos neste signo ou que o têm como ascendente possuem uma responsabilidade especial de desafiar-se com idéias de sublimação e transfiguração através da disciplina de vida, purificação de seus veículos e estabelecimento das relações humanas corretas.

A transfiguração introduz uma grande alteração em todas as nossas expressões e em nosso campo de serviço. À medida que purificamos nossos veículos e deixamos brilhar a Luz Interior, nossas palavras, escritos, pinturas, músicas, canções, ações e pensamentos começam a transportar uma alta voltagem de energia que produz alterações fundamentais nas pessoas, construindo novas pontes e iniciando-as em reinos mais elevados de idéias, visões e revelações.

A transfiguração é a primeira grande iniciação pela qual a pessoa se liberta das armadilhas dos reinos físico, emocional e mental, e permanece como guerreiro da grande causa da evolução.

O sistema energético de Capricórnio é o seguinte: o raio Monádico é o Primeiro; o raio da Alma é o Terceiro; o da personalidade, o Sétimo. Capricórnio também possui o mesmo regente exotérico e esotérico, Saturno, que é um planeta do Terceiro Raio. Tal formação energética fornece grande poder ao discípulo ou Iniciado de Capricórnio.

A energia da Vontade, o Primeiro Raio, trabalha através da inteligência ativa, o Terceiro Raio, e se manifesta através do Sétimo Raio.

A cabra cria guerras, revoluções e levantes com estas energias. O crocodilo tenta construir as relações humanas corretas e estabelecer a boa vontade. O unicórnio traz a síntese, unidade, cooperação, ritmo e harmonia.

Os capricornianos fazem um progresso acentuado no Caminho quando seguem as meditações do Primeiro, Terceiro ou Sétimo Raios.[2] Também serão bem-sucedidos se escolherem como carreira o campo da política, da comunicação, das finanças ou da economia. A escolha depende da sua personalidade ou do raio da Alma.

Na época da lua cheia podem ter relances de revelação sobre o seu campo de serviço. Para eles a maneira mais segura de descobrir a vocação é através do desdobramento da sua natureza espiritual. Quando se desdobram, o campo correto se abrirá diante deles. Seu principal objetivo será fazer brilhar a luz da Vontade de Deus, do Propósito, e trazê-la gradualmente à consciência da humanidade.

A cabra procura por si mesma. O crocodilo serve a grupos ou nações, mas o unicórnio mantém-se a serviço da humanidade, e neste serviço ele renuncia a todos os interesses separatistas.

Saturno inspira o conflito, mas o capricorniano em evolução reage a esta energia de maneiras diferentes. No estágio da cabra, uma pessoa luta por fins egoístas. No do crocodilo, luta pelo grupo ou pela nação. No estágio do unicórnio, o esforço é contra as limitações, os obstáculos, a ignorância, a doença, a corrupção, a exploração, a injustiça, a inércia, a escuridão e a guerra.

2. H. (Torkom) Saraydarian, *Cosmos in Man*, cap. 7.

O destino da humanidade depende do nível em que as pessoas estão reagindo ou respondendo a essas energias. Se a maioria reagir à energia de Saturno com os centros abaixo do diafragma, a guerra, a corrupção e a destruição continuarão. Se responder através dos centros do coração, da garganta e da cabeça verão a glória da Nova Era.

Um grande sábio diz que a Hierarquia manifestar-se-á no mês em que o Sol estiver em Capricórnio. Cristo, o Cabeça da Hierarquia, nasceu em Capricórnio. A Hierarquia manifestar-se-á através daqueles que estão em contacto com o Cristo.

Quando o Sol entra em Capricórnio é a melhor época para grandes tentativas de estabelecer contacto com a Hierarquia e com o Cristo. Há sete maneiras pelas quais podemos alcançá-Lo:

1. **Serviço sacrificial.** Ninguém pode penetrar na esfera da Hierarquia e do Cristo sem a colheita do serviço sacrificial. Cerimônias, preces, leituras, sermões e conferências ajudam, mas não são o suficiente, a não ser quando conjugados com o serviço sacrificial. Este serviço pode ser executado na família, na nação e na humanidade. Um grande sábio diz que "Cristo sacrificou Sua vida pela verdade".

2. **Meditação.** Meditar significa construir a continuidade de consciência para que possamos atingir Sua presença e viver na luz que Ele irradia para a nossa Alma e Coração.

A meditação deve ser contínua. Através dela aumentamos a nossa luz, que magneticamente atrai a atenção da Hierarquia. Os Grandes nos inspiram com idéias com as quais mudaremos o mundo. Enviam-nos coragem e um grande amor para nos darmos em serviço à humanidade. A meditação constrói uma ponte de comunicação entre nós e o Cristo, e eventualmente nos tornamos Seus co-autores.

3. **Auto-esquecimento, inocência e fala correta.** A que ponto podemos nos esquecer de nós mesmos a serviço dos outros? Milhões de pessoas são pegas na armadilha da autopiedade. Milhares podem ser vistas servindo a seu pequeno ser sem um momento de cuidado com os outros. Milhões se ocupam somente com seus interesses diários. Um discípulo se iguala ao seu grau de auto-esquecimento. Enquanto tenta perder o interesse por si mesmo no interesse espiritual pelos outros, aproxima-se do seu Ser verdadeiro.

A inocência é uma das características de um discípulo, pois ninguém se aproxima do Cristo se for nocivo aos outros. A maldade separa o homem do seu Ser verdadeiro. A inocência integra o homem preparando-o para o contacto com o Cristo, tratando-se de um processo de espiritualização.

A fala correta é muito necessária, sobretudo quando nossos ouvidos são constantemente bombardeados com sujeiras. A fala correta abre os canais das fontes espirituais interiores, e a energia do Ser se derrama sobre a pessoa.

A fala correta é essencial para a purificação da nossa natureza. Aprendemos que ninguém pode permanecer diante da Presença Gloriosa com a boca suja. A fala inútil, nociva e culpável rompe a aura e polui a esfera das forças em que se encontra nosso corpo físico. A fala errada cria milhões de formas ilusórias em torno da nossa cabeça. Tece uma barreira entre nós e a fonte de energia, amor e inspiração. A fala errada enfraquece a força de vontade, e pode tornar a pessoa um escravo.

4. Altos padrões de vida espiritual. Os que desejam contactar a Hierarquia e o Cristo devem purificar sua vida e viver com grande honestidade e com grande beleza espiritual. Devem inspirar confiança e ser um exemplo para os outros. Devem exibir integridade, justiça, gentileza, generosidade, amor, pureza e luz. As pessoas não são servidas somente por palavras, mas pelo que vêem em nossa vida. Um exemplo é um professor cujas lições nunca esquecemos.

Certa manhã eu tomava café com ministros de várias igrejas. Conversávamos sobre vários temas, com piadas, assuntos ociosos e observações leves. Um ministro sentado ao meu lado tirou o guardanapo do pescoço, colocou-o sobre a mesa e me disse: "Não posso mais ouvir esse tipo de conversa." Alguém, após a sua saída, informou: "Ele é puro demais para ficar conosco."

É fácil ser um homem santo atrás de um púlpito, mas é difícil manter o padrão de solenidade e beleza durante o dia. Os discípulos da Nova Era serão reconhecidos pela firmeza, beleza imutável, alegria, solenidade e dignidade.

5. Viver na presença de Cristo. Quando Ele preenche nossa vida, vivemos nele e Ele vive em nós.

Lembro-me de um dia em que estava partindo para um país estrangeiro e meu pai me disse: "Você agora está com nove anos. Vou lhe dizer uma coisa que nunca deve esquecer. Onde quer que esteja, lembre-se de que os olhos de Cristo o estão observando." Aquelas palavras me impressionaram profundamente. Posso dizer que os melhores momentos da minha vida são aqueles em que me lembro que Ele está me observando. Na presença desses olhos atravessamos conflitos e transformação, recebemos coragem, persistência, paciência, pureza e luta. Viver na Sua presença requer grande vigilância, observação e força de vontade. Ao pensarmos nele, criamos uma linha de comunicação entre Ele e nós, podendo conversar livremente. Você mesmo pode comprovar isso.

Todo o período de Capricórnio deve ser dedicado ao estabelecimento do contato com Ele.

6. Ajudando a Cristo e ajudando àqueles que ajudam o Cristo. Durante o período de Capricórnio, reserve dez a quinze minutos por dia para pensar sobre o que pode ser feito por Cristo e por aqueles que servem ao Cristo. Precisamos da nossa energia, do dinheiro, do talento, do tempo, do amor e da dedicação. Seu objetivo é salvar o mundo. Ajudamos a Ele quando tentamos trazer mais luz, amor e beleza para o mundo. Ajudamos a Ele quando reforçamos os corações e as mãos daqueles que sinceramente tentam ajudar a humanidade. Cristo não necessita de nossas palavras de glorificação ou de sermões. Ele quer ver como o nosso amor por Ele se expressa no serviço pela humanidade.

Um grande sábio diz: "Ó Senhor, carregamos as pedras sobre nossos ombros para construir o Vosso Templo." As pedras são as nossas responsabilidades, deveres, obrigações, amor e sacrifício. Temos de transportar estas pesadas pedras sobre nossos ombros para construir o Templo do futuro, de uma humanidade na qual a unidade de Deus seja glorificada, um Templo no qual a presença de Deus seja sentida. O Templo é a humanidade consciente de Deus.

7. Construir um centro para difundir a energia curadora do Cristo. Este centro será construído por aqueles carmicamente puros e que estão no caminho para a Hierarquia. Este centro terá sete departamentos dos Sete Raios. Em cada um serão realizadas pesquisas para a cura da humanidade – física, emocional e mental.

Por exemplo, o departamento do Primeiro Raio pesquisará a cura das feridas políticas em muitas áreas do corpo da humanidade.

O departamento do Segundo Raio investigará as maneiras e modos de curar os três veículos da humanidade através da psicologia e da educação.

O do Terceiro Raio inquirirá o método de cura nas lacunas de comunicação entre os três corpos da humanidade e o mundo como um todo.

O departamento de arte, o Quarto Raio, descobrirá novas maneiras de curar através da cor, do som, do movimento e de outros meios.

O departamento do Quinto Raio estudará as ervas, as flores, a influência das canções dos pássaros, as qualidades curativas da água e das fragrâncias, junto à pesquisa psiquiátrica e médica.

O do Sexto Raio tentará curar dissidências e feridas religiosas na natureza psicológica da humanidade e construir melhores condições físicas e mentais.

O departamento do Sétimo Raio tentará curar as feridas econômicas no corpo da humanidade e as causas emocionais e mentais dessas condições. Haverá um centro de iniciação onde as pessoas qualificadas passarão por um processo de sublimação, de transformação e de transfiguração.

Esses centros se espalharão pelo mundo. Não serão centros religiosos, mas espirituais, nos quais a Divindade essencial do ser humano deverá ser liberada.

A lua cheia de Capricórnio é o momento em que devemos pensar a respeito desses sete dias de aproximação da Hierarquia e da construção das formas-pensamento que nos aproximarão da manifestação da Hierarquia e do reaparecimento do Cristo.

Cristo não é uma figura religiosa, nem o centro de um culto. É um grande cientista psíquico que está tentando unir a humanidade à sua Fonte através da harmonia, das relações humanas corretas, da boa vontade e do esclarecimento.

A lua cheia de Capricórnio é uma porta aberta para as esperanças futuras da humanidade.

Meditação em Capricórnio

1. OM OM OM
2. Visualize uma floresta de pinheiros na qual você se imagina caminhando para o topo de uma montanha.
3. Enquanto caminha, tente ouvir uma música magnífica emergindo das árvores, dos arbustos, das flores e dos pássaros. Caminhe.
4. Quando se aproximar do cume, visualize Cristo sentado sob um enorme pinheiro em profunda meditação, tentando contactar a Alma da humanidade.
5. Veja outros peregrinos aproximando-se do topo, formando um círculo em torno dele. Visualize-O todo de branco, em profunda meditação, e por alguns momentos observe a Sua face.
6. Feche os olhos e repita a Grande Invocação:

   Do ponto de Luz dentro da Mente de Deus,
   Deixai que o raio de luz penetre na mente dos homens.
   Deixai que Luz desça sobre a Terra.

Do ponto de Amor dentro do Coração de Deus,
Deixai que o raio de amor penetre no coração dos homens
Que Cristo retorne à Terra.

Do centro onde a Vontade de Deus é conhecida,
Deixai que o propósito guie as pequenas vontades dos homens –
O propósito que os Mestres sabem e servem.

Do centro que chamamos raça dos homens,
Deixai que o Plano de Amor e Luz se realize
E sele a porta onde habita o mal.

Que a Luz, o Amor e o Poder restaurem o Plano na Terra.

7. OM OM OM
8. Meditar sobre estas palavras por dez minutos:
   Se vos amardes uns aos outros, o mundo
   saberá que sois meus discípulos.

   Então pergunte a si mesmo: "O que posso fazer para ajudar a humanidade?" Tente obter três respostas que sejam práticas, lógicas e atuais. Isso deve levar cinco minutos.
9. Repita o Mantra da Unificação:
   Os filhos dos homens são um e eu sou um com eles.
   Procuro amar, não odiar;
   Procuro servir, não exatamente executar um serviço;
   Procuro curar, não ferir.
   Deixai que a dor traga a recompensa devida de luz e amor.
   Deixai que a alma controle a forma exterior,
   a vida e todos os acontecimentos,
   e revele o Amor
   que sustenta os acontecimentos do tempo.
   Deixai que a visão venha e esclareça.
   Deixai que o futuro seja revelado.
   Deixai que a união se revele
   e que as rupturas exteriores desapareçam.
   Deixai prevalecer o amor.
   Deixai que todos os homens amem.
10. Em sua visualização, encaminhe-se para o Cristo, deixe que ele coloque as mãos sobre a sua cabeça. Sinta uma energia curadora penetrando no seu corpo. Sinta uma energia de paz descendo para o seu coração. Sinta uma outra energia iluminadora penetrando na sua mente. Veja-se lentamente transfigurando-se, purificado, em estado glorioso. Veja raios de bênçãos irradiando da sua Alma para a humanidade.
11. Faça a Ele a solene promessa de permanecer na luz da purificação.
12. Repita a Grande Invocação.
13. Desça da montanha. Retorne para onde estava e sinta o seu corpo.
14. OM OM OM
15. Depois de completar a meditação, sente em posição relaxada por cinco a dez minutos; então estará pronto para ir e vir ao mundo.

13

SOL EM AQUÁRIO: PARTE I

O principal objetivo do aquariano é representar a Nova Era, suas visões, idéias e tarefas, e ser a "Água da vida... despejada para os homens sedentos".

Há uma bela história no Novo Testamento. Cristo estava próximo de um poço e uma mulher se aproximou para pegar água. Cristo pediu então: "Dê-me água." Ela respondeu: "Não sabes que não posso te dar água?" "Se tu soubesses Quem te pede água, tu pedirias a Mim a água, e Eu te daria a água da vida." Ela respondeu: "Como poderias me dar água se não tens um balde?" "Todo aquele que beber desta água terá sede novamente. Mas o que beber da água que eu dou, nunca mais terá sede, porque haverá nele uma fonte da água da vida eterna."

Nos escritos esotéricos, lemos que Cristo era chamado de Aquário. Era um dos seus nomes. É Sua tarefa trazer uma "vida mais abundante" na Era de Aquário.

A vida se revela estágio por estágio. Há vida no átomo, num arbusto, na árvore, no peixe, no pássaro e no animal. Há vida no selvagem e no civilizado, no discípulo e no Iniciado, num Ser Planetário, num Ser Solar.

Uma vida abundante é aquela que progressivamente expande seu raio de contacto, comunicação e cooperação. Se uma pessoa vive somente para si, sua vida é muito limitada. É uma luz hesitante e um perigo para os outros.

Quando vive para um grupo, está no caminho que conduz a uma vida maior. Quando vive para uma nação sem ser um nacionalista, aproxima-se da porta da vida. Quando expande sua consciência e vive para a humanidade, a porta da vida está aberta. Quando a pessoa vive para uma existência como um todo, vive e se movimenta numa vida mais abundante. Seu degrau de abrangência o introduz numa vida mais plena.

A energia de Aquário é elétrica. É esta energia que nos ajudará a romper nossas limitações de tempo, espaço e matéria, a desenvolver os poderes psíquicos mais elevados e a utilizar a percepção espiritual, o conhecimento direto e a intuição.

No momento, a maioria das pessoas vive como corpos físicos. O Espírito Imortal nelas está em comunicação com a existência apenas através do corpo físico. Sua comunicação e contato com a vida como um todo são extremamente limitados.

Uma determinada percentagem de Centelhas humanas encontra-se relacionada com a vida por meio dos veículos físico, emocional e mental. Seu raio de contacto é maior. Essas Centelhas possuem uma vida mais abundante e estão cientes do grande todo.

A vida mais abundante que Cristo transmite à Terra pode ser nossa quando contactamos a Fonte interior da Vida, o Ser verdadeiro. A vida interior somente pode ser apreciada quando desenvolvemos o poder da intuição e nos tornamos um distribuidor de vida.

Os sedentos são aqueles que vagueiam pelo vale das compras. Correm atrás delas dia e noite, permanecendo sempre com sede. As sombras são os objetos dos sentidos, do prazer, que satisfazem a personalidade, mas deixam a alma vazia.

Aquário tem três presentes para a humanidade, se ela os aceitar e tornar-se merecedora deles. O primeiro é a **oportunidade**. O segundo, a **iluminação**, e o terceiro, a **fraternidade**.

São presentes dos ciclos através dos quais podemos ver o passo seguinte do futuro, o próximo trabalho para a humanidade, e através dos quais encontramos a energia e o poder com que enfrentaremos as responsabilidades maiores.

Em cada ciclo há uma **oportunidade** para a humanidade entrar num nível mais elevado de existência. A influência e a energia de Aquário abrem uma porta para entrarmos numa vida nova e mais avançada. Aquário oferece a oportunidade de:

1. ser iniciado em áreas maiores de conhecimento;
2. servir em campos mais amplos do empenho humano;
3. entrar em contacto com grupos mais desenvolvidos e com Ashrams;
4. ter as energias corretas sob controle e no tempo certo;
5. ter em torno de nós pessoas receptivas e espiritualmente sensitivas;
6. cooperar com a Hierarquia; e
7. contactar o Cristo.

Muitos seres humanos terão a oportunidade de ser admitidos como discípulos aceitos. Quando sentimos o fogo do discipulado, nos tornamos uma influência criativa. Damos vida. Aquário é simbolizado pelo aguadeiro; a água que verte do cântaro é fogo líquido – o fogo criador.

Esse discípulo pode evocar o poder criador em qualquer pessoa que ele contacta. Em sua presença ela sentirá a expansão da consciência, uma liberação, alegria ou florescimento, uma necessidade de servir. A criatividade é um processo de manifestação da Divindade Interior através da beleza, da bondade e da verdade.

Em cada ser humano existe uma beleza Cósmica eterna, colocada como uma pequena semente no solo. Precisa de água. Se regada, rompe os obstáculos para alcançar o Sol. Esta semente é a Divindade adormecida em nós. Quando começa a irradiar, nenhum poder no mundo consegue obscurecê-La porque é a semente da Presença Onipotente no Espaço. A manifestação da nossa Divindade inata remove todas as fraquezas dos nossos veículos.

Na Era de Aquário, haverá uma maior **iluminação**. É o segundo presente.

A iluminação é um momento na vida, no qual se abre uma janela para os reinos do conhecimento maior, e onde conseguimos ver o propósito e a beleza da Vida. Nos tornamos sabedores de que somos Vida. Por um momento a sua eletricidade passa através do nosso sistema e desfrutamos da sensação da unidade verdadeira.

O terceiro presente de Aquário é a **fraternidade**. Fraternidade é um estado de consciência no qual não existem medos, separativismo e ódios. A ira e a avareza se foram, e pela primeira vez na vida nos sentimos livres.

Liberdade é a sensação de que as pessoas realmente nos amam, de que estamos seguros entre elas e de que todas as necessidades serão satisfeitas. É o conhecimento de que todos cuidam de nós e de que nós cuidamos deles, de que estamos protegidos mesmo se cairmos porque estamos rodeados por corações que perdoam nossas falhas e nos encorajam para o sucesso. Neste estágio de liberdade há somente luz, verdade e realidade dentro de nós: o céu do nosso ser está límpido agora.

Na Era de Aquário, toda vez que o Sol entrar em Aquário estes presentes ser-nos-ão ofertados. Como um verdadeiro aquariano, Cristo palmilhou este caminho há muito tempo, e nesta era Ele se tornou o distribuidor dessas energias.

A fraternidade começa com a boa vontade e as relações humanas corretas, expandindo para a vida em grupo, trabalhando pelo grupo através do serviço grupal.

Uma pessoa com o sentido da consciência de grupo compreende que existe uma síntese subjetiva por trás de todos os fenômenos. É a expressão desta síntese através de tudo o que ela pensa, sente e faz que a coloca como uma irmã da humanidade.

Hércules, um grande Iniciado, executou sua tarefa em Aquário da seguinte maneira: havia um rei chamado Augeas que não limpava os estábulos reais há trinta anos. O cheiro era terrível, e muitas pessoas morriam de infecção. O rei chamou várias pessoas, mas elas não foram capazes de limpá-los. Então Hércules foi ao rei e disse: "Estou aqui e posso limpar os estábulos num único dia."

O rei não acreditou nele e imaginou que deveria haver um motivo escondido por trás da oferta. Então disse: "Pode tentar, e, se conseguir, venha me ver."

Na manhã seguinte, Hércules foi para os estábulos e observou a área em torno. Descobriu dois rios correndo perto e teve uma grande idéia. Durante toda a manhã tentou desviar o seu curso e, finalmente, conseguiu. A água entrou e em poucas horas toda a sujeira tinha sido removida.

Depois de concluído o trabalho, ele foi ao rei, prestou contas do serviço e pediu uma recompensa, mas o rei ficou zangado e disse: "Vá, antes que o mate." Assim, Hércules deixou o rei.

Esta é uma história simbólica. O rei é a Centelha Divina em nós, algumas vezes chamada de Mônada. Hércules, como a alma humana, é um reflexo da Mônada na personalidade. Não foi morto porque ele é o Ser.

Os rios representam o fio da vida e da consciência. O fio da vida é chamado de *sutratma*, e está ligado ao coração. O outro fio é conhecido como *fio da consciência*, ligado à cabeça. Hércules liberou essas duas energias nos estábulos.

Os estábulos são as nossas naturezas física, emocional e mental nas quais acumulamos a sujeira de várias encarnações. Toda a "maya", encantos e ilusões estão acumulados em nossos estábulos. Como podemos limpá-los?

Nossa natureza física mostra-se repleta de necessidades e impulsos. Através dos séculos esses impulsos se tornaram hábitos e moldaram a nossa vida. Herdamos a maldade, até mesmo as enfermidades, profundamente enterradas em nossos genes.

Há poluição não apenas no corpo físico individual, mas no da humanidade, e nos veios fundos da Mãe Terra. O veneno jogado nos oceanos, no ar e no solo forma uma camada pesada de "estrume" deixado nos estábulos.

Há também o estábulo emocional: ódios, pendências, subornos, ciúmes, avareza, medos, sentimentos negativos e separativistas, ira, vingança e outros. Todos esses poluentes formam uma nova camada nos estábulos.

Há o estábulo mental preenchido com pensamentos de separativismo, racismo, mentiras, preconceitos e superstições. Tudo isso está acumulado por "trinta anos" na natureza da humanidade. É estranho que ela ainda tolere esse "estrume" e não ouse libertar os dois rios para limpá-las através de um trabalho hercúleo.

O primeiro rio pode ser compreendido como o rio da existência, uma vida vivida próxima ao conceito de sobrevivência, com força de vontade e decisão para permanecer no lado das atividades diárias e abstendo-se dos pensamentos, sensações e ações que causam a morte.

O outro rio, o da consciência, é o rio da razão pura e lógica à luz da sobrevivência da humanidade, do bem maior. É o rio que revela a verdade – e esta nos deixa livres. É o rio que descobre a face da corrupção, da miséria, da exploração e dos inimigos pessoais, nacionais e internacionais do homem.

É o rio que purifica a nossa mente de todas as formas-pensamento cristalizadas e obsoletas, proporcionando-nos a liberdade de viver para a sobrevivência e transformação da humanidade.

Esses dois rios são indicados pelo símbolo de Aquário, água eletrificada de vida, despejada para limpar os estábulos da humanidade.

A cada ano, aproximadamente de 22 de janeiro a 19 de fevereiro, a humanidade deve se ocupar em limpar seus estábulos, liberando conscientemente os dois rios em sua vida. Em outras palavras, devemos invocar nossa força de vontade e a luz do nosso intelecto, aproveitando-os de maneira prática para trabalhar nos estábulos da nossa natureza. Se isso for feito a cada ano, a sujeira acumulada poderá, eventualmente, desaparecer.

É interessante notar que Hércules não lidou com a sujeira acumulando-a num canto, mas libertou os dois rios e deixou-os executar o trabalho de purificação.

Não devemos aceitar o "estrume" em nossa natureza. A responsabilidade é libertar a luz da consciência e a força de vontade para que o acúmulo de sujeira desapareça ou desvaneça.

A primeira exigência em Aquário e na Era de Aquário será a purificação da vida pessoal e planetária. Através da purificação, a humanidade sobreviverá e progredirá no caminho da evolução maior.

A "sujeira" acumulada em nossa personalidade leva à insanidade, à insônia e à doença. Este acúmulo causa a transformação dos raios de benevolência em veneno para o nosso tríplice organismo. A sujeira serve de passagem para as forças obscuras nos possuírem e se utilizarem de nós para fins destrutivos.

Atingida a purificação nos voltamos para uma vida maior e para a luz, a Divindade Interior em nós revelada, e alcançamos a "vida mais abundante", "a Água da vida despejada para o mundo sedento", a sede do mundo pela vida espiritual.

Mestre Djwahl Khul, falando do Cristo diz:

> [Como] Representante da humanidade e do segundo aspecto divino, Ele demonstrará nEle, durante a Era de Aquário e depois do seu reaparecimento, determinadas dualidades fundidas e combinadas... São elas:
>
> 1. a fusão entre o segundo aspecto divino do Amor e o primeiro aspecto divino da Vontade – a Vontade de fazer o Bem;

2. a fusão entre o amor e a sabedoria, capacitando-O a ser o Construtor da nova era e da civilização;
3. a fusão da energia pisciana, gerada durante os últimos dois mil anos da atividade espiritual do Cristo, com as energias aquarianas a serem geradas e ativadas na Terra nos próximos dois mil ou dois mil e quinhentos anos.[1]

Com isso Ele trará:

1. a fusão das energias do Sexto e do Sétimo Raios; e
2. a unificação do Leste com o Oeste.

Lemos no mesmo livro que, para conseguir realizar essas tarefas difíceis e cansativas, Cristo está Se submetendo a um processo único de treinamento.

A **primeira tarefa** é fundir a vontade com o amor – fusão das energias de Áries e Gêmeos – e torná-las disponíveis para a Hierarquia e, através desta, para a humanidade.

A **segunda** é fundir o amor com a sabedoria. Buda é a personificação da sabedoria; Cristo é a personificação do amor. Com a ajuda de Buda, Cristo unirá essas duas energias na Sua natureza e tornar-se-á a personificação do amor-sabedoria. Com elas, Ele construirá uma nova civilização.

Em *O reaparecimento do Cristo* lemos:

> O trabalho preparatório que Ele agora está realizando O capacitará a demonstrar com sabedoria (e não somente através do amor) a natureza dos Planos hierárquicos, sábias medidas construtivas, sábia escolha dos construtores e métodos corretos de construção.[2]

Não devemos nos esquecer que o amor-sabedoria é uma expressão do Segundo Raio, mas, quando em manifestação, predomina o amor ou a sabedoria. Cristo os unirá em Sua natureza. Através do amor-sabedoria ele conseguirá unificar a vontade e o amor.

A **terceira tarefa** é fundir a energia pisciana com a de Aquário. Essas duas energias são diferentes entre si sob muitos aspectos. **As qualidades Piscianas** são:

sensibilidade,
receptividade,
sacrifício.

As de Aquário são:

dinamismo,
positivismo,
existência plena.

Cristo fundirá essas duas energias para que as pessoas em todo o mundo possam exercer esses dois tipos de atividade juntas, e as utilizem como um agente criativo.

A **quarta tarefa** é fundir o Sexto com o Sétimo Raio. Quando estiverem misturados, veremos os seguintes tipos de relacionamentos:

1. Bailey, Alice A., *The Reappearance of the Christ*, p. 98.
2. *Ibid.*

- O Sexto Raio criará a visão; o Sétimo materializará o que foi visualizado.
- O Sexto Raio produzirá o místico; o Sétimo desenvolverá o mago branco – que é um místico e um cientista.
- O Sexto Raio era separativista e criou grupos e nações separadas; o Sétimo Raio conduzirá esses grupos e nações separadas para a unidade.
- O Sexto Raio formou discípulos que trabalham em grupos separados; o Sétimo treinará grupos de Iniciados que trabalharão em uníssono com o Plano e entre si.
- O Sexto Raio criou focos de materialismo e de personalidades; o Sétimo trará a espiritualidade manifestada na matéria e na personalidade.
- O Sexto Raio nos proporcionou a eletricidade utilizada nas necessidades materiais; o Sétimo Raio nos dará um tipo de energia que coordenará nossa vida material com a vida mais abundante.
- O Sexto Raio produziu:
  a. conhecimento da luz e eletricidade no plano físico;
  b. conhecimento da luz astral para os esotéricos;
  c. interesse tanto na iluminação física como mental;
  d. descobertas astrofísicas e astronômicas.
- O Sétimo Raio transformará as teorias dos pensadores avançados em fatos.
- O Sexto Raio ensinou o significado do sacrifício. Seu símbolo é a crucificação. O Sétimo Raio trará o serviço em grupo e o sacrifício em grupo.
- A influência do Sexto Raio nos capacitou a reconhecer o Cristo histórico; o Sétimo reconhecerá o Cristo Cósmico e a religião científica.

Em certo sentido, Cristo está se tornando o ponto de síntese para os raios do Senhor do Idealismo e do Senhor da Ordem Cerimonial.[3] Este é o motivo pelo qual está ocorrendo tanta síntese em todos os campos do empreendimento humano.

A **quinta tarefa** é a unificação do Leste com o Oeste em todos os sete campos do empenho humano. Já vemos isso de diversas formas. Todas essas fusões trarão a síntese planetária. Por isso Cristo é o transmissor da energia do Avatar da Síntese.[4]

O regente esotérico de Aquário, Júpiter, é um planeta sagrado que apresenta as qualidades e dádivas do Segundo Raio, algumas das quais são:

educação,
unificação,
cura,
iluminação,
comunicação, e
irradiação magnética.

3. Ver Bailey, Alice A., *Esoteric Psychology*, Vol. I, pp. 359-363.
4. *Ibid.*

O regente exotérico, Urano, como um planeta sagrado, apresenta qualidades e dádivas do Sétimo Raio, que são:

organização,
cerimônia e ritual,
ritmo correto, e
resposta apropriada.

O discípulo deve utilizar essas dádivas de maneira científica e, no momento apropriado, desdobrar seu Lótus.

O Segundo e o Sétimo Raios são fortemente afetados ou coloridos pelo Quinto Raio de Aquário. É interessante notar que o Quinto Raio é tanto o raio da personalidade como o da Alma de Aquário.

O Quinto Raio transmite a vontade-de-agir; o Segundo, a vontade-de-unificar e o Sétimo, a vontade-de-expressar.

Os planetas sagrados são mais avançados do que os não-sagrados, e aprendemos que os Logoi dos sagrados passaram pelas cinco Iniciações Cósmicas.

As energias que estarão principalmente ativas e disponíveis quando o Sol estiver em Aquário, ou no maior ciclo da Era Aquariana, são:

Quinto Raio	a vontade-de-agir;
Segundo Raio	a vontade-de-unificar;
Sétimo Raio	a vontade-de-expressar.

Estas serão as principais tônicas para os discípulos durante este ciclo e as energias com as quais o Cristo trabalhará na Era aquariana, juntando-lhes as energias do Primeiro e Sexto Raios.

Quando o Sol entra em Aquário, as qualidades desses Raios poderão ser mais facilmente desenvolvidas. É também interessante mencionar que esses três Raios principais – Segundo, Quinto e Sétimo – estão relacionados com o centro do coração, centro "ajna" e o da base da espinha.

As qualidades a serem adquiridas são:

Segundo Raio	amor, compaixão, generosidade, energia
Quinto Raio	veneração, devoção, simpatia, mente aberta
Sétimo Raio	realização da unidade, tolerância, humildade, gentileza

Durante o mês de Aquário devemos ponderar sobre estas qualidades, penetrar profundamente em suas energias e aspecto de vida, e utilizar por completo as energias disponíveis para a nossa transformação como indivíduo, como grupo e como uma humanidade.

Meditação em Aquário

1. Repita a Grande Invocação:

Do ponto de Luz dentro da Mente de Deus,
Deixai que o raio de luz penetre na mente dos homens.
Deixai que a Luz desça sobre a Terra.

Do ponto de Amor dentro do Coração de Deus,
Deixai que o raio de amor penetre no coração dos homens.
Que Cristo retorne à Terra.

Do centro onde a Vontade de Deus é conhecida
Deixai que o propósito guie as pequenas vontades dos homens –
O propósito que os Mestres sabem e servem.

Do centro que chamamos raça dos homens
Deixai que o Plano de Amor e Luz se realize
E sele a porta onde habita o mal.

Deixai que a Luz, o Amor e o Poder restaurem o Plano na Terra.

2. OM OM OM
3. Visualize-se como um cálice dourado, no qual uma corrente de vida mais abundante deságua de Aquário como fogo líquido.
4. OM
5. Visualize a Vida Ígnea preenchendo a sua natureza.
6. Repita o Mantra da Unificação:
   Os filhos dos homens são um e eu sou um com eles.
   Procuro amar, não odiar;
   Procuro servir, não exatamente executar um serviço
   Procuro curar, não ferir.
   Deixai que a dor traga a recompensa devida de luz e amor.
   Deixai que a alma controle a forma exterior,
   a vida e todos os acontecimentos
   e revele o Amor
   que sustenta os acontecimentos do tempo.
   Deixai que a visão venha e esclareça.
   Deixai que o futuro seja revelado.
   Deixai que a união se revele
   e que as rupturas exteriores desapareçam.
   Deixai prevalecer o amor.
   Deixai que todos os homens amem.
7. OM
8. Saudações ao Cristo, o verdadeiro Aquário da humanidade.
9. OM
10. Saudações a todos os nossos irmãos e irmãs em todo o mundo que são portadores da Água da vida.
11. Pensamento-semente para a meditação:
    Água da vida eu sou, derramada para os homens sedentos.
    Tente pensar como poderá ser a Água da vida, e de que maneira você poderá satisfazer as necessidades da humanidade sedenta.
12. OM
13. Visualize o mundo sob a queda d'água de Aquário; veja o sonho de todos os tempos tornando-se realidade – uma só humanidade no planeta e um mundo na luz do Cristo.
14. OM OM OM

SOL EM AQUÁRIO: PARTE II

A lua cheia de Aquário é uma das mais importantes porque Aquário é o signo no qual nosso sistema solar está entrando. Cada lua cheia, incluindo as três principais, é uma preparação para nos adaptarmos ao fluxo da energia aquariana, que é o fator condicionante da Nova Era. Ela é chamada de "a Água da vida derramada para os homens sedentos". Será esta energia que a seu tempo criará uma nova cultura e uma nova civilização na Terra.

Na celebração da lua cheia de Aquário tentamos conscientemente adaptar nosso corpo físico e naturezas emocional e mental à freqüência da sua energia. Quando ela passa desimpedida pelo nosso sistema, cria saúde, amor e iluminação, preparando as fundações da Nova Era.

A maior lição que Aquário ensina é a *consciência de grupo*. É imperativo, em especial nesta era, que se desenvolva a consciência de grupo, se pense em termos de uma humanidade, uma vida, e se compreenda que somos parte de um grande todo. Se não for desenvolvida a consciência de grupo, o poder que o homem exerce sobre as forças da natureza, as armas eficazes que utiliza contra os outros em interesses separativistas ou egoístas e as grandes tensões acumuladas no sistema energético do planeta tornarão o homem extremamente autodestrutivo.

Na Nova Era, todos os sistemas educacionais enfatizarão a unidade, a harmonia, a cooperação, a participação, a compreensão, a fusão e a síntese entre todas as nações, raças e religiões. O esforço pela unidade será tão imperativo que os educadores revisarão seus livros e retirarão todo material que encoraja o separativismo, o sentido de superioridade, a discriminação, o ódio e a posse.

A energia de Aquário evoca o amor, a compaixão e a cooperação globais, e também uma visão global de cada coração humano.

Cristo disse: "Trago para vós a vida mais abundante. Aquele que beber da Minha água nunca mais sentirá sede." Que frase interessante! A humanidade está realmente sedenta. A prova dessa sede é a insaciável avidez que só será saciada se a humanidade assimilar "a Água" de Aquário. O homem nunca ficará satisfeito com o que tem, ou com o que terá, a menos que a energia de Aquário caia sobre o seu coração, sobre a sua mente e sobre a sua Alma. A vida que vivemos é limitada pelos sentidos físicos e durará um pequeno período de tempo.

A vida mais abundante acontece quando contactamos nossa Alma, o Cristo e a Casa do Pai. A Era de Aquário nos conduzirá para a Casa. Neste caminho, compreenderemos uns aos outros, nos ajudaremos, daremos em vez de furtar, porque dando alcançaremos a Vida maior.

A Era de Aquário é a era do contacto e da comunicação. Neste tempo, a humanidade sentará com o Senhor à mesa na Câmara Superior do Conhecimento. Na Câmara Superior e à mesa da comunhão, o Senhor partilhará conosco de uma vida mais abundante.

Gosto de imaginar o Cristo batendo à porta do edifício das Nações Unidas. Logo ela será aberta e os representantes da humanidade ficarão carregados com o espírito da unidade, da fraternidade, da participação, da confiança e do Espírito do Mais Elevado. Nesse dia, a energia de Aquário banhará os corações, as mentes e as almas humanas, e o mundo entrará na Idade da Glória.

Na lua cheia de Aquário desenvolveremos e seremos inspirados pelo espírito do otimismo e pela visão da Nova Era. À medida que criamos essas formas-pensamento, as energias que chegam descobrirão canais para se derramarem sobre a humanidade a fim de regenerá-la. O mundo será exatamente da maneira que queremos que seja.

A formação do Raio em Aquário é muito interessante. Ele possui o Quinto Raio. Seu regente esotérico é Júpiter, um planeta do Segundo Raio; e o exotérico é Urano, um planeta do Sétimo Raio.

O Quinto é o Raio do Conhecimento Concreto, ou Ciência. Este Raio é transmitido ao nosso planeta através do regente esotérico, Júpiter – um planeta do Segundo Raio do Amor-Sabedoria –, e do regente exotérico, Urano – planeta do Sétimo Raio da Ordem Cerimonial.

Este quinto raio é um Ser de luz espiritual intensíssima e em manifestação neste quinto plano.

> ... Simboliza os três aspectos de maneira não atingida por nenhum outro raio. Através da Sua qualidade de mente superior, é um canal puro da vontade divina. Através do agrupamento septenário de vidas solares nos níveis mentais em que aparecem, Ele colocou em atividade sete reflexões que correspondem aos sete centros da Divindade, até onde diz respeito ao nosso planeta...[1]

Desta forma, o Quinto Raio é único em relação à raça humana porque:

1. Está relacionado com o plano mental no qual a humanidade começa a entrar com um número cada vez maior de participantes.
2. A humanidade está na quinta raça e tenta elevar-se para o quinto reino.
3. A Alma do nosso planeta é Vênus, um planeta do Quinto Raio. "Vênus é para o planeta Terra o que o Eu Superior é para a personalidade." "Vênus é responsável pelo surgimento da mente na engrenagem da Terra."
4. "A perfeição humana é realizada conscientemente sobre o plano mental."
5. Seu propósito é a liberação.

1. Bailey, Alice A., *Esoteric Psychology*, Vol. I, p. 76.

Consideremos agora o sistema do Raio com relação a Aquário. As estrelas do signo de Aquário transmitem a energia do Quinto Raio da grande Vida que as vivifica. Isso significa que o Quinto Raio é um Ser, e Sua irradiação é chamada de energia do Quinto Raio. A energia que está mais relacionada com Aquário é a do Quinto Raio.

Cada Raio cria um corpo de expressão através do qual atinge as vidas no sistema solar. Estes corpos de expressão são os sete planetas sagrados, e em cada um deles existe um Senhor do Raio transmitindo o Raio correspondente dos signos zodiacais. Cada um desses grandes Seres irradia ou canaliza uma das energias dos Sete Raios.

Os Raios Cósmicos descem através de um grupo de constelações para cada Raio. A Grande Ursa canaliza o Segundo Raio Cósmico e, como um prisma, divide-o em nossos Sete Raios. É interessante notar que cada um deles é transmitido através de três membros do Zodíaco pelo poder dos Raios Cósmicos e pelo alto nível de evolução atingido pelas Entidades zodiacais. Mas a Grande Ursa, sendo um membro do Zodíaco Maior, pode transmitir um Raio Cósmico – o Segundo – e dividi-lo como um prisma nos Sete Raios do nosso sistema solar.

As influências zodiacais aumentam sobre a humanidade à medida que um número maior de Iniciados viaja no sentido anti-horário no Zodíaco.

Aprendemos que o Propósito e o Plano da Divindade estão ocultos de forma concreta. É dever do Quinto Raio revelá-los. O Propósito é a revelação da mente de Deus oculta na Sua manifestação.

O Amor de Deus serve de base para todas as formas. O Senhor do Conhecimento deve descobri-lo, e o regente esotérico, Júpiter, ajuda-O na realização dessa tarefa.

O Senhor do Quinto Raio deve criar harmonia entre o coração e a mente, ou entre o amor-sabedoria e a forma, e nesta tarefa o regente exotérico de Aquário, Urano – O ajuda.

O Mestre Tibetano forneceu vinte e dois nomes para o Senhor do Quinto Raio.[2] São eles:

O Revelador da Verdade
O Grande Conector
O Divino Intermediário
O Cristalizador de Formas
O Tríplice Pensador
A Nuvem sobre o topo da Montanha
O Precipitador da Cruz
A Espada Divisora
O Investigador dos Detalhes
O Quinto Grande Juiz
A Rosa de Deus
O Celestial
A Porta para a Mente de Deus
A Energia da Iniciação
O Governante do Terceiro Céu

2. *Ibid.*, p. 77.

O Guardião do Portal
O Distribuidor do Conhecimento
O Anjo com a Espada Flamejante
O Guardião do Segredo
O Bem-Amado do Logos
O Irmão de Sirius
O Mestre dos Hierofantes

Existem também sete aforismos que são entoados pelos Seus seis Irmãos no momento de crise, quando a família dos homens passa a existir e os Anjos Solares se sacrificam. Esotericamente falando, eles "descem aos infernos e descobrem seu lugar na prisão". Nesse dia, as almas nascem. Passa a existir um novo reino de expressão, e os três planos superiores e os três inferiores entram num intercâmbio cintilante.

1. Deus e Seus Anjos agora se levantam e vêem. Que os topos das montanhas emerjam da densa e úmida névoa. Que o sol toque seus cumes para que permaneçam na luz. Que eles brilhem.
   Qualidade. . . emergência na forma e fora dela.
2. Deus e Seus Anjos agora se levantam e ouvem. Que cresça um murmúrio e que o choro dos que buscam penetre em seus ouvidos. Que os homens ouçam. Falem alto.
   Qualidade. . . poder para fazer a Voz do Silêncio ser ouvida.
3. Deus e Seus Anjos agora se levantam e tocam. Trazem o bastão do poder. Estendem-no na direção dos filhos dos homens; toque-os com o fogo, e depois coloque-os mais perto. Traga-os.
   Qualidade. . . atividades referentes à iniciação.
4. Deus e Seus Anjos agora se levantam e provam. Que venha toda a experiência. Que apareçam todos os caminhos. Percebam e escolham; dissequem e analisem. Todos os caminhos são um.
   Qualidade. . . revelação do caminho.
5. Deus e Seus Anjos agora se levantam e sentem o odor subindo do solo em chamas do homem. Que o fogo faça o seu trabalho. Puxem o homem para dentro da fornalha e deixem-no cair no centro rosado da natureza que retarda. Que o fogo queime.
   Qualidade. . . purificação pelo fogo.
6. Deus e Seus Anjos agora se levantam e fundem os vários com o Um. Que se inicie o processo de mistura. Que aquilo que causa a produção de tudo cause a sua suspensão. Que emerja um templo. Gere a glória da coroação. Deixe ser.
   Qualidade. . . a manifestação da grande luz branca.[3]

Esses nomes estão repletos de idéias profundas, e será gratificante se no mês de Aquário meditarmos sobre eles.

O primeiro nome do Quinto Raio é "O Revelador da Verdade". Verdadeiro trabalho científico para revelar a verdade. Verdade é o Plano por trás dos

3. *Ibid.*, p. 78.

fenômenos. Verdade é o Propósito por trás das leis e energias no universo. O Senhor do Quinto Raio derramará cada vez mais Sua luz para que na Era de Aquário vejamos a verdade e "cumpramos toda a nossa tarefa". O Revelador da Verdade revelará para nós exatamente o que somos, sem ilusões ou desilusões.

A energia de Aquário executa esses milagres. Se utilizarmos essas energias durante os cinco dias da lua cheia, teremos vislumbres profundos da nossa verdadeira natureza. Não só quanto ao tipo, mas exatamente quanto ao que somos na essência pura. A verdade está em cada homem – ou melhor, cada homem é a verdade na sua essência. A Era de Aquário revelará isso cada vez mais.

O segundo nome é "O Grande Conector". Na Era de Aquário, o homem fará a suprema experiência de estar ligado às fontes superiores, os Reinos Superiores. A ciência da Nova Era é construtora de pontes entre os reinos objetivo e subjetivo, entre a personalidade e Alma, entre o homem fenomênico e o Ser.

Há muitas alegrias no mundo, mas a maior delas é o momento em que encontramos o nosso Ser. É um momento que permanecerá conosco para sempre.

A energia aquariana revelará esse Ser, conectando a conscientização que opera no tempo e no espaço com as realidades que existem além deste tempo e espaço.

Conexão é adoração, admiração, êxtase e identificação. Tornamo-nos unos com o que adoramos. O objeto da nossa admiração nos transforma a tal ponto que nos tornamos unos com ele. A energia aquariana é aquela que nos conecta com o Uno a Quem aspiramos e de Quem retiramos nossa energia vital.

Um dia eu estava numa plataforma de uma estação ferroviária e vi trabalhadores conectando vagões. Era interessante observar como traziam cada um e os uniam em fila com a máquina, formando uma longa composição. Este alinhamento fornecia a cada vagão luz, água, força e direção.

Aquário, o Grande Conector, constrói novos canais para o fluxo de energia vital. Na lua cheia de Aquário, devemos expandir o campo de conexão com o grande todo, através do Ser mais interior.

Vejamos outro nome para esta energia: "A Rosa de Deus". A rosa é o símbolo da criatividade. É num redemoinho de criação que se encontram a energia do Espírito e a matéria.

Aprendemos que este grande Senhor está em contato íntimo com a mente da Divindade criativa, e em todas as cerimônias de iniciação o grande Senhor do Quinto Raio permanece por trás dos Iniciadores.

A rosa é também um símbolo de iniciação, de desdobramento, de transfiguração, de ressurreição e harmonia. Esta é sempre atingida com a ajuda do Quinto Raio e "através do conhecimento obtido e aplicado... o resultado é a beleza e o poder de criar".

Cada um de nós, na época da lua cheia de Aquário, pode obter uma iluminação maior, ponderando sobre os nomes deste Senhor e meditando sobre as frases dos seis grandes Senhores.

Quando o Sol entrar no signo de Aquário, visualizemos a chegada da Nova Era. Irradiemos alegria, paz, beleza e otimismo para o espaço a fim de que em toda parte as pessoas tenham a oportunidade de se carregarem com grande esperança, visão e coragem, para fazer frente às crises da vida que ocorreram.

A Natureza conhece a época das crises futuras e sabe como enfrentá-las ou reagir a elas. Proporciona grandes oportunidades para as Suas formas de vida se prepararem para enfrentá-las da melhor maneira possível a fim de assegurar sua sobrevivência.

À medida que a grande crise do quinto turno se aproxima, forma-se um imenso turbilhão. O grande Aquário está nos dando a oportunidade de nos equiparmos com coragem, sabedoria, amor, unidade, compreensão, pureza e cooperação.

O turbilhão atual é o resultado do fato de o nosso Sol estar entrando no campo da influência de Aquário por aproximadamente duzentos anos. As duas energias de Peixes e Aquário vêm criando conflitos na natureza humana devido ao estágio de evolução dos veículos do ser humano.

A outra causa é que o Sol também está viajando no Zodíaco Maior. Ele completa um ciclo em torno do Zodíaco em aproximadamente vinte e cinco mil anos, mas leva duzentos e cinqüenta mil anos para percorrer os signos do Zodíaco Maior. Aprendemos que este grande ciclo se completou quando o Sol entrou no signo de Peixes, há dois mil anos. Agora está passando para Aquário, tanto no Zodíaco Menor como no Maior, o que enfatiza o efeito desta poderosa energia sobre o nosso sistema solar, sobre a Terra e a humanidade. Esta deve adaptar-se em certo grau à energia do Zodíaco Maior para manter seu equilíbrio.

Outro fator que contribui para o aumento dos nossos problemas é Sirius. Aprendemos que está ocorrendo o nascimento da força magnética de Sirius, o que cria um grande efeito sobre a nossa Terra através da Hierarquia.

Outra causa é que a polaridade da Terra se encontra em processo de desvio "... devido ao puxão de um grande centro cósmico". O Mestre Djwhal Khul diz que esse desvio de polaridade... "é responsável pelos atuais terremotos e erupções vulcânicas, e de muitos dos terremotos nos últimos cento e cinqüenta anos".[4]

Também aprendemos que a Lua está em processo de desintegração "... com rapidez crescente e isso afeta obrigatoriamente a Terra".[5]

Além disso, lemos que "cataclismos de natureza mundial ocorrerão durante os próximos mil anos; continentes serão agitados; terras se levantarão e submergirão, culminando com um profundo desastre material que alcançará o mundo para o encerramento da raça do quarto ramo da sexta sub-raça..."[6]

Neste turbilhão, os que estão atrasados em sua evolução espiritual mostrarão sinais de crescente deterioração mental, moral e física. Este turbilhão apresentará uma oportunidade de iniciação para os que lutam por aquisições maiores. As energias que chegam desdobrarão mais sua natureza e os ajudarão a desempenhar um serviço mais criativo.

Assim, nos momentos críticos da História, algumas pessoas se atrasam pela sua própria conduta e interesses, enquanto outras recebem a oportunidade de expandir sua consciência e campo de serviço para o mundo.

Algumas vezes, as pessoas se sentem desencorajadas por ver o aumento dos crimes relatados. Mas, por outro lado, aspirantes, pessoas de boa vontade, discí-

4. Bailey, Alice A., *Esoteric Astrology*, p. 409.
5. *Ibid.*, p. 410.
6. Bailey, Alice A., *A Treatise on Cosmic Fire*, p. 467.

pulos e servidores também aumentam em número, embora suas realizações jamais sejam noticiadas.

A Era de Aquário ampliará o poder da intuição, que destruirá a ilusão do mundo. Aumentará a luz da mente superior, que destruirá o encanto do mundo. Liberará grandes energias de inspiração que destruirão a prisão da matéria, deixando as almas relativamente livres para prosseguirem no caminho da evolução.

Sabedores disso, seguiremos adiante; o grande Senhor estará conosco, com Seus discípulos e com os devas que nos ensinam. Eles nos prepararão para passarmos pelo turbilhão e pelas principais crises à medida que gradualmente nos prepararmos para as oportunidades de Aquário.

As maiores realizações são conseguidas com os maiores desafios, nos momentos mais críticos.

Meditação em Aquário

1. Repita a Grande Invocação:

Do ponto de Luz dentro da Mente de Deus,
Deixai que o raio de luz penetre na mente dos homens.
Deixai que a Luz desça sobre a Terra.

Do ponto de Amor dentro do Coração de Deus,
Deixai que o raio de amor penetre no coração dos homens.
Que Cristo retorne à Terra.

Do centro onde a Vontade de Deus é conhecida,
Deixai que o propósito guie as pequenas vontades dos homens –
O propósito que os Mestres sabem e servem.

Do centro que chamamos raça dos homens,
Deixai que o Plano de Amor e Luz se realize
E sele a porta onde habita o mal.

Que a Luz, o Amor e o Poder restaurem o Plano na Terra.

2. OM OM OM
3. Saudações ao grande Senhor do Quinto Raio, o Guardião do Portal.
4. OM
5. Saudações ao Senhor Cristo, o verdadeiro Aquário.
6. OM
7. Meditar por quinze minutos sobre esta pergunta:

Como posso ser a Água pura da vida para as almas sedentas?

8. OM
9. Repetir este mantra:

Amor para todos os seres,
Norte, Sul, Leste, Oeste,
acima, abaixo.
Amor para todos os seres.

Compaixão para todos os seres,
Norte, Sul, Leste, Oeste,
acima, abaixo.
Compaixão para todos os seres.
Alegria para todos os seres,
Norte, Sul, Leste, Oeste,
acima, abaixo.
Alegria para todos os seres.
Serenidade para todos os seres,
Norte, Sul, Leste, Oeste,
acima, abaixo.
Serenidade para todos os seres.

14

SOL EM PEIXES: PARTE I

O mês de Peixes se estende aproximadamente de 20 de fevereiro a 19 de março. A lua cheia de Peixes ocorre quando o nosso Sol está em Peixes. Fazemos meditações em grupo nesta época porque as energias se encontram mais disponíveis para absorção e distribuição. Sempre que as pessoas se reunirem com intenções elevadas, elas criarão um campo magnético que atrai energias elevadas.

O símbolo de Peixes mostra dois peixes ligados por um fio. Um deles é grande, o outro é pequeno. Este pequeno é a personalidade ou naturezas física, emocional e mental quando fundidas e misturadas como uma unidade. O outro peixe é a alma humana, o Ser, o homem real.

Eles são unidos pelo fio da vida, que vem do Âmago Interior do Ser e nutre os milhões de vidas da personalidade nesses três níveis. Estes dois peixes estão ligados, e as emoções de um afetam o outro. Eles se condicionam intimamente.

Por um longo tempo, no caminho da sua evolução uma pessoa age como o pequeno peixe, e o grande o segue. Mas à medida que a sua evolução progride, lentamente o pequeno perde o controle sobre o grande, até o dia em que o grande engole o pequeno e a pessoa se torna uma personalidade infusa na Alma.

Esta é uma maneira simbólica de dizer que a personalidade se torna um servo obediente do Ser Superior e irradia a luz, o amor e o poder do Ser Interior através das suas atividades, emoções e pensamentos. A personalidade agora existe somente para servir ao Ser Superior.

Esta transformação é atingida através de três tônicas fundamentais no pisciano:

1. prisão ou cativeiro;
2. renúncia ou separação; e
3. sacrifício e morte.

A primeira refere-se ao ciclo onde a Centelha humana é aprisionada na tríplice personalidade e capturada pela vida dos veículos físico, emocional e mental.

O segundo ciclo refere-se à época em que a alma humana desperta lentamente e se desliga do fascínio da personalidade.

O terceiro refere-se ao tempo em que a alma se sacrifica para redimir as vidas da personalidade submetendo-a à morte mística. É neste estágio que a personalidade é transformada e ocasionalmente transfigurada, permitindo que a luz inteira da Alma irradie para o mundo.

A chave principal é o desapego — desapego das necessidades e impulsos cegos, das armadilhas emocionais, das cristalizações mentais e da escravidão do auto-interesse.

Enquanto permanecermos ligados às nossas personalidades, faremos, sentiremos e pensaremos coisas que não são as melhores para a evolução espiritual. A separação é uma oportunidade para a Alma obter o controle.

O apego físico conduz aos hábitos; o emocional leva a inclinações e o mental ao fanatismo. Todos esses fenômenos são uma forma de solidificação de força e energia na aura que constroem uma ranhura na qual corre a vida da personalidade.

O desapego é o processo de dissolução de solidificações e a libertação da consciência para agir sem ser controlada por fatores precondicionados de hábitos, inclinações e fanatismo.

Apegamo-nos ao nosso mobiliário mental, que são as nossas opiniões, tradições e dados coletados de várias maneiras. Se não os transformarmos em sabedoria, tornam-se obstáculos em nosso caminho. Não conseguimos nos expandir além deles porque todos os dados constroem um padrão em nossa mente, e não conseguimos ver além dele. É também uma maneira de "ir em direção à matéria", além da qual nada existe. Sempre que nada existir além de você, neste momento você está "morto". Isso significa que os que se apegam cegamente às suas personalidades estão se tornando materialistas, mas os que se liberam delas e se encaminham para as esferas espirituais são luzes brilhantes que auxiliam os outros a descobrir o seu caminho. São luzes brilhantes não só em suas casas, mas também na nação e no mundo.

Então podemos dizer que o peixe grande simboliza todos os que estão crescendo na sua luz, enquanto o pequeno representa os prisioneiros das personalidades. Quando o Sol está em Peixes, devemos nos assegurar de que a natureza superior dos nossos seres receba mais energia e de que o peixe pequeno siga o grande.

Em cada lua cheia devemos nos observar e nos perguntar qual a condição da nossa personalidade e da nossa Alma, e como se relacionam entre si. O que podemos fazer para melhorar o nosso modo de ser para nos tornarmos um canal puro para as energias zodiacais?

Peixes canaliza a energia do Segundo Raio com dois outros signos:

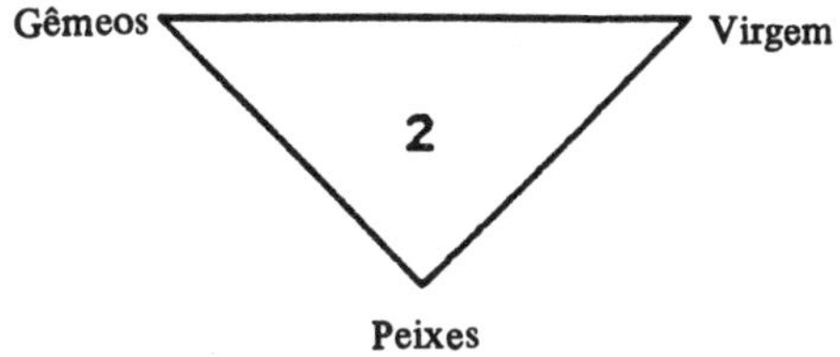

Também canaliza a energia do Sexto Raio com:

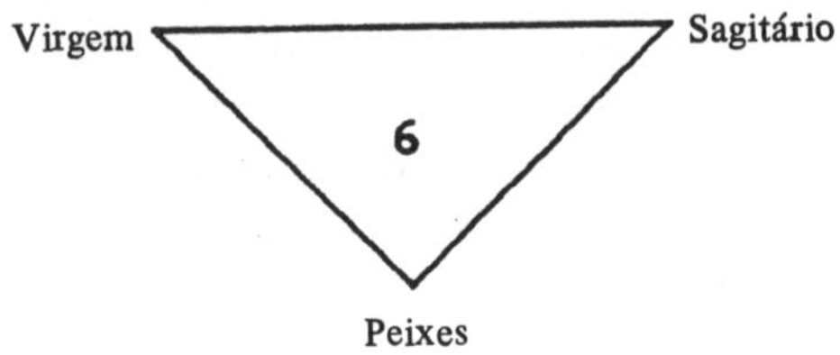

Estas duas energias atingem os seres humanos através dos regentes exotérico e esotérico. O exotérico transmite energia para a nossa personalidade, ou esta responde à energia transmitida pelo regente exotérico; neste caso é Júpiter, a energia do Segundo Raio.

O regente esotérico transmite energia para a personalidade infusa na Alma, ou para a Alma, Tríade Espiritual, ou mesmo a Mônada. Novamente podemos dizer que a Alma responde à energia vinda do regente esotérico. Neste caso é Plutão, que transmite a energia do Primeiro Raio.

Peixes possui outra conexão. Está relacionado com a primeira ou mais elevada Hierarquia criativa, que, por sua vez, está ligada ao Terceiro Raio. Isso significa que durante o mês de Peixes, e em especial durante a lua cheia, a humanidade fica sob o fluxo da energia do:

Primeiro Raio,
Segundo Raio,
Terceiro Raio, e
Sexto Raio.

Isso significa:

Força de vontade,
Amor-Sabedoria,
Inteligência, e
Devoção

disponíveis para a humanidade, se ela estiver pronta para usá-los. Estes são os Raios que eventualmente produzem um Salvador do Mundo, se a pessoa gradualmente renunciar à vontade da sua personalidade e agir sob a do Ser Superior.

A energia do Primeiro Raio funciona na consciência como:

intenção,
decisão,
conveniência do objetivo, e
auto-esforço.

Essas virtudes possuem a qualidade do Primeiro Raio. Elas purificam e anulam os obstáculos que impedem nosso progresso no caminho.

A energia do Segundo Raio, quando expressa como virtude, cria todas as relações magnéticas e a sabedoria que nos conduzem ao caminho da espiritualização. Neste Raio expandimos a qualidade do nosso coração. Aumentamos o nosso amor pela existência, e a visão de unidade e fraternidade torna-se uma premência dentro de nós.

A energia do Terceiro Raio é análise, relação, adaptação, matemática e arquitetura. Fornece os meios e modos práticos para atingir o objetivo.

A do Sexto Raio é fonte da vontade-de-causar, devoção, aspiração intensa e perseverança.

Todas elas encontram-se disponíveis na lua cheia de Peixes quando ficam em íntimo contacto com o nosso planeta. Contacto e assimilação são realizados através da meditação sobre as virtudes dos Raios. Isso cria o magnetismo nos planos superiores para recebimento das energias dos Raios relacionados com as virtudes.

É muito importante saber que o principal fator determinante para a recepção das energias superiores das constelações é o nível da nossa consciência. Podemos ter uma combinação de Raios, mas se a nossa consciência estiver escravizada às ilusões, aos encantos e "maya", ampliaremos os defeitos, mesmo em contato com as energias zodiacais ou dos Raios.

Se houver em seu mecanismo Raios expressos por uma lua cheia específica, isso pode ser vantajoso ou desvantajoso. Se estivermos ligados a planos elevados, será vantajoso; se o foco for um plano inferior, os problemas aumentarão na época de maior contacto com as energias zodiacais.

Os signos do Zodíaco possuem suas personalidades e Almas em magnitude Cósmica.

Touro, Gêmeos, Libra, Escorpião e Aquário são signos que possuem o mesmo Raio para a Alma e a personalidade. Touro e Escorpião possuem o Quarto Raio; Gêmeos, o Segundo; Libra, o Terceiro e Aquário, o Quinto.

A humanidade é o Quarto Raio, portanto Touro exerce uma grande influência no reino humano. Gêmeos canaliza o Segundo Raio do Amor-Sabedoria e o transmite para o nosso planeta.

Peixes possui o Segundo Raio da Alma e o Sexto da personalidade. Pelo fato destes dois Raios se corresponderem, Peixes irradia um grande fluxo de energia do Segundo para o Sexto Raio. O teste contínuo a que está submetido um pisciano é:

"Pai, seja feita a Tua vontade, não a minha."

Através desses nove testes a pessoa gradualmente se funde com a vontade da Alma, da Tríade Espiritual e da Mônada, ganhando lentamente controle sobre o ser inferior. À medida que este controle aumenta progressivamente, o pisciano se torna um servidor de um grupo, de uma nação e do mundo.

Peixes é um signo de água, portanto ligado à qualidade de:

1. purificação, e
2. abundância, ou fertilidade.

Ele purifica e dá vida.

Peixes está relacionado com os pés, que são símbolos de direção. No início da Era de Peixes, Cristo lavou os pés dos Seus discípulos, dando-lhes uma visão intuitiva do caminho no qual poderiam atingir o objetivo espiritual. O destino deles era preparar a humanidade para o Seu reaparecimento e para a exteriorização da Hierarquia.

Cada Raio que deixa sua marca num ser humano se manifesta como virtude ou defeito. Se os veículos da pessoa estiverem purificados e sua consciência focalizada na Tríade Espiritual, então os Raios se manifestam como virtudes. Se estiverem repletos de maya, encantos e ilusões a manifestação será através de defeitos.

Se uma pessoa age em função do seu ser inferior ou da personalidade, os defeitos do Primeiro, Segundo, Terceiro e Sexto Raios se expressam através dela durante o mês de Peixes como:

Primeiro Raio
Orgulho
Ambição
Desejo de controlar os outros

Segundo Raio
Frieza
Indiferença para com os outros
Hiperabsorção nos estudos

Terceiro Raio
Isolamento
Egoísmo
Distração

Sexto Raio
Amor egoísta e ciumento
Superdependência dos outros
Parcialidade

Esses defeitos aparecem naturalmente como sementes quando a influência da energia de Peixes atinge a pessoa comum. Este é o motivo pelo qual somos impelidos a nos preparar para cada lua cheia e elevar nossa consciência ao nível da Alma, da mente superior, até a Tríade Espiritual. Tal preparação não será somente uma proteção para nós e para os outros, mas uma bênção. Na época da liberação desta energia especial seremos capazes de receber, de assimilar, de expressar criativamente e de utilizar a energia para elevação dos outros.

Quando uma pessoa age como um discípulo ou Iniciado, as virtudes dos Raios aparecem em sua vida. Neste caso, as virtudes, abaixo relacionadas, aparecerão condicionadas à reação da pessoa:

Primeiro Raio
Coragem; destemor
Constância
Capacidade para avaliar pessoas e todos os fenômenos

Segundo Raio
Paciência; resistência
Lealdade
Temperamento sereno

Terceiro Raio
Sinceridade de propósito
Intelecto claro
Capacidade de concentração em estudos filosóficos

Sexto Raio

Devoção

Mente simplista

Ternura

Intuição

O mesmo Raio pode se expressar através de virtudes e de defeitos. Se nos inclinarmos para a personalidade – poluída por ilusões, encantos e "maya" – a expressão estimulará nossos defeitos. Por outro lado, se agirmos no nível da Alma, ou da Tríade Espiritual, os Raios nos atingirão e expressarão as virtudes.

Quando elevamos a nossa consciência durante os cinco dias do período da lua cheia, tão alto quanto possível, e nos separamos das ilusões e encantos, os Raios ampliarão nossas qualidades e virtudes espirituais, especialmente no momento exato da lua cheia. Por isso marcamos encontros e fazemos meditações nesta época.

Através destas virtudes uma pessoa irradia sua beleza espiritual para os outros, tornando-se eventualmente um verdadeiro servidor. À medida que avança nos mistérios das iniciações, ela desenvolve a separação, a renúncia e o sacrifício. É somente através da renúncia e do sacrifício que o Sol Interior se irradia. Devemos renunciar a todas as armadilhas da personalidade, às tentações e à escravidão. Então nossa Centelha Interior libertar-se-á no serviço sacrificial.

Para conseguir isso, o pisciano deve meditar e desenvolver as seguintes virtudes:

Primeiro Raio

Ternura

Humildade; comedimento

Tolerância; paciência

Segundo Raio

Amor

Compaixão

Altruísmo

Terceiro Raio

Precisão

Bom senso

Devoção

Sexto Raio

Auto-sacrifício

Pureza

Serenidade

Equilíbrio

Podemos utilizar essas virtudes como pensamentos-semente, especialmente quando o Sol estiver em Peixes. Aqueles que possuem as qualidades acima podem absorver mais energia e cultivar as virtudes com mais facilidade.

A meditação sobre essas virtudes nos vinte e nove dias do período pisciano nos ajudará a crescer espiritualmente ano após ano até que a beleza do âmago do nosso coração, que é a fonte de todas as virtudes, se manifeste permanentemente por toda a vida.

Os três signos mais importantes são o solar, o ascendente e o lunar.

O **solar** indica os problemas atuais da pessoa. Está mais relacionado com a personalidade, com o aspecto da atividade. Revela os defeitos que devem ser superados e as virtudes a serem desenvolvidas.

O **ascendente** indica o objetivo desta vida ou o propósito imediato da Alma para esta encarnação. Trabalha para o futuro. Apresenta a força da Alma e o objetivo para este ciclo de vida, ou para sete vidas. É a oportunidade da Alma.

O **lunar** refere-se ao passado, à limitação. Governa o corpo e mostra onde encontrar a prisão da Alma.[1]

Discípulos e Iniciados trabalham com seus signos ascendentes porque lutam pelo futuro. Não possuem controle sobre o passado, mas curiosamente obtêm controle sobre o futuro. Se pensarmos mais a respeito das nossas futuras encarnações, nosso presente será muito melhor.

O ascendente é ativo nesta vida, se a pessoa for orientada para o futuro, condicionada pelo futuro e agir para o futuro. Se for controlada pelo signo lunar, estará sempre no passado, sendo estritamente conservadora.

Quando os signos solar e lunar são o mesmo, isso significa que não há conflito entre o passado e o presente, e que não se progrediu muito.

Quando uma pessoa possui o mesmo signo solar, ascendente e lunar, não significa que seja um ser avançado, a menos que aja sob as virtudes dos Raios do signo. Se trabalhar controlada pelos defeitos, é uma pessoa comum – e muito perigosa – porque seus defeitos estarão altamente ampliados devido à ênfase num signo. Se os seus pensamentos forem controlados pelo passado, seus signos solar e ascendente o forçarão a morar no passado e a ser influenciado por ele. Quando o signo lunar e o ascendente forem o mesmo, isso significa que ela possui poucas encarnações no atual signo ascendente, sem muito progresso.

Quando as virtudes do signo ascendente se expressam através da personalidade da pessoa, isso significa que ela teve o mesmo signo ascendente antes e cultivou as virtudes em poucas vidas passadas. Se o solar for o mesmo do ascendente, existe uma dupla oportunidade disponível para cultivar as virtudes do futuro, as virtudes do signo ascendente.

As diferentes personalidades e Almas do Raio num grupo contribuem entre si e para o grupo como um todo quando a sua consciência age sobre os níveis da Alma ou da Tríade. Elas se complementam e se suprem no trabalho do Plano Divino. Mas quando a consciência está focalizada em seus veículos inferiores e capturada por ilusões e encantos, as diferenças nas qualidades do Raio criam o caos porque os defeitos se tornam ativos.

O mesmo se aplica ao indivíduo. Os Raios que estavam criando grandes complicações e problemas na vida da pessoa comum tornam-se ativos num Iniciado, porque Este os utiliza em seus aspectos superiores fazendo-os servir à expressão do Plano Divino.

Os regentes de Peixes e seus Raios são:

Regente	*Planeta*	*Raio*
Exotérico	Júpiter	Segundo Raio[2]
Esotérico	Plutão	Primeiro Raio

1. Bailey, Alice A., *Esoteric Astrology*, p. 18-19.
2. Netuno é também considerado o regente de Peixes na astrologia exotérica.

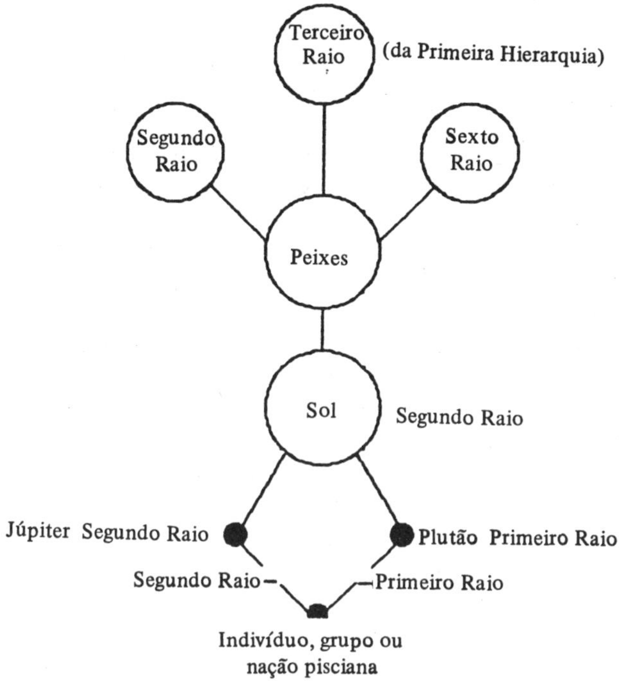

Estes dois regentes controlam a energia que vem de Peixes através do Sol, como se viu no diagrama precedente.

A tônica para a média das pessoas comuns deste signo é: "E a Palavra diz: Busque a matéria."

Isso significa que as energias liberadas por este signo estimularão a personalidade da pessoa comum de forma tal que ela "irá para a matéria", em direção a mais ligações e identificações. A palavra "matéria" pode ser interpretada como os níveis mais densos de vida, a escuridão, o separativismo, o egoísmo, a inércia, a apatia e até a depressão.

Isto é o que a Centelha faz. Materializa-se e, através dos tempos, luta para subjugar gradualmente a matéria, para responder ao chamado do alto, do Pai, e finalmente atingir a Casa. Após chegar lá a segunda tônica soa em sua Alma:

"Deixei a Casa do Pai e, voltando, eu salvo."

A expressão "Casa do Pai", possui vários significados. Refere-se primeiro ao Ser mais interior do homem, a Shambala, ou a um grande momento de iluminação e realização no qual o peregrino contacta a Realidade central na vida, e, após tal realização, volta a sua face para as necessidades dos reinos inferiores. É este impulso que o torna um verdadeiro salvador ou servidor da raça.

O serviço que está prestando é a tarefa de transmitir a Vontade do Pai para todos os que podem responder a Ela em algum grau. Ele utiliza as energias deste signo para atingir o objetivo.

O Segundo Raio o dota de grande compaixão e magnetismo. O Primeiro o auxilia a destruir formas criadas nos três níveis da personalidade e traz a libertação da Vida residente. O Terceiro o dota de praticabilidade em suas abordagens, e o Sexto o capacita a iniciar.

Na época da lua cheia os discípulos mais avançados respondem à tônica superior e sentem um grande impulso espiritual para servir, esquecer o que se refere à sua "Casa", à segurança, aos seus objetivos pessoais e às bênçãos de recompensa. Esquecem tudo isso e se voltam para a humanidade a fim de ajudá-la a prosseguir no caminho da sua evolução espiritual. A principal técnica usada por eles é irradiar as suas virtudes de Alma e liberar as energias correspondentes através do serviço.

Lembremo-nos de que o serviço é a irradiação ou precipitação dos quatro Raios. São essas energias (do Primeiro, Segundo, Terceiro e Sexto Raios) que fazem o trabalho de libertação para a pessoa neste signo.

Durante o mês de Peixes, e especialmente no momento da lua cheia, uma pessoa inteligente pode observar a reação da sua personalidade e da Alma a essas duas tônicas. Após a observação e conhecimento, segue-se a decisão de responder a uma das duas.

Para facilitar a nossa resposta à tônica superior, os Grandes nos avisam para nos prepararmos através da meditação, estudo e serviço a fim de elevarmos a consciência a responder à tônica elevada, e não à inferior. Por isso, a preparação e a meditação da lua cheia são tão importantes.

Hércules, o grande discípulo, executou doze trabalhos, um em cada signo do Zodíaco. O último foi em Peixes, e foi muito difícil.

O Grande, que era o Antigo dos Dias, deu uma ordem a um dos Mestres e disse que conduzisse Hércules para o seu décimo segundo trabalho: libertar um rebanho de gado vermelho-escuro das mãos de um homem poderoso chamado Gerion, que os mantinha ilegalmente presos. Gerion era um monstro com três corpos humanos. Possuía três cabeças e seis mãos. Representava o Guardião do Portal — todas as nossas ilusões, encantos e "maya" combinados, bloqueando a entrada para um estado superior de consciência. Os três corpos eram os nossos três veículos com suas ilusões, encantos e "maya".

As três cabeças são o Primeiro, Segundo e Terceiro Raios. Os corpos desses Raios são os aspectos das suas personalidades.

Possuía seis mãos — o Sexto Raio — que é o aspecto mais ativo do monstro. O gado vermelho-escuro representa a humanidade controlada pelos defeitos desses Raios, não sendo capaz de libertar-se e entrar numa esfera superior de consciência.

Lembremo-nos que isso acontece no signo de Peixes no qual o controle dos aspectos inferiores da pessoa deve ser rompido e exercido um controle dos defeitos dos Raios. Hércules, a alma humana, deve lutar e completar a última tarefa para obter a liberdade.

Hércules passa dramaticamente pelo teste, mata o monstro e liberta o gado vermelho — a parte da humanidade escravizada pelo Guardião do Portal. Se este controla uma pessoa, todos os Raios se manifestam em sua tríplice natureza como defeitos.

Se a Alma domina, os Raios manifestam-se nos veículos tríplices como virtudes e a pessoa se torna a Luz do Mundo.

Meditação em Peixes

1. Relaxe e permaneça em silêncio.

2. Repita a Grande Invocação:

Do ponto de Luz dentro da Mente de Deus,
Deixai que o raio de luz penetre na mente dos homens.
Deixai que a Luz desça sobre a Terra.

Do ponto de Amor dentro do Coração de Deus,
Deixai que o raio de amor penetre no coração dos homens.
Que Cristo retorne à Terra.

Do centro onde a Vontade de Deus é conhecida,
Deixai que o propósito guie as pequenas vontades dos homens –
O propósito que os Mestres sabem e servem.

Do centro que chamamos raça dos homens,
Deixai que o Plano de Amor e Luz se realize
E sele a porta onde habita o mal.

Que a Luz, o Amor e o Poder restaurem o Plano na Terra.

3. OM OM OM
4. Saudações ao Cristo, a Cabeça da Hierarquia, o Professor de Anjos e homens.
5. OM
6. Pensamento-semente para meditação:

   Como posso manifestar a Vontade do Criador Onipotente em minha vida?

   Tente descobrir cinco respostas para esta pergunta.
7. Visualize-se sob uma queda d'água que purifica sua tríplice natureza.
8. Repita o Mantra da Unificação:

   Os filhos dos homens são um e eu sou um com eles.
   Procuro amar, não odiar;
   Procuro servir, não exatamente executar um serviço;
   Procuro curar, não ferir.
   Deixai que a dor traga a recompensa devida de luz e amor.
   Deixai que a alma controle a forma exterior.
   a vida de todos os acontecimentos
   e revele o Amor
   que sustenta os acontecimentos do tempo.
   Deixai que a visão venha e esclareça.
   Deixai que o futuro seja revelado.
   Deixai que a união se revele
   e que as rupturas exteriores desapareçam.
   Deixai prevalecer o amor.
   Deixai que todos os homens amem.
9. OM OM OM

SOL EM PEIXES: PARTE II

Parece-me que a energia liberada na lua cheia de Peixes estimula uma tendência ou necessidade que pode ser chamada de *necessidade de salvar*, muito nobre, e encontrada em algum grau em quase todas as pessoas. Esta necessidade básica é a manifestação de uma compreensão mais profunda da unidade. A pessoa sente os sofrimentos das outras, sente-se até uno com elas tentando "salvar-se" com elas.

Esta necessidade eventualmente torna a pessoa auto-integrada no grupo, abrindo uma oportunidade para o sacrifício e para uma vida de sacrifício.

A necessidade de salvar gradualmente se desdobra, e a pessoa fica tão imbuída do amor e da consciência que se torna um Ser e luta para servir e salvar a humanidade como se fosse a Si mesmo.

Na época da lua cheia de Peixes, abrem-se dois caminhos à nossa frente: um nos leva em direção à Casa através de uma vida abrangente e sacrificial; o outro nos conduz para longe da Casa, para uma vida de interesses egoístas ou separatistas. A decisão de qual caminho seguir fica bem clara na época da lua cheia.

O servir é a radioatividade da Alma. Devemos ser uma Alma para irradiar beleza, bondade e verdade através de tudo o que fazemos. Radioatividade é serviço. Aquele que serve transmite alegria, amor e luz para os outros conduzindo-os a uma vida criativa e bem-sucedida.

As forças que salvam vêm dos Reinos Superiores, vêm da Tríade Espiritual e/ou da Mônada, e não somente repartem amor, luz e alegria como também criam radioatividade dentro de cada um que entra em contacto com elas. No campo diário de contacto esta radioatividade transmite uma grande voltagem de beleza, bondade e verdade. Salvamos um homem quando somos capazes de contactar o íntimo do seu Ser e torná-lo radioativo.

Podemos salvar uma pessoa do perigo ou de qualquer situação na qual haja uma ameaça. Um Salvador faz com que a pessoa salve sua personalidade, e também seus amigos. Pode até salvar seus pertences despertando para a natureza real do seu verdadeiro Ser.

Aqueles que atingiram a Auto-realização são Salvadores. Fazem com que as pessoas permaneçam de pé sozinhas e tenham o controle do seu destino.

As pessoas fracas apóiam-se nas outras, tornam-se seguidores, e com freqüência cegos guiam cegos. Grande parte da miséria resulta disso. Os Salvadores da humanidade são aqueles que criam nos outros uma necessidade de proteger sua liberdade de pensamento, sua fala e sua fé, e de livrarem-se da pobreza. Evocam o livre-arbítrio de cada um.

O verdadeiro Salvador ensina o desapego, não somente dos valores transitórios, mas os do próprio professor. Ele deseja uma pessoa que lute por si mesma e que desenvolva a autoconfiança e a alegria da aquisição pelos seus próprios meios. Inspira os outros a desenvolver a capacidade de deixar para trás todas as estações de aquisição e continuar em frente. Ninguém consegue avançar se estiver preso às aquisições anteriores e enganado por elas. O verdadeiro progresso baseia-se na liberdade da vontade.

Os professores ou guias mais imaturos tentam dominar as vontades das pessoas tornando-as escravas e seguidoras. "Salvar" significa voltar alguém para si mesmo, fazê-lo compreender que deve ser autêntico, se deseja progredir. Ser ele mesmo significa ter confiança em suas próprias fontes internas, lutar para fazer coisas que esperava que o professor fizesse por ele, compreender que a força que produziu seu professor também está dentro do seu Ser, e saber que não necessita seguir a mesma forma de serviço do professor ou viver o mesmo tipo de vida. Uma coisa que devemos aprender é que nossos professores se tornaram líderes ou estrelas brilhantes porque trabalharam duro, apoiando-se em seus próprios recursos.

O ato de ser um "seguidor" desenvolve imitação, hipocrisia e traição. Aqueles que atraiçoaram seus professores ou líderes foram no passado seguidores cegos.

Um Salvador é contra a dependência. Deixa as mãos dos seus amigos livres e os incita: "Tentem andar... não desistam... Levantem... Continuem..."

Um lutador é inspirado pelo seu professor a atravessar o processo de renascimento, um processo contínuo para superar o ser anterior e penetrar em sua própria fonte de luz, amor e poder interior. Isto é uma iniciação, e por isso Peixes é chamado de signo da iniciação.

A iniciação não é um mero rito cerimonial, mas um momento de transformação, Auto-atualização e Auto-realização. Não nos referimos a cerimônias de iniciação realizadas por várias organizações nas quais são utilizados símbolos, sons, palavras, signos para imprimir na consciência das pessoas algumas idéias e objetivos. A iniciação verdadeira é um processo de tornar-se o Fogo Essencial dentro de si mesmo. É um afastamento gradual das correntes das naturezas física, emocional e mental, da escravidão do ambiente, da tradição, da religião, da raça, da cultura e da civilização para entrar num estado de liberdade no qual cada qual pertence ao todo, e o todo é parte de cada um.

Somente os Salvadores podem trazer uma nova visão para a humanidade. Até onde estamos condicionados pelas nossas limitações, não somos capazes de ver além e de transcendê-las.

Não há esclarecimento se uma pessoa está imitando as visões de outros sem ser capaz de usar aquela visão em sua própria vida. Não há nenhuma visão nova se uma pessoa estiver hipnotizada pelas visões de outras pessoas. Um "novo homem" traz algo de novo de si mesmo. Os imitadores usam clichês ou copiam de outros, e embora ornamentada com flores e símbolos, música e riqueza, sua essência permanece a mesma.

Os Grandes são Eles Mesmos, e fazem uma pessoa sentir-se alegremente desconfortável porque quando se realiza o contacto, imediatamente:

- inicia-se um processo de dissociação dos valores anteriores;
- a pessoa sente que deve depender de si mesma e não se apoiar nas outras;
- a pessoa se vê como é;
- a pessoa vê a quantidade de trabalho e risco a serem enfrentados no caminho da sua libertação;
- a pessoa sente que muitos amigos e companheiros deverão ser deixados para trás a fim de poder seguir seu caminho com seus próprios pés.

Este é o significado de salvar a si mesmo. A energia de Peixes inspira essa necessidade de salvar e de ser salvo.

A luz dos Salvadores é aquela que revela como realmente somos e qual o nosso verdadeiro destino. A luz brilha sobre todos os pensamentos, emoções, ações e motivos, e com clareza crescente vemos o que realmente somos, e o que de fato podemos ser.

O Grande Senhor Buda diz: "Trabalhe pela própria salvação. Seja o seu refúgio. Não dependa de outras pessoas." Um homem deve trabalhar pela sua salvação com suas mãos. Isso não significa desrespeitar a luz, o conhecimento, a beleza, a bondade e a verdade nos outros, mas que uma pessoa não pode brilhar para sempre com a luz das aquisições dos outros. Ela deve ser a sua luz, e deixá-la brilhar.

Se um homem for escravo do seu corpo, será controlado pelas pessoas que também são escravas dos seus corpos. Se for escravo das emoções e encantos, será escravo dos que se deixam dominar pelas emoções e encantos. Se um homem for escravo de superstições, ilusões e preconceitos, ele será escravo dos que são escravos das suas próprias superstições, ilusões e preconceitos.

Quando uma pessoa rompe a corrente da escravidão, se emancipa da escravidão dos outros e se torna um ser humano livre. É aquele que foi realmente salvo, e para quem o amanhecer da ressurreição será uma realidade.

Por isso, o Festival da Ressurreição segue Peixes. Ressurreição é vitória, ou a celebração da vitória, do Espírito sobre a matéria e sobre todas as limitações no Plano Físico Cósmico. Nas mãos de uma pessoa vitoriosa é colocada a responsabilidade de demonstrar e ensinar o caminho da salvação.

É importante enfatizar que os Salvadores do Mundo são de uma ordem muito elevada. São Iniciados avançados que utilizam a energia de Peixes para criar a radioatividade nas multidões.

Aqueles que se preparam para serem Salvadores cultivam dentro de si a vontade-de-sacrifício. Peixes também é um signo de sacrifício. O Salvador diz: "Trago a beleza, a bondade e a verdade."

"Onde ela está?"

"Ela sou eu! Tome-a! Coma-a! Beba-a!"

As pessoas devem assimilar os valores que Ele traz. Devem identificar-se com o princípio da beleza, da bondade e da verdade descobertas no Âmago do seu ser. Devem ser unos com o Seu amor, sua vida, sua beleza, sua bondade e sua verdade. Conseguimos isso tornando-nos uno com o nosso Âmago Interior, que é uno com o Ser em tudo.

Todo Salvador caminha na senda do sacrifício, da contemplação, da consumação e da obediência. Somente através de uma vida assim o Salvador será capaz de conduzir o "gado vermelho" de volta à Casa.

A energia pisciana, que é uma fusão do Segundo, Sexto, Terceiro e Quarto Raios, inspira a necessidade da conclusão. Este processo de conclusão é um ato de expansão progressiva de inclusão e síntese. Com a necessidade de chegar à Casa, estágio após estágio, esta se coloca em níveis mais e mais elevados, e em cada um o Iniciado conclui o seu serviço. É esta vida de luta contínua e necessidade de perfeição que conduz o Iniciado a transcender suas experiências e oportunidades de serviço.

É interessante notar que todos os Grandes atravessam um período de obediência. Trata-se de uma obediência esotérica na qual o Iniciado se submete aos valores da Alma, espirituais, globais, solares, galácticos e Cósmicos.

No símbolo de Peixes vemos dois peixes e um vínculo entre eles. Um está voltado para o norte lutando pelo mais elevado. O outro, a personalidade, nada na direção oposta.

Na história da humanidade, o peixe-personalidade puxa o outro, e este o segue. Mas tempo virá quando o peixe-espírito crescerá e conduzirá o companheiro, e se em algum momento este não responder ao ritmo do maior, o menor receberá um *choque.*

A união entre eles é o instrumento do choque. Este provém de níveis mais elevados que criam a polarização e orientação no peixe inferior, que finalmente torna-se o peixe superior, e a união desaparece. Este símbolo se refere à personalidade humana, o Espírito ou Ser e a união, o Anjo Solar, o transmissor de choques.

Aprendemos que quando uma pessoa decide ser um Salvador, o grande Iniciador repete um mantra que diz: "Ele se perdeu e foi encontrado. Estava morto, embora agora esteja vibrante de vida. Um servidor tornou-se um Salvador, e voltou à casa."

A pessoa estava perdida em sua vida física, emocional e mental – agora se descobriu – sendo Ela mesma. Descobrimo-nos quando somos o Ser.

"Estava morto, embora agora esteja vibrante de vida."

Do ponto de vista esotérico, a manifestação na matéria é um processo de morte. É exatamente o oposto da lógica dos nossos sentidos. Na manifestação, ou encarnação, o Espírito se materializa, tornando-se objetivo, tangível, maleável e perde a memória do Seu estado anterior. Isto é chamado de morte. A imersão na matéria e o tornar-se material é a morte comparada ao estado de existência e liberdade descoberta nos reinos espirituais. A salvação é o processo de liberação da matéria e da aquisição do estado de liberdade e continuidade, "vibrante de vida".

Tornamo-nos vivos e repletos de radioatividade quando nos voltamos para o caminho de casa e trilhamos a senda da auto-realização. Através de todas as atividades e pensamentos apontamos para os outros o caminho de volta à casa.

Um ser do mundo supre várias necessidades individuais, mas o Salvador do Mundo é único no sentido de que conduz pessoas para uma nova dimensão. O serviço é uma expansão horizontal; a salvação é uma penetração vertical. Através dela entra-se numa vida de afastamento, renúncia, solidão e sacrifício.

Um Salvador não busca posição ou posse. Não necessita destas limitações. Não se ocupa de coisas que atrasem seus passos de retorno à Casa. Enfatiza o aspecto de vida, fala sobre o amor ígneo e o sacrifício, sobre a purificação ígnea. Faz as pessoas tocarem seu Ser mais interior – não pelo poder da posição, das posses, dos títulos, dos graus e das palavras – mas pelo poder da Sua aquisição.

Isso é o que faz a energia de Peixes. Estimula a Centelha dentro das formas de vida a retornarem para Casa.

O trabalho de Hércules era conduzir o gado vermelho de volta à Casa. E quando ele mesmo voltou, o Ancião dos Dias, o Que Preside, disse: "Que lhe seja dada a jóia da imortalidade."

A Salvação do Mundo inicia-se após a consumação da Terceira Iniciação, quando os Iniciados entram no caminho sacrificial – a senda da grande renúncia. O grande interesse do Salvador é a Humanidade Una.

Encerraremos com uma bela prece que invoca as bênçãos dos Grandes:

Que os Santificados
cujos discípulos aspiramos ser
mostrem-nos a luz que buscamos
e nos dêem o forte auxílio
da Sua compaixão e sabedoria.

Existe uma paz que ultrapassa a compreensão.
que reside nos corações
daqueles que vivem no eterno.

Há um poder que torna novas todas as coisas.
Vive e se move
naqueles que conhecem o Ser como Uno.

Que a paz esteja conosco,
que o poder nos eleve,
até onde o
Único Iniciador está em Seu Trono,
até que vejamos Sua estrela brilhando intensamente.

Que a paz e as bênçãos
dos Santificados
se derramem sobre os mundos.

Paz, paz, paz.

15

LUAS CHEIAS E NOTAS IMPORTANTES: CONCLUSÃO

. . . A religião da nova era será. . . construída em torno dos períodos de Lua Cheia, quando determinadas Abordagens grandes serão realizadas com o mundo da realidade, e também em torno de dois períodos de Abordagens maciças que ocorrerão na época do principal eclipse da Lua e do Sol durante o ano.

Mestre Djwhal Khul[1]

Diz ainda Mestre Djwhal Khul:

> No momento, a religião Cristã possui grandes festivais, os Budistas mantêm uma série diferente de eventos espirituais, e os Hindus possuem outra lista de dias sagrados. No mundo do futuro, quando organizados, todos os homens de inclinação e intenção espiritual manterão por toda a parte os mesmos dias santificados. Isso trará uma fusão de recursos espirituais e um esforço espiritual unido, além de uma invocação simultânea. A potência disso ficará aparente.[2]

Em um ano temos doze ou treze luas cheias, três delas consideradas principais. Em cada festival, quando o nosso Sol está numa constelação diferente, canaliza-se um tipo diferente de energia. Se os discípulos do mundo organizarem formas apropriadas de ritual, meditação e estudo as energias poderão ser recebidas, assimiladas e expressadas consciente e criativamente para o bem-estar da humanidade.

Cada energia apresenta uma nova oportunidade de desdobramento e uma nova penetração para o nosso desenvolvimento evolucionário. As luas cheias e a posição do Sol têm sido observadas por muitos séculos e por religiões de mistério, e festivais e ritos iniciáticos estudados com relação ao Sol e à Lua.

O Mestre Tibetano nos passou um extenso ensinamento sobre as energias disponíveis a cada lua cheia. Atualmente, por todo o mundo pequenos e grandes grupos observam os ciclos de lua cheia com rituais e meditações especiais atraindo energias que criarão uma nova cultura e uma nova civilização.

1. Bailey, Alice A., *The Externalisation of the Hierarchy*, p. 55.
2. Bailey, Alice A., *The Reappearance of the Christ*, p. 154.

Os verdadeiros estudantes da Sabedoria Atemporal estão proporcionando à humanidade os Ensinamentos da Hierarquia e orientando sua mente em direção aos valores da Nova Era. Os encontros da lua cheia são, essencialmente, serviços que auxiliam a Hierarquia a exteriorizar, a pavimentar o caminho para o reaparecimento do Cristo, e a evocar as energias Cósmicas, distribuindo-as no planeta.

Os encontros da lua cheia não são oportunidades para falar a um grupo, doutrinar ou ensinar, ou para atacar uma instituição existente, religião ou ideologia. Seu propósito principal é criar um elo entre a humanidade e as forças superiores da Natureza, e uma polarização em direção aos grandes valores da Nova Era.

Aprendemos que quando o Sol está no campo energético de uma constelação do Zodíaco, a lua cheia fornece a melhor oportunidade para a humanidade estabelecer um contacto direto com aquela constelação através do Sol. Na época da lua cheia existe um alinhamento entre a humanidade, a Hierarquia, Shambala, o Logos Planetário, o Logos Solar e a grande Entidade a que chamamos de constelação.

O tempo exato da lua cheia é o momento de contacto, de comunhão entre a energia da constelação e as unidades energéticas com vários níveis. O momento mais intenso de liberação de energia é o momento exato da lua cheia. Contudo, os três dias anteriores e os três posteriores são considerados dias sagrados nos quais aprendemos que a Hierarquia e os vários "Ashrams" e grupos fazem meditações especiais e estabelecem contactos maiores para o serviço no mundo.

Essas meditações, cerimônias e contacto sincronizam vários discípulos, "Ashrams", a Hierarquia e os centros superiores com o Propósito do Capitão deste planeta. Ele mesmo adapta Seus afazeres à luz dos novos contactos, até que, por algum tempo, os Espíritos aspirantes do planeta e do sistema solar Se alinhem com um centro maior e recebam a carga energética.

Assim, em cada lua cheia, os discípulos todos, o Novo Grupo de Servidores do Mundo, a Hierarquia e os centros maiores recebem uma carga e a irradiam para o benefício de todos os seres vivos.

Em cada lua cheia são colocadas em ação diferentes combinações energéticas, sendo estabelecidos pontos de vista e contactos diferentes para todos os que se alinham com o batimento cardíaco do Sol.

Assim como nos afazeres humanos, o mesmo acontece nos Reinos Superiores: eles são regidos pela Lei do Progresso e da Mudança. Quando um chefe recebe ordens novas, novas sugestões dos seus superiores, da mesma forma cada elo na cadeia da hierarquia dos seres recebe novos esclarecimentos e nova energia para prosseguir no caminho da perfeição na época do alinhamento da lua cheia. O fogo da Fonte maior atravessa tudo o que é conscientemente vivo, irradiando-se como beleza, bondade e verdade.

Na época da lua cheia, o fogo descendente das fontes superiores e o ascendente das aspirações e também a luta purificam grande parte dos acúmulos de encantos, ilusões e várias cristalizações, permitindo à humanidade progredir no caminho do aperfeiçoamento. Isso não acontece de maneira coletiva, mas individual. Aqueles que realmente se sintonizam com as correntes das energias que chegam, purificam, até certo ponto, sua esfera áurica, retirando fatores poluentes da sua natureza e renovando sua dedicação ao Plano e Propósito do grande Senhor.

Nas doze ou treze luas cheias existem três, que são principais, quando o Sol está sucessivamente no signo de Áries, Touro e Gêmeos. Estas luas transmitem diretamente as energias do Primeiro, Segundo e Quarto Raios. Elas são muito importantes, não só porque canalizam estes Raios, mas também porque a Hierarquia, Shambala e a humanidade estão envolvidas com elas num relacionamento muito próximo.

Mestre Djwhal Khul diz que a Hierarquia começa preparando-se para preencher as exigências dessas três luas cheias no dia em que o Sol vira para a posição norte. Há cerimônias e rituais especiais a serem preparados, conexões especiais a serem efetuadas para receber, conter e liberar as energias por todo o mundo através dos principais "Ashrams". Muitos discípulos estão se preparando para se oferecer com Seus agentes a fim de promover o fluxo da energia espiritual para a humanidade.

Ocasionalmente, em cada grande cidade discípulos qualificados canalizarão as energias das luas cheias através das suas cerimônias, rituais e conferências de grupo, mas em especial da meditação científica.

Cada lua cheia possui uma tônica dupla: uma superior e uma inferior. Cada grupo, sob seu signo específico, representará o campo da tônica ou idéia superior. Através da meditação e das cerimônias, um grande número de seres humanos se elevará da tônica inferior para a sua consciência superior, sendo capaz de absorver a idéia da tônica superior e infundir sua vida com ela.

Quando o Sol está no campo energético de Áries, que se estende aproximadamente de 20 de março a 20 de abril, a tônica inferior para os aspirantes comuns é: "E a Palavra disse: Que a forma seja novamente procurada." Esta tônica é o símbolo da experiência que as pessoas passam para satisfazer suas necessidades evolucionárias.

A forma pode ser o corpo que a alma de Áries deseja construir e ocupar. Pode ser uma casa, instituição, igreja, ou uma grande organização. Pode ser uma ideologia, uma cultura. Mas, na maioria dos casos, o aspirante comum neste signo olha para o aspecto da forma e depois para o aspecto do Espírito na forma. Por isso muitos arianos são apanhados pela forma ou formações em rituais e cerimônias, mais do que envolvidos pelo Espírito que os símbolos representam.

Para o discípulo avançado o chamado de Áries é: **"Venho à frente e do plano da mente que governo."** Um discípulo de Áries é principalmente polarizado na sua esfera mental, em sua mente. Através da mente ele governa sua vida, ou executa suas tarefas e responsabilidades no seu campo de trabalho. A mente inferior é ocupada pela forma; a superior ocupa-se em expressar a vontade-de-iniciar, de governar.

A luz que brilha sobre o discípulo neste signo é a "Luz da Vida". É a Luz que origina a ressurreição, o domínio sobre a matéria, e inicia a Centelha individualizada em níveis mais elevados de conhecimento e serviço.

Os discípulos avançados em todo o mundo organizarão o primeiro grande festival do ano em torno do pensamento-semente da ressurreição. Através da música, da cor, dos movimentos, das cerimônias e da meditação científica, as consciências das pessoas escaparão das armadilhas da mente inferior e ficarão soltas na liberdade das visões superiores, inclusive idéias e planos, e, nos grupos maiores, dos valores da Nova Era.

Quando o Sol está em Áries, inicia-se uma grande polarização dentro dos corações dos discípulos e Iniciados. O Ímã Central da Casa do pai dentro do homem, planeta e sistema solar faz sentir a sua atração. Começa assim o processo da iniciação. O Festival da lua cheia de Áries será dedicado a esta grande visão de ressurreição do Espírito humano do túmulo da matéria.

O signo seguinte é Touro, um grande signo no qual o Sol entra aproximadamente em 21 de abril. Ele transmite as energias até 22 de maio. Para os aspirantes comuns, a tônica inferior deste signo é: "E a Palavra disse: Que a luta seja impávida."

Os taurinos são carregados com "força" e a usam em seus empreendimentos. Ela pode ser física, emocional ou mental, sob a forma de um desejo ou decisão ou de um bom plano. Qualquer que seja, dará um apoio *total.* Isso com freqüência conduzirá a problemas, se a faculdade discriminativa não estiver desperta. O desejo pela matéria, pela forma e pelo sexo governa sustentado pela força total.

Para os discípulos avançados, a tônica superior é: **"Eu vejo, e quando o olho está aberto, tudo fica iluminado."** Quando o Sol entra em Touro, um grande raio de luz envolve os discípulos, e na luz, em especial na época da lua cheia, eles experimentam uma abertura neste "olho", sua iluminação se aprofunda, vêem novos valores, visões e significados na vida, e por um instante – ou permanentemente – suas vidas inteiras e relacionamentos ficam iluminados.

A luz que esta constelação recebe é "a Luz penetrante do Caminho", na qual o taurino sente e eventualmente descobre o caminho que conduz à Casa. Durante este mês os discípulos do mundo organizarão os Festivais de Wesak – Festivais de Iluminação – e farão contacto com o Mais Alto.

O próximo signo na roda zodiacal é Gêmeos, novamente um dos principais. A lua cheia de Gêmeos é utilizada como ponto de distribuição das energias acumuladas nas duas anteriores.

Para o aspirante comum, a tônica é: "E a Palavra disse: Que a instabilidade faça o seu trabalho." A energia de Gêmeos cria instabilidade no aspirante comum – instabilidade na sua vida física, emocional e mental. A razão para isso é que o aspirante é empurrado por esta energia, suspenso entre pares de opostos, e ainda não chegou a um ponto de vista conclusivo. Mas esta energia revela a natureza do aspirante, que, se for um bom observador, "fará o seu trabalho".

Para o discípulo avançado a tônica é: **"Reconheço meu outro ser e à sombra deste ser eu cresço e brilho."** A energia de Gêmeos permite ao discípulo ver este "outro ser", que pode referir-se aos veículos com os quais o Ser se identifica.

O progresso chega para uma pessoa quando ela é capaz de discriminar entre seu ser inferior e o superior. Quando vê o inferior como não-ser, pode controlar, purificar e transformar seus veículos. O importante é que o inferior está empalidecendo. Isso significa que o Ser real está afastando Sua identificação do ser inferior e o poder deste está diminuindo.

O fato de conhecer a existência de um ser inferior é uma expansão importante da consciência. A maioria das pessoas nem sequer imagina que existe algo mais do que a personalidade. Quando compreende que não é o ser inferior, o corpo, as emoções ou pensamentos, tem a grande oportunidade de "crescer e brilhar" no Ser maior.

O festival de Gêmeos é o Festival da Humanidade no qual será reconhecida a Divindade no homem. Aprendemos que nesta lua cheia o Coração do Sol abre e abraça toda a humanidade. A luz desta constelação é chamada de "Luz da interação", a Luz da relação consciente entre Espírito e matéria, Ser espiritual e personalidade.

Durante este mês podemos cultivar profundamente as relações corretas com a nossa natureza, a sociedade e o mundo. Esta luz nos mostra onde falhamos nas relações e como podemos construir outras melhores.

O próximo signo no Zodíaco é Câncer. Para o aspirante comum a tônica inferior é: "E a Palavra disse: Que o isolamento seja a regra, embora exista multidão."

Existem pessoas que, independentemente do lugar em que estejam, ficam isoladas, mesmo em festas. Não conseguem se entrosar, ficando sempre separadas na mente, nas sensações e nas atitudes. Há uma multidão, elas estão nela, mas isoladas. Algum encanto, ilusão, tradição ou complexo de superioridade as mantém distantes.

A energia de Câncer cria uma autocentralização naqueles que ainda não estão no caminho, embora sintam uma necessidade de estar na multidão e não façam parte dela. Durante este mês, o efeito mais importante para a pessoa é romper o separativismo e construir algumas pontes para se unir aos outros.

Para o discípulo avançado a tônica é: **"Eu construo uma casa iluminada e permaneço nela."** A casa iluminada pode ser a sua aura ou seu Cálice na mente superior. Pode ser a Tríade Espiritual na qual ele habita ou focaliza sua consciência. A casa iluminada pode ser um grupo, uma organização, o ensino ou ideologia que irradia luz e esclarece as pessoas em todos os lugares. Neste mês a pessoa tem maior oportunidade para construir sua "casa iluminada" porque as energias o assistirão de todas as maneiras.

A luz que ajuda no trabalho é chamada de "Luz dentro da forma". É no aumento da Luz na forma que se constrói a casa. O Núcleo, como uma semente, deve entrar em ação, e pela expansão do Seu próprio campo, constrói a casa de luz.

O período no qual o Sol viaja neste signo vai de aproximadamente 22 de junho a 22 de julho. Mas o contacto mais intenso é o momento da lua cheia.

O próximo signo é Leão, cujo campo energético o Sol atravessa de aproximadamente 23 de julho a 23 de agosto.

A tônica inferior deste signo é: "E a Palavra disse: Que existam outras formas. Eu governo." A pessoa comum recebe a carga para governar e confunde a sua mente, suas emoções e atividades – até o aspecto social. Muitas vezes, governar assume a forma de totalitarismo, imposição e força. A melhor época para escapar desta armadilha é durante o tempo que o Sol está em Leão.

A tônica superior é: **"Eu sou Isso, e Isso sou eu."** A única cura para as tendências de governar ou forçar nossa vontade sobre os outros é reconhecer a liberdade das pessoas. Não se trata de reconhecimento intelectual, mas do resultado da compreensão de que "Eu sou Isso, e Isso sou eu", que se refere ao sentido de unidade.

Na tônica inferior a pessoa deseja que os outros existam separadamente dela; na superior, ela é una com os outros e não vê necessidade de governá-los, pois reconhece-os como seu próprio Ser.

A luz que brilha no caminho é chamada de "Luz da Alma". Esta Luz oferece grande conscientização, fusão e síntese. Revela a existência de um plano dentro de cada Alma e a existência da jóia em cada uma. Esta Luz mostra o valor de cada ser humano, conduzindo eventualmente a pessoa à compreensão de que *o maior pecado é a violação da vontade da alma dos outros*. Também ensina a não interferir no carma dos companheiros. Somente pelo respeito à liberdade nos tornamos um verdadeiro leonino, o "Eu sou", o verdadeiro Ser que governa todas as pequenas vidas dos Seus veículos, permanecendo como uma casa de força na aquisição espiritual.

O signo seguinte é Virgem. Nosso Sol fica neste signo entre aproximadamente 24 de agosto e 23 de setembro.

A tônica inferior de Virgem é: "E a Palavra disse: Que reine a matéria". Quando o Sol entra neste signo, o virginiano sente uma grande necessidade de deixar a matéria reinar em sua vida. Tem a oportunidade de romper o encanto da matéria durante este período e viver sua vida num novo nível espiritual.

A matéria é a substância das suas naturezas física, emocional e mental. Um discípulo em Virgem deve romper a atração da matéria e lutar na direção da tônica superior que é: **"Eu sou a Mãe e a Criança, o Deus. Eu sou a Matéria."**

A Mãe é o aspecto da forma. É o estágio um. Temos então a Criança, o novo Ser emergindo da matéria. O novo Ser nasce e luta pela perfeição, que é simbolizada pela palavra "Deus". Está aí contida a idéia da Trindade em Virgem – o Pai ou Deus, o Filho ou a Criança e a Mãe. Todas essas forças originam o nascimento da alma humana.

A luz que brilha no caminho da pessoa é chamada de "a Luz dual combinada", a Luz no Espírito e na matéria. É a Luz que fará a matéria revelar o Espírito, e o Espírito libertar a matéria.

Na época da lua cheia, os discípulos do mundo prepararão os métodos educacionais que conduzirão a consciência da humanidade para o reconhecimento da Criança – a esperança de glória em cada ser humano.

O próximo signo é Libra, que governa aproximadamente entre 24 de setembro e 23 de outubro. A tônica inferior é: "E a Palavra disse: Que a escolha seja realizada."

Sob este signo o aspirante comum tenta fazer a escolha no nível da personalidade, e com freqüência esta é controlada pelos seus desejos, encantos e ilusões. Durante este mês ele tem a oportunidade de fazer uma boa escolha entre os valores espirituais e materiais.

A tônica superior deste signo é: **"Eu escolho o caminho que me conduz por entre as duas grandes linhas de força."** O "entre" é o "nobre caminho do meio" sobre o qual o Senhor Buda falou, as duas grandes linhas de força, principalmente de natureza mental. O libriano mantém-se equilibrado com comedimento. Nem um lado e nem o outro o movem da sua atitude neutra, ou da sua *justiça*. Ele relaciona ambas as linhas e sempre encontra o ponto médio.

É interessante saber que na maioria das vezes somos influenciados por uma ou outra das linhas de força. Por isso, nossos julgamentos e ações são benéficos para alguns e prejudiciais para outros. O libriano eventualmente descobre o ponto de paz, compreensão, amor, imparcialidade e repouso.

A luz que brilha durante este mês é chamada de "a Luz que brilha para o descanso." É muito significativa. O ponto de repouso é o meio entre os dois extremos. Aquele que entende as duas forças tenta mover-se para o ponto onde os interesses das duas se encontram e se mesclam.

O signo seguinte do Zodíaco é Escorpião. O Sol entra em Escorpião em aproximadamente 24 de outubro, permanecendo até 22 de novembro. A tônica inferior é: "E a Palavra disse: Que 'maya' floresça e que a decepção governe."

Durante este mês o aspirante deve lutar o máximo para sair de "maya" e da decepção. Um escorpiano é aquele que se ilude e corre atrás dos fenômenos da ilusão. Até que conquiste o amor desses fenômenos e pare de se iludir, não poderá usar construtivamente a energia de Escorpião para seu avanço espiritual.

A tônica superior é: **"Guerreiro eu sou, e da batalha saio triunfante."** O escorpiano é um guerreiro, e sua batalha se realiza no campo da sua personalidade, sobre os campos do corpo, da emoção e da mente, e se for um discípulo desenvolvido obterá grandes vitórias sobre a própria natureza durante o mês de Escorpião.

Sua batalha se concentra principalmente na sua natureza mental. Deve lutar contra as ilusões, a escuridão e a ignorância, e resolver grandes problemas. O ponto interessante é que ele sai sempre triunfante, mesmo nos fracassos temporários. Há uma onda no oceano da sua vida que sempre o mantém à superfície.

A luz que brilha neste caminho é chamada de "a Luz do dia". Todo o poder do Ser Interior, todo o poder da Alma brilha neste caminho, e nesta Luz caminhamos como guerreiros triunfantes.

Durante esta lua cheia os discípulos prepararão grandes peças para demonstrar o drama da batalha inferior e a luz do dia, lutando a partir do Sol Interior.

O próximo signo é Sagitário. Nosso Sol entra em Sagitário aproximadamente em 23 de novembro, permanecendo até 21 de dezembro. A tônica inferior é: "E a Palavra disse: Que o Alimento seja procurado." O alimento não é limitado ao corpo físico, existe também o alimento emocional e o mental. Os sagitarianos têm uma tendência a reunir "alimento" com grande auto-interesse. Os tipos inferiores estão principalmente interessados no alimento para o corpo. À medida que progridem, procuram pelo alimento superior. Para eles tudo pode ser trocado por alimento, algo necessário para as necessidades naturais, e não observam nada além disso.

Para o discípulo avançado a tônica é: **"Vejo o objetivo. Atinjo o objetivo e já vejo um outro."** Em vez de ser apanhado pelo mundo do alimento, ele vê o *objetivo.* O alimento se torna um meio para atingir aquele objetivo. Ele vê um outro ainda mais elevado e luta por ele. Sua vida não é mais um processo de reunir alimento, mas de separação, renúncia, abstinência e esforço para atingir os níveis de existencia onde o alimento não é buscado e tudo é dado como sustento aos outros.

"Comei deste pão, ele é o Meu Corpo. Bebei deste vinho, ele é o Meu Sangue", disse o grande Senhor, indicando um objetivo superior aos discípulos no nível em que nos tornamos o Alimento da Vida para outros.

A luz que brilha no caminho de Sagitário é chamada de "o farol da Luz direta focalizada". É a Luz que o conduz direto para o objetivo superior. Mas isso não pára aqui, estende-se de um plano a outro, deste reino para os Reinos Superiores, até atingir o objetivo. Agora ele é uma flecha direcionada voando para o Sol.

Quando o Sol está no campo energético de Capricórnio, a tônica inferior é: "E a Palavra disse: Que a ambição governe e que a porta permaneça aberta." Na época da lua cheia, a carga recebida pelo capricorniano comum estimulará sua ambição a tal ponto que esta tentará governar a sua vida. A porta da ambição permanecerá aberta, e ele tentará com todas as suas naturezas correr atrás da sua vida.

A energia de Capricórnio pode ser recebida pelos centros abaixo ou acima do diafragma. Quando é recebida pelos de baixo, ele cairá sob o controle da tônica inferior. Se responder às energias através dos centros superiores, ele se harmonizará com a tônica superior. Por isso, é necessária a preparação antes das luas cheias, para que seja capaz de responder à tônica superior em vez de se tornar uma vítima da inferior.

A tônica superior de Capricórnio é: **"Perdido estou na luz sobrenatural, embora me vire de costas para ela."** O discípulo ou o Iniciado está na Luz, mas vira as costas para a Fonte e irradia-a para as multidões. Não está perdido em êxtase, pois é capaz de assimilar a Luz e irradiá-la para o mundo necessitado.

Na época da lua cheia de Capricórnio a luz recebida, ou a luz na qual o capricorniano permanece é chamada de "Luz da Iniciação". A cada vez que é submetido a uma nova expansão de consciência ou a uma nova realização de existência, ele partilha a Luz com os que estão prontos.

A Luz da Iniciação lhe mostra o esclarecimento, os requisitos para se atingir a visão, e como e onde utilizar a sabedoria assimilada. Um discípulo que trabalha cientificamente sobre si mesmo durante todo o mês em que o Sol está em Capricórnio penetra em sua própria consciência, na sua criatividade e nos seus relacionamentos.

Quando um homem se prepara ano após ano, especialmente no mês do seu signo solar, ele gradualmente utiliza a tônica superior do seu signo e prossegue na direção do objetivo de Capricórnio que é a iniciação.

O signo seguinte é Aquário, que começa aproximadamente em 21 de janeiro e termina em 18 de fevereiro. Para uma pessoa comum, a tônica é: "E a Palavra disse: Que o desejo na forma seja o regente."

Por estar o seu foco de consciência na matéria, sua natureza do desejo é estimulada. Se não fizer nenhum esforço para permanecer acima da personalidade, ele será vítima das suas próprias respostas às energias que chegam de Aquário.

A tônica superior deste signo é: **"Água da vida eu sou, derramada para os homens sedentos."** Neste mês, um discípulo, pelo seu posicionamento superior, recebe uma carga para tocar na "Água da vida" e derramá-la para os "homens sedentos". Esta "Água" pode ser qualquer coisa que inspire as pessoas e satisfaça suas necessidades no caminho da volta. Pode significar mais amor, serviço, sabedoria, grandes idéias ou grandes quantidades de energia das fontes superiores. O que quer que seja, o poder motivador por trás da sua ação é o serviço.

A irradiação orientadora no caminho de Aquário é chamada de "a Luz que brilha". À medida que Aquário penetra em níveis mais e mais altos de realização, a luz brilhará, expandindo gradualmente seu raio de influência por todo o mundo.

Quando o Sol entra no signo de Peixes, o pisciano sente estar rodeado por um novo tipo de energia que lhe parece familiar. Esta influência dura de aproximadamente 19 de fevereiro a 19 de março.

Para o pisciano comum é um mês de "ir buscar a matéria". Sente necessidade de tocar na matéria para ficar mais seguro. A matéria do corpo, dinheiro, roupas, construções – tudo o que é substancial – o atrai com um novo encanto. Algumas vezes isso ajuda o pisciano, por trazê-lo de volta ao mundo realista. Ele volta à Terra vindo dos seus devaneios e fantasias, e contacta a realidade material da sua vida. Alguns são capturados, outros desenvolvem uma atitude mais equilibrada quanto à vida.

Se a pessoa for um discípulo, a energia pisciana cria uma resposta diferente que é formulada como: **"Eu deixei a Casa do Pai, e voltando eu me salvo."** A "Casa do Pai" pode ser o foco mais alto de conhecimento onde se sente seguro e em casa. Pode ser uma grande visão, felicidade, aquisição criativa e realização. O que quer que seja, o discípulo lhe vira as costas e sente a grande necessidade de trazer para a humanidade os novos valores que contactou, as novas visões que viu. É um serviço que pode ser realizado em qualquer departamento de atividade humana.

Para o discípulo, a Casa do Pai é um propósito a ser realizado, não somente por ele, mas por todos. É um objetivo que sintetiza as melhores aspirações e sonhos da humanidade. Seu serviço é trazer a consciência para o mundo prático e trabalhar pela manifestação do Propósito; este é o seu serviço.

Na Era de Peixes, que estamos deixando para trás, a maior ênfase repousava na Casa do Pai, ou Cidade da Paz. Em vários momentos, Cristo mencionou a Casa do Pai, da qual tinha sido enviado para fazer a Luz brilhar nos locais escuros. Na Grande Invocação, a Casa do Pai é invocada no terceiro verso:

Do centro onde a Vontade de Deus é conhecida
Deixai que o propósito guie as pequenas vontades dos homens –
o propósito que os Mestres sabem e servem.

A ciência do Zodíaco é muito importante por várias razões:

1. Melhora a saúde.
2. Cria uma compreensão mundial.
3. Auxilia a criatividade superior.
4. Ajuda na escolha inteligente dos co-autores.
5. Ajuda na realização de um serviço melhor.

Vejamos cada um desses pontos.

1. Os signos do Zodíaco estão relacionados com diferentes partes ou órgãos do corpo. Podemos usar cientificamente as energias do Zodíaco para curar-nos através de uma preparação especial para absorver conscientemente as energias, regulando sua intensidade e força através das nossas meditações.

A intensidade do fluxo das energias é grande, em especial na lua cheia. Se os centros transmitirem mais energias aos órgãos do que estes podem assimilar ou manipular, eles ficarão inundados e adoecerão, o que significa que não trabalharão adequadamente e afetarão os mais próximos.

Se houver uma programação devida para preparar o órgão para uma carga adicional ou desviar a corrente para os centros superiores, haverá segurança no auxílio ao corpo. A hiperestimulação é um problema quando o órgão não consegue absorver a energia e trabalha sobrecarregado, desgastando-se.

O outro lado da questão é que quando há uma energia especial disponível, o órgão consegue assimilar a energia do centro e fica à míngua. Todos esses problemas podem ser corrigidos com a regularização das energias, ou pela preparação dos órgãos para uma resposta apropriada. Por exemplo, as constelações do Primeiro Raio influenciam o centro da cabeça e o cérebro; as constelações do Segundo, o coração, e assim por diante.

É muito importante enfatizar que as energias estão funcionando sob a força do impulso evolucionário. Se lutamos para evoluir mês após mês, anos após ano, ficaremos sincronizados com a roda do Zodíaco e giraremos com ela, sem atritos. Mas se diminuirmos o ritmo, toda a Sua força estará contra nós. Isso acontece com grandes nações, civilizações e culturas, que degenerarão.

2. A ciência do Zodíaco cria a compreensão e a cooperação mundiais. As nações trabalham e vivem sob o poder de diferentes constelações, sendo afetadas por diferentes raios em momentos diferentes. Estão relacionadas entre si através da similaridade ou da harmonia dos Raios. Somente um "compositor" pode criar uma melodia ou sinfonia harmoniosa com as "notas" (nações e raças) através dos Raios e das constelações.

Existem épocas em que o contacto é mais benéfico e duradouro. Existem outras em que não perdurará ou criará dificuldades. Tempo virá em que os futuros diplomatas necessitarão conhecer a ciência dos Raios e das constelações.

3. A alta criatividade é um ciclo ou período de assimilação das energias zodiacais e da capacidade de contactar a intenção subjetiva dos Raios. Para fazer um trabalho desses, devemos ter um controle total dos centros superiores e saber como e quando sincronizar com as energias que chegam.

A criatividade é a capacidade de expressar a beleza total da parte do Plano que está pronta para se manifestar. A alta criatividade utiliza as energias dos Raios para manifestar o Propósito.

Os Raios são correntes criativas de energia. Se formos capazes de direcionar a energia escolhida para nós no momento apropriado e na dosagem correta, nosso jardim florescerá.

Os Raios criam de acordo com o nosso nível a capacidade de sustentar a freqüência do Raio. Por isso, é importante ter uma mente bem aberta, com somente formas-pensamento que ajudarão na recepção.

4. Para escolher nossos co-autores e fazer um trabalho proveitoso e criativo, deve-se criar a química correta entre as pessoas. A química correta é o resultado da escolha correta de pessoas nos Raios certos.

Os Sete Raios originam as sete cores e as sete notas musicais. A química dos Sete Raios é a das sete cores e a das sete notas musicais. As cores cantam, possuem sua própria melodia, ritmo, harmonia, sinfonia. As notas musicais irradiam suas cores, que dançam no Espaço em formações fantásticas. Todo o sucesso se origina da capacidade de misturar os Raios da maneira correta e na proporção certa.

Quando os Raios não se complementam entre si ou são encontrados em partes da personalidade onde não criam harmonia, o trabalho falha.

O organizador do trabalho deve:

a. conhecer as constelações envolvidas e seus Raios;
b. conhecer os Raios das pessoas;
c. programar e ajustar o fator tempo, quando possível, à fusão;
d. conectar os diferentes Raios das pessoas em tempos diferentes, em corpos diferentes (raios físico, emocional, mental ou da personalidade); e
e. conhecer definitivamente o objetivo pelo qual estamos formando uma equipe de co-autores. Também co-autores diferentes com Raios e constelações diferentes devem ser colocados em seções diferentes do trabalho e conectados com a "cabeça" por um dos Raios apropriados.

Quando o trabalho é organizado de maneira inteligente o sucesso é inevitável.

5. Conhecendo os Raios e as constelações que regem os outros, a pessoa pode conhecer melhor suas necessidades. Saberá qual o momento oportuno e ajudará com a dosagem certa. Momento e dosagem errados são um ataque, não um auxílio. Existem momentos de saturação e momentos de sede. Somente os que conhecem os Raios podem ajudar as pessoas. O verdadeiro serviço é a capacidade de sincronizar as pessoas com a fonte apropriada de energia no momento certo.

As constelações e os Raios nos afetam segundo o que somos, segundo o local em que a nossa consciência está localizada, e os motivos pelos quais agimos. Nosso existência, estado ou foco de consciência e motivos são os mecanismos que condicionam o efeito dos Raios sobre nós.

Se uma pessoa possui motivos diferentes, apresenta condições diferentes nos seus veículos. Se mostra um foco diferente de consciência, uma intensidade ou dosagem diferente do fluxo energético criará efeitos diversos em seus veículos.

A existência condiciona o processo de assimilação. Se o nível de existência ou de desenvolvimento for baixo, sua assimilação ou recepção é totalmente diferente daquele que possui veículos refinados com um alto nível de Auto-atualização.

A condição dos centros desempenha um importante papel na existência. Quando os centros inferiores estão abertos, as energias que chegam farão a pessoa tornar-se uma vítima das suas próprias necessidades e impulsos, resultando um efeito adverso em seus corpos. Se forem os superiores que estiverem abertos, as energias o ajudarão a desenvolver virtudes maiores.

No futuro, os dirigentes de todos os sete departamentos do empreendimento humano utilizarão a ciência das constelações e dos Raios para criar um mundo melhor, um mundo onde haverá harmonia e uma luta contínua para maiores aquisições.